पृथ्वी-परिक्रमा

(यात्रा-वृत्तान्त)

वाणी प्रकाशन
ज्ञान के विविध आयामों के प्रकाशक

वाणी प्रकाशन का 'लोगो' विख्यात चित्रकार मक़बूल फ़िदा हुसेन की कूची से

वाणी प्रकाशन, 4695, 21-ए, दरियागंज, नयी दिल्ली-110002
वाणी प्रकाशन, अशोक राजपथ (पटना कॉलेज के सामने), पटना (बिहार)

PRITHVI-PARIKRAMA
Category : **Travels / Buddhism in Practice**
by **: Krishnanath**

ISBN : 978-93-5000-047-2

प्रथम संस्करण

मूल्य : 495/-

वाणी प्रकाशन
फोन : 0091#11#23273167, 23275710
फैक्स : 0091#11#23275710
वेबसाइट : www.vaniprakashan.in
ई-मेल : vaniprakashan@gmail.com
vani_prakashan@yahoo.com

आर.टेक ऑफसेट प्रिंटर्स द्वारा दिल्ली-110095 में मुद्रित

प्राक्कथन

पृथ्वी-परिक्रमा का दूसरा संस्करण हो रहा है, यह जान कर अच्छा लगा। प्रथम संस्करण वरिष्ठ समाजवैज्ञानिक डॉ. रघुराज गुप्त ने अपाला प्रकाशन सहकारी समिति लि., लखनऊ से 1990 में सुरुचि से किया था। वर्षों से उपलब्ध न था। वाणी प्रकाशन, नयी दिल्ली के श्री अरुण माहेश्वरी ने इसके दूसरे संस्करण की पहल की। यह यात्रा 'जर्नल' 1981 में 80 दिनों में पृथ्वी प्रदक्षिणा में लिखा गया था। इसका सम्पादन श्री बदरी विशाल पित्ती ने अपने इटली प्रवास में करके सीधे प्रकाशन को पहुँचा दिया था। स्केच श्री मक़बूल फ़िदा हुसेन ने हैदराबाद में 16 जून, 1975 को किया। बदरी विशाल जी तो इस संसार में नहीं, स्मृति शेष हैं; और हुसेन स्वदेश से निर्वासित। दूसरे संस्करण की पूर्व संध्या पर इनका स्मरण हो आ रहा है। इस संस्करण में मूल पाठ जस-का-तस है। सिर्फ यात्रा क्रम में खींचे मेरे कुछ फोटोग्राफ जोड़ दिए गए हैं। 1981 के चित्रों का उद्धार डॉ. आलोक कुमार ने किया; और इसे बेंगलूरु से ग्रेटर नोएडा श्री नीतू सिंह ने ई-मेल से पठाया। संयोजन श्री गगन गिल ने किया। प्रकाशन श्री अरुण माहेश्वरी ने कम समय में सुरुचि से सम्पन्न किया। प्रीत हूँ। कृतज्ञ हूँ।

—कृष्णनाथ

2 जून, 2009

'द स्टडी'

हरिद्वनम्

बेंगलूरु

परिचय

(प्रथम संस्करण, 1990 से)

काशी में जन्मे, पले तथा वहीं काशी विश्वविद्यालय में पढ़े, अर्थशास्त्र अध्येता कृष्णनाथ छात्र जीवन में आचार्य नरेन्द्र देव, श्री जयप्रकाश नारायण, डॉ. राममनोहर लोहिया और समाजवादी विचारधारा के सान्निध्य में आये और समाजवादी आंदोलन से जुड़े। वर्षों बिहार के जनजातीय क्षेत्र पलामूँ में जन-संघर्ष में लगे। भाषा-आंदोलन में अग्रणी रहे। **मैनकाइंड, जन** जैसी समाजवादी पत्रिकाओं और **कल्पना** (मासिक), हैदराबाद के संपादक हुए। सम्प्रति, **परिसंवाद** (त्रैमासिक) का सम्पादन किया।

कृष्णनाथ ने मौलिक, संवेदनशील समाजवादी चिंतक के रूप में ख्याति अर्जित की। जागरूक और जुझारू युवा के रूप में अपनी ऊर्जा का बड़ा अंश समाज और राजनीति को बदलने में लगाया।

फिर धीरे-धीरे अनुभव किया, "आदमी की मूल जरूरतें हैं, उन्हें पूरा करने के लिए सिर्फ बाह्य परिवर्तन, राजनैतिक-आर्थिक परिवर्तन काफ़ी नहीं हैं। वह मनुष्य की कुछ जरूरतों को पूरा नहीं करते। कुछ जरूरतें मनुष्य की अपनी अन्दरूनी जरूरतें हैं, आंतरिक-आध्यात्मिक हैं। वे जरूरतें ऐसी हैं जो एक व्यवस्था को बदलकर दूसरी व्यवस्था लाकर पूरी नहीं हो सकतीं। उनकी हदों पर पहुँचने पर उन्हें लगा कि इसमें कुछ कमी है।"

यह कमी किस प्रकार पूरी हो? इसके लिए उन्होंने खुद अन्दर खोज की। कृष्णनाथ के शब्दों में, "सिर्फ़ अन्दर ही नहीं। सिर्फ़ अन्दर ही या सिर्फ़ बाहर ही कोई जी नहीं सकता। अन्दर-बाहर आना-जाना है। सामाजिक परिवर्तन या समाजवादी ढंग के परिवर्तन से जो कुछ हम बाह्य को बदलते हैं, उसकी आख़िर कहीं-न-कहीं

तान टूटती है, जो टेक है उसकी, जहाँ से वह चीज़ निकलती है, वह तो अन्दर की शान्ति है। सुख है। सहज आनन्द है। और वह जो सहज आनन्द है, वह इन सब बाह्य परिवर्तनों का भी लक्ष्य होना चाहिए।''

कृष्णनाथ को लगा, ''सिर्फ़ आर्थिक, सामाजिक, राजनैतिक परिवर्तनों से जो खुद की तलाश है, जो उसकी सहज आकांक्षा है, वह पूरी नहीं होती,'' तो इसकी पूर्ति के लिए वे इस दिशा में मुड़े। यह उनकी जिन्दगी का एक हादसा था या एक तलाश? एक खोज? पता नहीं।

इस मनःस्थिति में कृष्णनाथ बौद्ध दर्शन और साधना और बौद्ध समुदायों के जीवन के अध्ययन की ओर आकृष्ट हुए। एक नया मोड़ आया। पिछले दो दशकों के इस दौर में कृष्णनाथ ने हिमालय के बौद्ध धर्म क्षेत्रों की एकाकी यात्राएँ शुरू कीं। लदाख से अरुणाचल तक के दो हजार मीलों में फैले इलाके को देखा-जाना; उससे तादात्म्य स्थापित किया और इस प्रकार हमें तीन बहुमूल्य वैचारिक यात्रावृत्त पढ़ने, गुनने और रसास्वादन के लिए दिये। ये यात्रावृत्त थे : **1. स्पीति में बारिश 2. किन्नर धर्मलोक** और **3. लदाख में राग-विराग।**

बौद्ध धर्म में वह क्या चीज़ थी जिसे कृष्णनाथ ने पकड़ा? उन्हीं के शब्दों में, वह थी—''विपश्यना की साधना। यह चीजों को जस-का-तस देखने की, यथावत, यथाभूत, तद्वत्, तद्रूप, जो जैसी है उसको वैसे ही देखने की पद्धति है और खुद अपनी साँसों से और अपनी देह से शुरू करके, फिर अपने चित्त और, सारी जो कुछ गतिविधि है, जो आना-जाना है, सारी दुनिया है, उन सबके बारे में बिना कुछ लाग-लपेट के, बिना उसमें कुछ घटाये, या अपनी ओर से कोई चश्मा लगाये और आरोपित किये हुए उसे जस-का-तस देखने का तरीका है।''

दूसरी चीज, जिसने कृष्णनाथ को अपनी तरफ़ खींचा, वह थी : निर्वाण। उन्हें लगा कि बौद्ध दर्शन में संसार और निर्वाण को एक स्तर पर रखा गया है। ''संसार को ठीक देख लेना, उसकी जो असलियत है, उसको ठीक-ठीक जानना ही उससे छुटकारा पाना है। निर्वाण कोई पारलौकिक सत्ता नहीं है। कहीं किसी जगह पर नहीं है, जहाँ पहुँचना है। चीजों को असली शक्ल में देख लेना, उनको जान लेना ही उनसे छुट्टी या उनसे मुक्ति का रास्ता है।''

इसी क्रम में वे वर्तमान विश्व के बौद्ध साधकों और विचारकों के निकट सम्पर्क

में आये और उन्हें संयुक्त राज्य अमेरिका के विसकांसिन विश्वविद्यालय में अन्तर्राष्ट्रीय बौद्ध विद्या सम्मेलन में हिस्सा लेने का आमंत्रण मिला। उन्होंने इसे निमित्त बना, एक जिज्ञासु की तरह इस बार धरती पर चलकर नहीं, बल्कि आसमान में उड़कर सारी पृथ्वी की प्रदक्षिणा की। आधुनिक जेट विमान पर बैठकर वे पश्चिम चलते-चलते पूरब पहुँचे : इटली, जर्मनी, फ्रांस, इंग्लैण्ड, उत्तरी अमरीका, जापान, हांगकांग, थाईलैण्ड की परिक्रमा कर, पुनः अपनी डगर–काशी लौटे।

इस भौतिक, मानसिक, आध्यात्मिक यात्रा में संवेदनशील मन में क्या कुछ गुज़रा, उमड़ा-घुमड़ा, इसी को डायरी की विधा में कृष्णनाथ ने पृथ्वी-परिक्रमा में टाँका है, जो सहज, हृदयग्राही, मन को शांति और प्रीति देने वाला है।

कृष्णनाथ का स्केच विश्व-विख्यात भारतीय चित्रकार श्री मक़बूल फ़िदा हुसेन ने किया है। पाण्डुलिपि का सम्पादन श्री बदरी विशाल पित्ती (सम्पादक 'कल्पना') ने अपने यूरोप प्रवास में किया था।

–**रघुराज गुप्त**

हुसेन का रेखांकन, 16.6.1975

पृथ्वी-परिक्रमा

25 जुलाई, बम्बई

बम्बई–रोमा।

एयर इंडिया, उड़ान नम्बर 131, 'कनिष्क'।

प्रस्थान : 6.28 प्रातः।

दूरी : 6,605 किलोमीटर।

समय : 8 घण्टा 20 मिनट।

खपरैल, सो भी टूटे-फूटे। गरीबी के सामने रुका। फिर उड़ा।

बादलों के पार, ऊपर और ऊपर। उनकी तरह। निसर्ग।

* * *

सामान। बोझ ज्यादा न लगे, न ठंड लगे। दो-रसा। सब कुछ दो।

विकल्प व्याधि। अद्वय। शांति।

* * *

'कनिष्क' अरब सागर पर। ऊँचाई 31 हजार फ़ीट। मानसून (एशिया)। तूफ़ान। हवाई जहाज़ में उठा पटक। रोमा में साफ़ आसमान। तापक्रम 18 सें.। रोमा-समय 10.25 सुबह पहुँचना।

सामान बहुत हो गया है। सूटकेस में ज़िप और ताला खोलना-बन्द करना। बन्धन। झंझट। कहीं इस मारे छूट न जाय। छूटने में असुविधा-सुविधा। बेवकूफ़ बनने की लाज अधिक। असुविधा कम। छुट्टी अधिक। जब ध्यान सामान पर, चीजों पर तो सामने दृश्य, बगल में गंध, देह सब बिसर जाती है। फ़िल्म चल रही है। दीखती नहीं। टख़ने तक जाँघें खुली हैं पर दीखती नहीं। किसिम-किसिम के

कोलोन हैं, परफ़्यूम हैं। सुगंध नहीं, या आती नहीं, मेरे लिए। मैं तो अपनी ही कल्पना में हूँ...कल्पना जाल...विकल्प।

* * *

पुराना संसार छूट रहा है। लौटने पर वही नहीं रहने वाला है। माता-पिता, भाई-बन्धु, कुटुम्ब-कबीला, सब बदला-बदला मिलने वाला है। कुछ नहीं भी। बिना छूटे मिलता नहीं। छूटता क्या है? मिलता क्या है? भूमि, लोग, चीज़ें सम्बन्ध पीछे छूटते हैं। भूमि, लोग, चीजें, सम्बन्ध आगे खींचते हैं। स्मृति बाँधती है। किसकी स्मृति?

* * *

जितनी हवा बाजुओं में भरते हैं, उतनी ऊँची उड़ान। जैसे सपने में आकाश में तैरते हैं। बाँहों से हवा को नीचे चीरते हुए, ऊपर जाते हैं। गंगा जल को पीछे छोड़ आगे तैरते हैं; वोल्गा, राइन, टेम्स, मिसिसिपि, ह्वांगहो में।

* * *

खाने की चीज़ें सब प्लास्टिक की झिल्ली में सील-मुहर की हुई हैं। ताज की मुहर है। भोग के लिए झिल्ली को फाड़ना होता है। हिंसा—सब दूर।

हवा-चीर-चाल। चाल माने हिंसा। जल में, थल में, खड्ग-खम्भ में। देह में। या देह पर। अटक। 'वामे अटक कहाँ है?'

* * *

दिल्ली—रोमा, 8 घण्टा, 10 मिनट दूर।

रोमा की घ़ड़ी से 10.40 पर, इंडिया' की घड़ी से 2.20 पर पहुँचने की खबर है। तो समय क्या है? अपने-आप में कोई चीज़ है? तब तो सब दूर वही समय रहता। 10.40 तो 10.40। 'इंडिया' की घड़ी 10.40 इटालिया की घड़ी में 2.20 कैसे होता है? समय भी देश, सूरज की अपेक्षा से है।

दूरियाँ—पश्चिमी क्षेत्र

बम्बई—रोमा	6,605	कि.मी.
दिल्ली—फ्रांकफुर्ट	6,735	कि.मी.

दिल्ली—रोमा (पेरिस)	6,321	कि.मी.
फ्रांकफुर्ट—पारी	504	कि.मी.
फ्रांकफुर्ट—रोमा	1,016	कि.मी.
लंदन—बम्बई	7,394	कि.मी.
लंदन—दिल्ली	7,394	कि.मी.
लंदन—न्यूयार्क	5,743	कि.मी.
लंदन—पारी	410	कि.मी.
पारी—रोमा	1,129	कि.मी.

दूरियाँ—पूर्वी क्षेत्र

बैंकाक—कलकत्ता	1636	किलोमीटर
बैंकाक—दिल्ली	2992	कि.मी.
बैंकाक—हांगकांग	1834	कि.मी.
हांगकांग—टोकियो	3089	कि.मी.
हांगकांग—ओसाका	2628	कि.मी.

पीछे एक खिड़की है। स्त्री-पुरुषों का झुंड छोपे हुए है। क्या रस ले· रहा है?

सान पितरो, वैटिकन नगर, इटली

मानुमेंटो नेशनल अ विटोरियो इमानुएल II, रोमा

देखा तो रेगिस्तान जैसी भूमि है। छोटी-छोटी पहाड़ियाँ, सलेटी-सी, रेतीली और तांबई पृथ्वी, जैसे तृषित। नंगी जाँघें और ...। तो जंघा-विहार हो रहा है। कौन-सी जगह है? अद्‌भुत है। अच्छी लगती है। जैसे इतना काफ़ी नहीं। कौन-सा देश है? क्या इसका नाम है? नाम से नामी की पहचान है। पहचान के लिए बेकल है। नाम के बिना रूप, निखालिस रूप देखना हो सकता है? नहीं हो सकता? या रूप से नाम की तलाश होती है? या नाम से रूप की? नाम-रूप भी वही द्वंद्व है जैसा कि सामान ज्यादा भी न हो लेकिन इतना कम भी न हो कि ठण्ड लग जाए। इसी दुविधा-बीच संसार है। इससे छुटकारा है?

* * *

'एयर इंडिया' की सूचना है कि यह लेबनान है। बाइबिल की गाथाओं से जुड़ी भूमि, संस्कृति, स्मृति। कमाल जुम्मलाट की याद आती है। पचास की दहाई में, 1951-52 में वह भारत आये थे। लाल-लाल सुर्ख बदन, भोली शांत चितवन। उन दिनों भी लेबनान के गाँधी जैसी उनकी इज्जत थी। काशी विद्यापीठ में हमारे मेहमान थे। एशियाई समाजवादी आन्दोलन के एक स्तम्भ। बाद में लेबनान के राष्ट्रपति हुए। हिंसक दौर में हत्या की गयी। लगा जैसे अपने परिवार का ही एक प्राणी चला गया।

सब दूर तृषा, अतृप्ति, प्यास। कहीं-कहीं हरियाली के टुकड़े। नखलिस्तान। मिट्टी के घरौंदे जैसे मकानों का कहीं-कहीं झुरमुट। रेल की एक पटरी, दुहरी नहीं, इकहरी। तारकोल जैसी सड़क। यह सड़क किस गाँव जाती है? उसका क्या नाम है? नाम, नाम, नाम। जब रूप से अघाता है तो नाम, नाम से अघाता है तो रूप याद आता है।

रोमा हवाई अड्डा	:	भारतीय समय : 1.30 दोपहर
इतालवी समय	:	10.40 सुबह
बाहर का तापमान	:	25^0 सेंटीग्रेट
रैन बसेरा	:	'हॉलिडे इन', रोमा।

स्तम्भ क्रॉस, सान पितरो

वर्जिन मेरी-जीसस

सान पितरो

26 जुलाइ, वनाज़य।

'डाउन टाउन' बस से। पियाज़ा, वेनेज़िया। म्यूजियो सेंत्राले (केन्द्रीय संग्रहालय) बंद है, नवीनीकरण के लिए। बाहर सोमालिया का एक युवक है, जो वहीं काम करता है। बरजता है।

सान पितरो (सेंट पीटर्स कहने से कोई नहीं पहचानता) जाने की बस चौराहे के पार मिलती है। बस का टिकट किताब की दुकान या तम्बाकू की दुकान में मिलता है। एक इतालवी सज्जन टूटी-फूटी अंग्रेज़ी में सूचना देते हैं। किताब की दुकान में टिकट नहीं है। अब? फिर वही सज्जन उपाय बताते हैं–टिकट बस में लें, चढ़ जाएँ। वहाँ कहें कि टिकट कहाँ मिलता है? छोटे-छोटे सिक्के हाथ में रखें। 100 लिरे के चार सिक्के एक हाथ में रखने के लिए गिनकर दिये। मैंने डालर और लिरे का पर्स जैसे ही निकाला उन्होंने उसे तुरन्त बन्द कर अन्दर रखने को कहा, सहेज कर। चिंता से, नासमझी को बरजते हुए कहा। उससे पता चला। रोमा तीर्थ है। तीरथ की माया एक है, चाहे रोमा, चाहे काशी।

सान पितरो। वैटिकन नगर। पोप का साम्राज्य। विशाल स्तम्भ। सलीब टँगा हुआ। उड़ते हुए कबूतर के चिह्न, चाभी। जैसे पोप की मुद्रा।

विशाल गिरजा। अन्दर रविवार की विशेष पूजा। वाद्य, पाठ, वातावरण, एक तान।

देखने को बहुत है। दौड़ना पड़ता है। कहाँ तक दौड़ें? और देखें। दौड़ते हुए देखें।

वापस—म्यूजियो सेंत्राले की कुछ फोटो ली। लियानार्दो द विंशी के बनाये पुरुष और घोड़े। वीर्यवान। नंगा जैसे घोड़ा, वैसे पुरुष। किन्तु समय नहीं।

रोमा के लिए एक दिन कोई चीज़ नहीं। फिर भी, एक छाप छूट रही है। और भी बहुत कुछ। रोमा ने बुलाया तो फिर आ जाऊँगा।

कल रात खाने की मेज़ पर एक युवक आये। पूछा, आप कृष्णनाथ हैं? बताया

गिरजाघर, फ्रांकफुर्ट-ऑन-माइन, प्रचिमी जर्मनी

कि श्रीमती इसीस...का फ़ोन था कि वह सुबह 7.45 पर रेडियो प्रोग्राम के लिए चली जाएँगी। 10.30 पर लौटेंगी। मैं उस समय शहर गया हुआ था। इसलिए होटल ने प्रोफ़ेसर अशरफ़ से फ़ोन पर बात करा दी।

उन्हें लगा कि मैं कृष्णनाथ हूँगा। कहते थे चेहरे पर शांति, सौम्यता, वगैरह...

सान पितरो

श्री...इस्लामाबाद (पाकिस्तान) में एक कॉलेज में अंग्रेज़ी के प्राध्यापक-अध्यक्ष रहे हैं। नाइज़ीरिया जा रहे हैं, अंग्रेजी के अध्यापक के रूप में।

उनके साथ एक और सज्जन आये। फ्रांसिस...। तपाक से मिलकर चले गये। सुबह 'स्वीमिंग पूल'(ताल) के तट पर धूप लेते हुए मिले। मेरे बारे में पूछा। मैंने उनके बारे में। पता चला कि सान्फ्रांसिस्को एक सेमिनार में जा रहे हैं। दो हफ़्ते का सेमिनार है। विषय है : ईसाई धर्म ग्रन्थों के अध्ययन की पद्धति। पश्चिम में धर्मग्रन्थों के अध्ययन की ऐतिहासिक-आलोचनात्मक पद्धति प्रचलित है। घटनाओं, व्यक्तियों, देश, काल परिस्थितियों की विवेचना होती रही है। अब इसे पर्याप्त नहीं माना जा रहा है। कोई ईसा या बुद्ध या मुहम्मद कैसे बनता है? मेरे अन्दर जो बुद्धत्व है, वह कैसे प्राप्त होता है? वह सिर्फ़ पीपल के पेड़ के नीचे बैठने से ही मिलता है? या क्या होता है? व्यक्तिगत साक्षात् अनुभव पर अब बल दिया जा रहा है। इस दृष्टि से शास्त्र कैसे पढ़ा जाए, इस पर सेमिनार है।

यह रुचि का विषय है। किन्तु 'डाउन टाउन' बस का समय है। इसलिए बात एक जगह तक पहुँचा कर चल पड़ता हूँ।

* * *

सान पितरो की एक बस में बहुत भीड़ है। लड़की जैसे दबी जा रही है। कातर जिज्ञासा से देख रही है। ऐसे में जाना ठीक नहीं। एक बस छोड़ देता हूँ। दूसरी कम भरी है। बिना टिकट चढ़ जाता हूँ। भीड़ है। टिकट कोई पूछता नहीं। मैं माँगता नहीं। माँगने पर लिरे के सिक्के देता हूँ, टिकट लेता हूँ। ऐसे जैसे कि पकड़ लिया गया हूँ। परदेसी हूँ। इतालवी आती नहीं। अंग्रेज़ी यहाँ चलती नहीं। बस में कुछ ईसाई भिक्षुणियाँ हैं। लगता है सान पितरो जा रही हैं। पूछने पर कोई उत्तर नहीं। एक अंग्रेजी जानती हैं समझकर पूछता हूँ। ध्वनि का अन्तर पड़ता है। वह भी नहीं जानतीं। फिर भी सोचता हूँ यह वहीं जाती होगी। जहाँ उतरेंगी, उतर जाऊँगा। कहीं और जाती हों? कोई और काम हो? जो हो, सो हो।

थोड़ी देर बाद अपनी ही देह को बताकर कहती हैं कि वह देह सान पितरो जा रही है। हमें भी ले जाएँगी। हम उस देह के साथ उतर जाते हैं।

* * *

वापस लौटते हुए बस में फ़्रांसिस मेटकाफ़ मिल जाते हैं। पूछते हैं रोमा का अनुभव हो रहा है?

एक रात काफ़ी है। हुआ तो फिर। नहीं तो नहीं।

ईसाई धर्म में ध्यान के बारे में चर्चा करता हूँ। 'प्रोटेस्टेंट' मिज़ाज में ध्यान के लिए पहले भी कभी स्थान नहीं था। हाँ, पूर्वी चर्च में, इटली, ग्रीस, रूस वग़ैरह में पहले भी ध्यान का एक प्रकार था, उतना व्यवस्थित नहीं जितना य़ोग या ज़ेन का है। किन्तु ईसा के जीवन के किसी क्षण को ध्यान करते हैं। अगर मैं वहाँ होता तो क्या होता? संत इग्नेसियस की **'स्पिरिचुअल एक्सरसाइज़ेस'** में इस प्रकार के ध्यान की विधि है।

ईसाई विश्वास का मूल साक्षात्कार है। यह साक्षात्कार हिब्रू भाषा में 'ओल्ड टेस्टामेंट' में दर्ज है। ईसाई विश्वास के अनुसार ईसा मसीह प्रभु की सन्तान हैं। वह विशेष प्रकार से जन्मे हैं। उनका दावा है कि अब तक यह साक्षात्कार पहले शब्द में, फिर कागज़ में बन्द था। वह उसे पूरा करने आये हैं। अपने जीवन और कर्म से उन्होंने किया भी। किन्तु उनके बाद जैसा होता है, संगठन बना। कर्मकाण्ड, नियम बने। उनमें ईसाई विश्वास जकड़ गया। ईसा कैसे करते थे, वैसे हम भी करें। परिस्थितियाँ बदल गयीं। उनके अनुसार ईसाई धर्म नहीं बदला। मार्टिन लूथर ने बाह्य को हटाकर जो आन्तरिक तत्त्व है उसे लाने की कोशिश की। किन्तु उनके 'प्रोटेस्ट' का भी संगठन बन गया। वही हुआ जो और संगठनों का होता है।

ईसाई धर्म की आलोचना यह है कि वह स्कूल बनाता है, अस्पताल चलाता है, और ईसाई बनाता है। इन सबमें पश्चिमी तौर-तरीका लगाता है। पश्चिम में बड़ा गिरजा है, तो वहाँ भी वही लगाता है। अब पश्चिम ज्यादा सजग है। वह स्थानीय तौर-तरीके अपना रहा है। नमस्ते करते हैं तो नमस्ते, जो वह पहनते हैं, वह पहनते हैं। स्थानीय बोली अपना रहे हैं। चेष्टा है कि बाह्य रूप-रूपाकारों को छोड़ कर जो ईसाइयत का मूल तत्त्व है उसे रखा जाए। लेकिन यह बहुत कठिन है। बाह्य-अन्तर का यह भेद कठिन है।

फ्रांसिस को पूर्वी तरीका रास आता है। वहाँ एक भला आदमी है। वह कुछ करता नहीं है। सिर्फ़ है। उसका असर होता है। फ्रांसिस खुद कुछ करना नहीं चाहते। बोलना है तो बोलते हैं। लेकिन असर हो न हो, इसकी चिन्ता नहीं।

वर्षा होती है, पहाड़ पर, खेत में भी। पहाड़ पर कुछ असर नहीं, खेत में फ़सल उगती है।

फ्रांसिस को स्वयं ज़ेन का अचित्त, अमन होना खींचता है। उनका ध्यान किसी चीज़ का नहीं। ध्यान अलग-अलग नहीं। प्राण तो एक है। ईसाई में, बौद्ध में, मुसलमान में भी।

* * *

स्वेच्छा से ग़रीबी अपनाने की बात ईसाइयत में है। फिर भी इसके कई रूप हैं। कोई औसत ढंग से रहता है। कोई बहुत कम में अभी भी रहता है। इस बाबत पुराना शास्त्रीय मत है कि दुनिया में रहो, मगर दुनिया में होकर न रहो। यह बहुत कठिन है।

ईसाई मत की एक चुनौती आन्तरिक है। ईसाई कौन है? कैसे बनता है? कभी तो ईसाई बनने का मतलब ब्रिटिश पासपोर्ट मिलना था। ईसाई की एक संस्कृति है, वह अपनाता है। लेकिन ईसाई होना क्या है? कोई ईसा कैसे बनता है? यह नहीं। फिर बाहरी चुनौती है : गैर-विश्वासियों की, इहलौकिकता की, बहुलता वगैरह की।

गेटे स्मारक, फ्रांकफुर्ट

26 जुलाई, रोमा-फ्रांकफुर्ट

दूरी : 700 किलोमीटर

समय : लगभग 1 घण्टा 35 मिनट।

भूमध्य सागर। इसे इतावली बोलेंगे भूमध्य सागरो। इतावली स्वरांत ध्वनि बहुल है, बल्कि प्रायः हर शब्द आ, ई, ऊ, ए, ओ। सागर नील।

फ्रांकफुर्ट निकट है। अच्छे मौसम की सूचना है। बाहर का तापमान 20 डिग्री सेंटीग्रेड।

* * *

न अति-दूर, पर्वत, नीले, नीले, नीले। शिखरों पर हिम। घाटी। एक विशाल नदी पर्वत का क्या नाम है? पता नहीं। शायद आल्प्स है। नदी विशाला है। नद है। नाम? पता नहीं। शायद डेन्यूब है। नामहीन रूप है। रंग है। गंध है। स्पर्श।

सागर पर आकाश की छाया है। आकाश जो नहीं है। नील है। जहाँ बादल वहाँ छाया भी नील अभ्र। जहाँ नहीं वहाँ नील निरभ्र। ऊँचाई से समुद्र की लहरें जैसे जमी हुईं। जैसे कभी-कभी पहाड़ की श्रेणियाँ। नील, लहरिया, लहरदार। परत पर परत।

एक पिक्चर पोस्टकार्ड

* * *

गेशे ला से पूछा कि रोमा का गिरजाघर कैसा लगा। अच्छा। पोटाला याद आया। ल्हासा। तिब्बत। वहाँ बहुत कुछ है। सोने की मूर्तियाँ, थंका, पोथी।

* * *

पारी में गेशे ला अकेले क्या करेंगे? भिक्षु को संदेश पठाया है। बहुत करके वह आ जाएँगे। और न आये तो? टेलीफ़ोन है। 'एयर इंडिया' से बोलेंगे। वह बोलेंगे। एक पता और है जहाँ भारतीय पारी में प्रायः ठहरते हैं, टेलीफोन नं. सहित। तीसरा, भारतीय दूतावास का है।

28 जुलाई, पश्चिमी बर्लिन

फ्रांकफुर्ट (मेन) से 22.35 पर 6.22 पर बर्लिन। संजय स्टेशन पर लेने आये। साथ घर ले गये। 'काउंसल जनरल' का घर।

नहा-धोकर नाश्ता किया। नाश्ता कर पश्चिमी बर्लिन के राजकीय संग्रहालय को देखना तय हुआ। संग्रहालय का एक खण्ड भारतीय कला का है।

प्रोफ़ेसर डॉक्टर एच. हर्टल इस संग्रहालय के निदेशक हैं। पहले श्री सिन्हा सूचना पाकर म्यूजियम के अन्दर द्वार पर आते हैं। फ़िर लाइब्रेरी में डॉ. मिस...।

प्रो. वाल्डस्मिथ ने चार खण्डों में तुर्फ़ान की संस्कृत पाण्डुलिपियाँ प्रकाशित की हैं। उनका ब्यौरा दर्ज करता हूँ। तीन खण्डों में तिब्बती पाण्डुलिपियाँ हैं। उनकी भी सूचना दर्ज करता हूँ। फिर एम्स्टर्डम में मध्य एशियाई बौद्ध पाण्डुलिपियों के बारे में एक पुस्तक है : ए. एफ़. रुडोल्फ़ हॉर्न्ले, **मैनुस्क्रिप्ट रिमेंस ऑव बुद्धिस्ट लिटरेचर,** (एम्स्टर्डम, 1970)।

एशियाई जर्नल की सूची में कई लोगों की सूचना है। ले कॉक वाल्डस्मिथ ने 7 खण्डों में एक महत्त्वपूर्ण प्रकाशन किया है।

लिपियों के विकास पर यह काम है। इसके अलावा, चो खो के भित्ति-चित्रों के प्रतिरूप टिप्पणियों के साथ वॉन ले कॉक वाल्डस्मिथ ने बर्लिन से 1913 में छपाये हैं।

लाइब्रेरी में यह साहित्य देख रहा था कि प्रोफ़ेसर हर्टल आये। कोई संदर्भ ढूँढ़ते

हुए। श्री सिन्हा ने मिलाया। प्रोफ़ेसर हर्टल ने बताया कि संभवतः उत्तरी पश्चिमी भाग में सर्वास्तिवाद का जोर रहा है। खोतन में मूल सर्वास्तिवाद का। वैसे यह निश्चित नहीं है। कुछ कहना कठिन है।

संस्कृत पाण्डुलिपियाँ उनके गुरु प्रोफ़ेसर वाल्डस्मिथ ने टिप्पणियों के साथ प्रकाशित कर दी हैं। सबसे पुरानी संस्कृत पाण्डुलिपि चौथी शताब्दी ई. की है। इसमें कहा गया है : सारिपुत्र प्रकरणं अश्वघोषस्य...। यह पाण्डुलिपि प्रकाशित है। भोज पत्र, चमड़े, काग़ज पर पाण्डुलिपियाँ हैं।

तिब्बती पाण्डुलिपियाँ कम हैं। उर्गेन, चीनी, लिपियों में ग्रंथों पर इधर काम हो रहा है। संस्कृत पर नहीं। संस्कृत में अब सिर्फ़ छोटे-छोटे टुकड़े बचे हैं। कोई किसी पाण्डुलिपि का मिलान करने आते हैं। अब तो किसी एक ग्रन्थ को लेकर उसके पाठ पर काम हो सकता है। जैसे सर्वास्तिवादी विनय पर या अन्य किसी एक ग्रन्थ पर।

30 जुलाई, पारी

फ़ोन : मिस भास्वती मुकर्जी, श्रीमती कांति त्रिपाठी।

भंते ठी ह्वानवी के साथ चर्चा।

भारतीय दूतावास।

माडर्न आर्ट संग्रहालय।

माइ ला के रेस्त्रां में वियतनामी भोज।

'बिब्लियोथीक नेशनल' (राष्ट्रीय पुस्तकालय) में श्री गेरार्ड कोला की सहायता से मिशन पाल पेलियो की संस्कृत, तिब्बती पाण्डुलिपियाँ।

संस्कृत-विनय सर्वास्तिवादी, प्रातिमोक्ष-सर्वास्तिवादी, उदानवर्ग, सूत्र, काव्य, आयुर्वेद, तंत्र आदि। तिब्बती में : कंज्यूर, प्रज्ञापारमिता हृदय, प्रज्ञापारमिता, तंत्र?

सूचीपत्र संस्कृत तिब्बती के उपलब्ध हैं। विनिमय में या बिक्री से प्राप्त हो सकते हैं।

एक बड़ी पोथी तिब्बती में है। कोने में चीनी लिपि में कुछ लिखा है। ग्रन्थ का नाम वेष्ठन में छिपा हुआ है। शायद पेकिंग में छपा हो।

इन दिनों छुट्टी है। अधिकतर फ्रांसीसी विद्वान पारी से बाहर हैं। पारी में हैं, वे भी जैसे छुट्टी की मुद्रा में हैं। पुस्तकालय का समय 10 से 5 है। शाम 4.15 से ही काम समेटने लगते हैं।

श्री कोला रुचि लेकर बताते हैं। तहखाने में पाण्डुलिपियों के संग्रह में भी ले जाते हैं। विनय की मूल संस्कृत पाण्डुलिपियाँ कहाँ हैं? दीखती नहीं हैं। कोची लिपि में। संस्कृत है। बाएँ से दाहिने लिखते हैं। पेलियो के तिब्बती पाण्डुलिपि संग्रह से जहाँ-तहाँ से गेशे ला देखते हैं। कंज्यूर का अंश दीखता है।

प्रज्ञा पारमिता हृदय सूत्र भिन्न प्रकार का है। सम्भव है लोचावा (अनुवादक) भिन्न होने से भिन्न हो। मिलाने की जरूरत है। पेलियो तिब्बती पाण्डुलिपि का सूचीपत्र तीन खण्डों में है। इसमें ऐसे ग्रन्थ नहीं दीखते हैं जो संस्कृत मूल में न हों, तिब्बती मूल के हों। किन्तु जब तक पूरा सूचीपत्र सावधानी से देख न लिया जाये, कुछ कहना ठीक नहीं।

सूचीपत्र का भाग 1 उपलब्ध नहीं है, भाग 2, 3 उपलब्ध हैं। 60 फ़्रांक और 25 फ़्रांक मूल्य है। मूल्य तो दिया जा सकता है। किन्तु उसे सारी दुनिया ढोते फिरना कठिन है। इसीलिए वाराणसी से जाकर मँगवाना ही उचित है।

* * *

माडर्न आर्ट संग्रहालय में आधुनिक कला की प्रवृत्तियों का क्रमिक विकास है। इस शताब्दी के यूरोप, विशेषकर फ्रांस से जुड़ा हुआ। शुरू-शुरू में रंग है, आकार भी। फिर धीरे-धीरे आकार छूटते हैं। अमूर्तन बढ़ता है। फिर रंग हैं। आगे चल कर जैसे रंग रूप भी नहीं। सिर्फ़ एक भाव है जो कम-से-कम रंग रेखा में कहा जा सकता है। कहीं-कहीं तो जैसे वह भी नहीं है, जैसे ताबू में। फिर कुछ में सामान जमा दिया गया है। जैसे अख़बार 'ला मांद' के गड्डर और बिजली के अंक।

एक बिजली के विकास का खण्ड भी है, कला की भाषा में। शुरू-शुरू में आकाश में बिजली चमकती है। भय और जिज्ञासा है। फिर आदमी धीरे-धीरे उस पर काबू पाता है। वैज्ञानिकों, संस्थाओं का नाम, रूप है, गुण-कर्म भी। कहीं-कहीं तो बिजली से चल रही आकृतियाँ हैं, जैसे स्त्री-पुरुषों के चलने का आभास दे रही हैं।

1981 के संग्रह में कुछ चलती हुई टाँगें हैं। हरी, काली रेखाओं में उन पर

छोटे-छोटे बिजली के ट्यूब हैं। एक में रेखाएँ, रंग लाल, काले हैं। टाँगें जैसे, उतान हैं। और बेतरतीब नम्बर है : 1, 3, 5, 21... ... वगैरह।

एक भयंकर जानवर है, चीता है, उसमें से एक स्त्री-पुरुष का यबूयुम्, युगनद्ध रूप है। एक बारहसिंघा की आकृति है, उसमें सींग खोंसी हुई है।

31 जुलाई, पारी

भिक्षु ठी हुवान वी से भेंट वार्ता :

भिक्षु कब बने? बहुत दिन हुए। जब 9 वर्ष के थे तो वियतनाम में। दक्षिण वियतनाम में ये भिक्षु संघ के नेता थे, धर्म प्रचार के मंत्री थे। सारे वियतनाम के भिक्षु संघ की समिति के सदस्य। भारत से बी. ए., एम. ए., पी-एच.डी.। शोध का विषय : 'ए क्रिटिकल स्टडी ऑव द लाइफ़ एण्ड वर्क्स ऑव सारिपुत्त थेर'। मगध विश्वविद्यालय में यह प्रस्तुत और स्वीकृत हुई, 1971 में। 1972 में सेगान से प्रकाशित।

शोध प्रबन्ध में पालि के साथ-साथ चीनी स्रोतों का अच्छा उपयोग हुआ है। तथागत के बारे में तो जानकारी कम-बेश है। उनके शिष्यों के बारे में कम है। सारिपुत्र की रचनाओं, अभिधम्म आदि पर भी इसमें काम है। त्रिपिटक से 'डिसकोर्सेस' भी संकलित हैं।

1975 ई. में दक्षिण वियतनाम में 'कम्युनिज्म' आ गया। भारत ने भी मान्यता दे दी। फ़्रांस में शिष्यों ने आमंत्रित किया। तो यहाँ पारी आकर जमीन खरीदी, विहार बनाया। इसके अलावा पश्चिमी जर्मनी, बेल्जियम, मिशिगन, हवाई में केन्द्र है। फ़्रांस के बौद्ध संघ के अध्यक्ष, वर्ल्ड फ़ेलोशिप ऑव बुद्धिस्ट्स की केन्द्रीय समिति के अध्यक्ष आदि हैं।

नव नालंदा विहार में चीनी के प्राध्यापक रहे हैं, और वियतनाम के वान हान विश्वविद्यालय के भी।

विहार में सुबह-शाम नित्य पाठ-पूजन होता है। माह में दो बार उपोसथ— प्रातः भिक्षुओं-भिक्षुणियों के लिए। सायं भिक्षु-भिक्षुणियों के साथ सदस्य भी शरीक होते हैं। कल शाम उपोसथ था। प्रातिमोक्ष और अन्य सूत्रों का पाठ करते हैं। अपने-अपने 'कन्फ़ेशन' करते हैं।

वियतनामी थेरवादी कम, 20 प्रतिशत से भी कम, महायान बौद्ध धर्म के अनुयायी हैं। 'सुखावती' का पाठ पसन्द करते हैं। उनके लिए 'सुखावती' का वियतनामी में पाठ करते हैं। पालि सूत्र भी पढ़ते हैं। फ़्रांसीसी ध्यान पसन्द करते हैं, उनके लिए ध्यान।

विहार में रात 10.15 से प्रतिदिन 1 घण्टा ध्यान होता है। भिक्षु-भिक्षुणी सहित मैं भी रात ध्यान में बैठा।

* * *

शीघ्र ही इसे पगोडा का रूप दिया जाने वाला है। उसका नक़्शा तैयार है। प्रायः दो महीने में पूरा हो जायेगा ! तब 'बिब्लियोथीक' (पुस्तकालय) के लिए ज्यादा जगह हो सकेगी। अभी भी पुस्तकालय में वियतनामी, चीनी, नागरी, थाई त्रिपिटक हैं। फ़्रांसीसी, अंग्रेजी ग्रंथ। बौद्ध संस्कृत ग्रंथमाला के ग्रंथ। छोटा-सा बौद्ध विद्या केन्द्र है।

अहर्निश वाद्य, स्तोत्र पाठ। नमो, नमो, नमो...।

पेरिस में यह जगह धर्मप्रचार के लिए बहुत अच्छी है। मेट्रो स्टेशन सामने है : 'ज्यां-जार्स प्वाइंट' बस स्टाप भी। वहाँ से उतर कर सीधे लिनसोन विहार आ सकते हैं।

ध्यान के लिए पारी से 100 किलोमीटर दूर गाँव में एक स्थान ले लिया गया है। शीघ्र ही उस पर एक ध्यान केन्द्र बन रहा है। वह सिर्फ़ ध्यान-भावना के लिए होगा। भिक्षु ठी ह्वान-वी कहते हैं, अगली बार आप आएँगे तो वहाँ ठहरेंगे। यहाँ भी पगोडा देखेंगे। पता नहीं आएँगे, नहीं आएँगे। कौन कह सकता है?

प्रातः 10 बजे से उपोसथ। भारत में दो बार। नियम है कि भिक्षु-भिक्षुणी के लिए अलग-अलग हो। भिक्षु-भिक्षुणी का साथ नहीं। भिक्षुणी के यहाँ एक भिक्षु जाएगा। जो-जो ग़लती किया वह साफ़-साफ़ कहेंगे। प्रातिमोक्ष सूत्र का पाठ करेंगे। क्या-क्या करना, क्या-क्या नहीं करना। भगवान बुद्ध के समय भी हर पन्द्रह दिन में एक बार यह होता रहा है। थेरवाद और महायान में प्रातिमोक्ष सूत्र भिन्न नहीं, एक है। महायान में बोधिसत्व का शील अलग है। वह आत्म के निर्वाण के लिए नहीं चेष्टा करेगा। फिर भी, प्रातिमोक्ष सूत्र तो है।

तिब्बती अनुवाद में थोड़ा भिन्न है। ऐसी ग़लती, मूलापत्ति, जिसके लिए संघ

से निकल जाना है, चार हैं। जो छोटी-छोटी हैं, वह स्थूलापत्ति कहलाती हैं, आदि।

वाद्य सूत्र के साथ यह पूजा प्रायः एक घंटा होती है।

1 अगस्त, लंदन

'वेस्टमिन्स्टर अबे।' फ़ादर क्रिस्टाफर ब्रायंट कहीं 2-3 दिन के लिए बाहर गये हुए हैं। हम पूछते हैं कि क्या उनसे बात कर सकते हैं? वह तुरन्त उसी बेंच पर बैठने को कहते हैं। सत्येन्द्र मेरा परिचय देता है।

जानना चाहता हूँ : ईसाई विश्वास क्या है? उसके सामने चुनौती क्या है?

फ़ादर बताते हैं कि धर्म के सामने चुनौती 'इहलौकिकता' (सेक्यूलरिज्म) की है। लड़के-लड़कियाँ चर्च में आते हैं। एक लड़की से पूछते हैं कि क्या वह ईश्वर में विश्वास करती है? वह कहती है, कभी-कभी।

'रोमन कैथलिक'-'प्रोटेस्टेंट' में आजकल विरोध नहीं है। फिर भी अंतर है। यह भेद भी धर्म के लिए एक बाधा है।

ईसाई धर्म ईश्वर, प्रभु ईसू और पवित्र आत्मा में विश्वास करता है। पवित्र आत्मा क्या है? यह ईश्वर की शक्ति है। इसके जरिये ईश्वर अपने काम करता है। मेरे और उनके बीच यह व्याप्त है। इस त्रिक् में विश्वास ईसाई के लिए जरूरी है।

स्थानीय भाषा, भूषा, नमस्कार वग़ैरह लिया जा रहा है। किन्तु रोटी और शराब पूजा के लिए जरूरी है। ईसा ने अपने अंतिम खाने में यह खाया था और अपने शिष्यों को भी खिलाया था। 'न्यू टेस्टामेंट' में कहा गया है कि यह रोटी मेरा मांस और शराब मेरा रक्त बनेगी। 'रोमन कैथलिक' मानते हैं कि यह वास्तव में बदल जाती है। 'प्रोटेस्टेंट' मत में मानते हैं कि मानो वह ईसा की देह और रक्त बनती है। यह दार्शनिक विवाद गम्भीर है। जो भी हो, पूजा के लिए जितनी सामग्री ज़रूरी है, उसमें रोटी-शराब होनी चाहिए। वह न होने से पूजा नहीं होगी।

न्यू टेस्टामेंट ईसा के जीवन, संदेश की किताब है। ईसा ईश्वर की संतान है। वह विशेष प्रकार से जनमे हैं। इसलिए उनके शब्द का पाठ भी महत्त्व का है। **ओल्ड टेस्टामेंट** क्या है? वह **न्यू टेस्टामेंट** की भूमिका (पृष्ठभूमि) है।

ईसाई परम्परा में ध्यान की स्थिति बताते हैं। संत एग्नेशियस की 'स्पिरिचुअल एक्सरसाइज' है। यह जेस्युइट्स में प्रचलित है। इसमें प्रभु ईसा मसीह के जीवन की किसी घटना पर ध्यान करते हैं, जैसे उनके सूली पर चढ़ाये जाने पर। और सोचते हैं कि हम उनकी जगह हैं,। क्या अनुभव करते हैं? ध्यान पूर्वी चर्च में ज्यादा रहा है। पश्चिमी चर्या में शांत रहकर ईसा का ध्यान करने का है। वह स्थिति पैदा करते हैं, जिसमें ध्यान सहज हो सके। फ़ादर एक बोर्ड दिखाते हैं। जहाँ तीन-चार पंक्तियाँ लिखी हैं। शांति पहले है। फिर ध्यान करने, शरीर को स्थिर रखने को कहते हैं। फिर ईसा का ध्यान।

ध्यान की कोई एक पद्धति नहीं है। अकड़ कर, तनाव में ध्यान नहीं होता, सहज शांत रहकर होता है।

इंग्लैण्ड में चर्च और राज्य का घनिष्ठ संबंध रहा है। रानी चर्च की भी प्रधान हैं। शाही शादी भी चर्च में होती है। पार्लियामेंट में भी शुरू में ईसाई पूजा होती है। राजा-रानी, पार्लियामेंट ईसाई है। फिर भी, धर्म के लिए प्रश्न है।

यह ज़्यादा अन्दरूनी अज्ञान, लोभ, तृष्णा वग़ैरह के कारण है। धर्म की पढ़ाई नहीं है। इसकी समझ नहीं है, उदासीनता है।

यही सबसे बड़ी बाधा है।

धर्म के प्रति ऐतिहासिक दृष्टिकोण भिन्न है। आध्यात्मिक दृष्टिकोण भिन्न है। शास्त्रों की घटनाओं के क्रम के रूप में, व्यक्ति, देश, काल के रूप में देखते हैं। लेकिन यह बहुत काम का नहीं है। तुलना तो बेमतलब है। कोई ईसा कैसे बनता है? ईसाई होने का मतलब क्या होता है? सहज प्रेम, यह सहज प्रेम असली चीज़ है।

* * *

विदित है कि मध्य एशिया से अत्यन्त प्राचीन पाण्डुलिपियों की खोज उन्नीसवीं सदी के अंत में प्रारम्भ हुई। इनका संग्रह बर्लिन, पारी, लंदन और लेनिनग्राड में है। 'इंटरनेशनल एसोसिएशन ऑफ़ बुद्धिस्ट स्टडीज़' के चतुर्थ सम्मेलन (विस्कांसिन विश्वविद्यालय, मैडिसन, संयुक्त राज्य अमरीका, 7-9 अगस्त, 1981) में वाराणसी से गेशे येशे थबगे (प्राध्यापक, मूलशास्त्र, केन्द्रीय उच्च तिब्बती अध्ययन संस्थान, सारनाथ) और मैंने इस सम्मेलन में भाग लेने का निश्चय किया। इस सिलसिले में

यह भी विचार हुआ कि इसी अध्ययन-यात्रा में यूरोप में इन पाण्डुलिपियों का भी परिचय प्राप्त किया जाए और इसके आधार पर शोध-कार्य की योजना बनायी जाए।

तदनुसार पूर्वी और पश्चिमी बर्लिन, पेरिस और लंदन के संग्रहालयों में 26 जुलाई से 3 अगस्त, 1981 तक इन पाण्डुलिपियों को प्रयत्क्ष रूप से देखने का कार्यक्रम बना। खेद है कि वीसा न मिलने के कारण गेशे थबगे जर्मनी न जा सके और ब्रिटेन में एक दिन के लिए अनुमति मिल गयी। फिर भी गेशे ला और मैंने अलग-अलग और साथ-साथ पाण्डुलिपियों का सर्वेक्षण पूर्वी और पश्चिम बर्लिन, पारी और लंदन में किया है। तद्विषयक विद्वानों से चर्चा की। इसके आधार पर शोध-कार्य के लिए निम्नलिखित योजना बनायी जा सकती है :

1. सर्वास्तिवादी विनय का संस्कृत भाषा और देवनागरी लिपि में सम्पादन-प्रकाशन।
2. भोट (तिब्बती) पाण्डुलिपियों का भोट भाषा में प्रकाशन। अभी प्रायः रोमन में ये प्रकाशित हैं।
3. संस्कृत पाण्डुलिपियों का देवनागरी लिपि में लिप्यंतरण और प्रकाशन।
4. ऐसे ग्रंथों का प्रकाशन जो तिब्बती या संस्कृत में उपलब्ध नहीं हैं। ज्ञातब्य है कि पारी के **बिब्लियोथीक नेशनेल** में **प्रज्ञापारमिता ह्रदय सूत्र** का एक ऐसा संस्करण है जो कंज्यूर में नहीं है। इसका सम्पादन और प्रकाशन किया जा सकता है। ऐसे अनेक दुर्लभ ग्रंथ इस संग्रह में होने की सम्भावना है। उनकी खोज आवश्यक है।
5. इन पाण्डुलिपियों पर काम करने के लिए ऐसे शोधकर्ता की आवश्यकता है जो बौद्ध धर्म-दर्शन, तिब्बती या/और संस्कृत भाषा और जिस देश में यह संग्रह है उस देश की भाषा, यथा जर्मन, फ़्रांसीसी, अंग्रेजी, रूसी में काम कर सकता हो।
6. लेनिनग्राड (सोवियत संघ) में जो संग्रह है वह इस यात्रा में नहीं देखा जा सका। इसके लिए पूर्व तैयारी के साथ एक शोध-यात्रा आवश्यक है।
7. यह प्राथमिक सर्वेक्षण है। इसके आधार पर कार्य करने के लिए एक सुनियोजित, समयबद्ध शोध, सम्पादन-प्रकाशन परियोजना का बनाना आवश्यक प्रतीत होता है।

2 अगस्त, बी.बी.सी. रेस्त्रां, लंदन

कीर्ति जी कहती हैं यहाँ लोग योग और करी को जानने लगे हैं। '60 के दशक में बीटल, बीटनिक वग़ैरह का दौर आया। वह गुज़र गया। गहरा अध्ययन जारी है। छन कर वह जैसे नीचे उतर गया है। कैम्ब्रिज विश्वविद्यालय में जो काम हो रहा है इतिहास पर, वह एक चीज़ है। दोनों स्तर हैं।

उपभोग की अन्य वस्तुओं की तरह योग भी एक वस्तु है। उसका व्यवसाय है। किन्तु उसकी भी ज़रूरत है।

टेक्नॉलॉजी जैसे छा गयी है। उसकी प्रतिक्रिया भी हो रही है। जैसे डॉ. ओंकार श्रीवास्तव की घड़ी। तीन पुश्त इस बीच गुज़र गयीं। गाँधी जी की सादगी और कम में गुज़ारा करने की बात एक चिनगारी जैसी है। अभी राख से ढँकी है। लेकिन कभी यह आग बन सकती है। बननी चाहिए।

* * *

बी.बी.सी. के सात भाषायी कार्यक्रमों की कटौती की जा रही है—शायद बंगला, बर्मी, सोमाली आदि। सरकार का मन है कि इन देशों में जो लोग किसी काम के हैं, वे अंग्रेज़ी जानते हैं। जो नहीं जानते-सुनते वे किसी काम के नहीं हैं। पैसा कम है, इसलिए वह काटना चाहते हैं। 'टाइम्स' ने सम्पादकीय लिख कर कहा है कि भाषा से प्रभाव बना रहता है। इसलिए कार्यक्रम जारी रहना चाहिए। सिर्फ़ शीर्ष ही काफ़ी नहीं है। नीचे भी बात पहुँचनी चाहिए। बी.बी.सी. की हिन्दी सेवा गाँव-गाँव सुनते हैं। जब उसी रेडियो या ट्रांजिस्टर से लंदन सुनायी पड़ता है तो लंदन क्यों न सुना जाए। विलायती कार्यक्रम का आकर्षण है।

* * *

बी.बी.सी. में स्वतंत्रता और स्वायत्तता की परम्परा है। विदेशी प्रसारण का पैसा सरकार देती है। किन्तु प्रसारण में, सम्पादन में सरकार दख़ल नहीं देती। ऐसा नहीं कि उसकी इच्छा नहीं है। दबाव है, किन्तु परम्परा है। इसलिए बहुत कुछ कोई कर नहीं सकता। बी.बी.सी. की ओर से भी दबाव का प्रतिकार भी होता रहता है, समझौता भी।

'वॉयस ऑफ़ अमेरिका' की इच्छा बी.बी.सी. जैसा बनने की है। कितने लोग इसे इस दृष्टि से वहाँ निरन्तर सुनते हैं। लेकिन वहाँ यह हो नहीं सकता कि अमरीकी विदेश मंत्री या प्रतिरक्षा मंत्री का वक्तव्य हो और वह उछाला न जाए। कोई छोटी खबर जो दिलचस्प है, वह उछाली जाए। वह बात नहीं।

श्रीमती थैचर के रहते यह कब तक चलेगा? कौन जाने। वैसे शायद श्रीमती थैचर की सरकार ज़्यादा-से-ज़्यादा अठारह महीने चलेगी, फिर नहीं, पहले भी जा सकती है—ऐसी अटकल है।

ब्रिटेन में प्रवासी भारतीय का क्या रूप है? बदलता रहा है। अंग्रेजी राज के दिनों में राजा-महाराजा आते थे। वह 'सेवाय' जैसे होटल में ठहरते थे। अंग्रेज़ को भी खरीद सकते थे। अंग्रेज़ उन्हें पहचानते थे। फिर, विद्यार्थी आते थे। वह भी बड़े घरों के होते थे। आज़ादी के बाद भारतीय काम के लिए आने लगे।

भारत-पाक विभाजन के बाद पंजाबी हिन्दू-मुसलमान जो वहाँ नहीं खपा, वह रोज़ी-धंधे के लिए इंग्लैण्ड आया। वह जैसे-तैसे रहकर पैसा कमाता है। जो शारीरिक श्रम करता है उसको अच्छा पैसा मिलता है—एक घण्टे का दो पौंड के लगभग। अंग्रेज़ यह छोटे-छोटे काम करना नहीं चाहता। वैसे अंग्रेज झाड़ू-पोंछा भी करता है, सीवर भी साफ़ करता है, चाय का प्याला भी धोता है, मेज भी साफ़ करता है या करती है। लेकिन यह सब उसे पसन्द नहीं है। इस तरह के छोटे-मोटे काम भारतीय-पाकिस्तानी करते हैं। इसके अलावा फ़ैक्ट्रियों में, मशीन पर कड़ी मेहनत-मशक्कत पंजाबी भाई करते हैं। वह बीसों बरस से करते रहे हैं। अपमान भी सहते रहे हैं, लेकिन घर पैसा भेजते रहे हैं।

फिर युगांडा वग़ैरह से गुजराती आये। वह पैसे वाले थे। ईदी अमीन ने जब उन्हें निकाला तो वह यहाँ आये। उनके पास पैसा था। उन्होंने यहाँ जायदाद ख़रीद ली। कई धंधे खरीद लिये। जैसे क्रिटवे के अख़बारों की एजेंसी वग़ैरह अब उनके पास है। वह अंग्रेज को नौकर रखते हैं।

फिर अफ़्रीका से नीग्रो आये। वह ईसाई भी बने। जैसे हिन्दुस्तानी अपना पेट काटकर भी लड़के-लड़की को पढ़ाता है, वैसा नीग्रो के साथ यहाँ नहीं है। उनकी एक समस्या है।

गोरे पहले भी अपमान करते थे। गाँधी जी को दक्षिण अफ़्रीका में क्या-क्या नहीं

झेलना पड़ा। लेकिन पहले एक तो दूसरे किस्म के भारतीय आते थे। दूसरे, जो अपमान होता था वह बर्दाश्त करते थे। इस बीच जो बच्चे यहाँ पैदा हुए वह बड़े हो गये। वह तो यहाँ के मिज़ाज वाले हैं। वह क्यों सहने लगे? वह भिड़ जाते हैं।

इधर बेकारी बहुत है। जब एक करोड़ सत्तर लाख की श्रम-शक्ति में से दस लाख बेकार होते तो ही बड़ा हल्ला मचता है। अभी तो तीस लाख बेकार हैं। उन्हें आशा भी नहीं है। उन्हें लगता है कि यह जो आया है, हिन्दुस्तानी-पाकिस्तानी वगैरह, वह हमारी रोज़ी छीन रहा है, इसका गुस्सा है।

बेकारी और मंदी के चलते सरकार की आमदनी भी कम है। विचार-धारा भी मिल्टन फ्रिडमन जैसी अनुदार है। तो शहर के कल्याण के कई कार्यक्रमों में कटौती कर दी गयी है। लंदन और अन्य शहरों में रोजी-धंधे के बिना रसना-बसना असम्भव है। एक काम-काजी लड़की अपने सिंगार-पटार के लिए ही 500 पौंड (लगभग 9,000 रु.) खर्च करती होगी। मकान, बस, ट्रेन सबका भाड़ा बढ़ा है। पेट्रोल ने इनकी सारी शक्ति चूस ली है। लंदन दूर-दूर बसा है। ईस्ट-एण्ड से वेस्ट-एण्ड आने में कार से एक घण्टा से ऊपर लगता है। अगर एक मोड़ ग़लत मुड़ गये तो मीलों का चक्कर पड़ जाता है। नक्शे से ही रास्ता ढूँढ़ते हैं। कोई जानता नहीं, पूछता नहीं, बताता नहीं। चक्कर काटना पड़ता है। सबका खर्च है, बोझ है।

क़र्ज़ पर जीना यहाँ का ढंग है। मकान, गाड़ी, धुलाई की मशीन, टेलीविजन वग़ैरह क़र्ज़ पर लेते हैं। बैंक को ही बोल देते हैं। वहीं से क़िस्त कटकर पहुँचती रहती है। जैसे कोई 300 पौंड पाता है तो वह 150 पौंड तो किस्त में कटा देता है। 150 पौंड में जीता है। ऋणी है इसलिए दुखी है। किन्तु इसके बिना भी जीना मुश्किल है।

* * *

लंदन की अपनी संस्कृति है। ब्रिटिश म्यूज़ियम और लाइब्रेरी संसार के श्रेष्ठ संग्रहालयों में से है। नेशनल थियेटर, नेशनल गैलरी, टेट गैलरी, अलबर्ट हाल जैसे अनेक संगीत, कला के केन्द्र में हैं। इनके इर्द-गिर्द भी बहुत हरकत रहती है, जैसे नेशनल थियेटर के सामने कुछ युवक पटरी पर ही लोक नृत्य कर रहे हैं। यह 'मोर डांसर्स' कहलाते हैं। लोक नृत्य है। मेलों में बहुत होते रहे हैं, लंदन में आज भी होते

हैं। चुस्त पैंट, ऊनी बंडी, पाँवों में बड़े-बड़े घुंघरू बाँध कर पुरुष नाचते हैं। एक नाच में जैसे जंगल से काट कर लायी हुई लकड़ी है। एक-दूसरे से टकराते हैं, ऊँचा उछलते हैं। टाँगों और बाँहों को जैसे आकाश तक पहुँचाते हैं। और खूब शोर करते हैं। कभी गोलाई में, कभी एक पाँव आगे, एक पाँव पीछे, नाचते हैं। आते-जाते नर-नारी उन्हें देखते हैं, वे उन्हें। जब नाच खत्म होता है तो ताली बजाते हैं। फिर दूसरा नाच शुरू करते हैं।

* * *

एक बड़ा-सा मण्डप जैसा है खुला। एक अकेला वादक वहाँ बजा रहा है। अकेला बाजा, अकेला बजाने वाला। लोग खा-पी रहे हैं। सुन रहे हैं, नहीं सुन रहे हैं। अपना हैट बग़ल में रख छोड़ा है। उसमें कोई एक, कोई पाँच, कोई दस पेंस छोड़ जाते हैं। छोड़े, न छोड़े, वह अपने में मगन है। बजाता जाता है।

* * *

लंदन बड़ा बाज़ार है। लंदन एक बड़ा संग्रहालय है। लंदन एक बड़ा पुस्तकालय है। लंदन एक बड़ा चिड़ियाघर है। लंदन एक बड़ा अजायबघर है। इसमें भाँति-भाँति के बंदे रहते हैं। भाँति-भाँति की चीज़ें हैं। यह पहले तो अंग्रेज़ों का है, फिर औरों का भी है। यह सिर्फ़ कमाई का नहीं, जीने का ढंग है। इस ढंग में जो प्रवासी आते हैं, वह कुछ तो पढ़ते हैं, कुछ सिर्फ़ कमाने के चक्कर में रहते हैं। सभी जैसे दौड़ते रहते हैं। यहाँ गति तेज़ है। अगर तेज़ गति न हो तो सड़क पार नहीं कर सकते। लेकिन फिर वो आदत पड़ जाती है। दो जने दौड़ रहे हैं। पूछिए कि क्यों दौड़ रहे हैं, तो पता नहीं। बस, दौड़ रहे हैं।

* * *

अंग्रेज़ जैसे एक 'ट्राइब' है। स्त्री-पुरुष के सम्बन्ध, 'मोर' नृत्य, देह के माध्यम से सत्य की खोज, बाहरी के लिए दूरी वग़ैरह सब 'ट्राइब' जैसी है। अपना-अपना एकांत है। अन्य से अपरिचित है बल्कि दूरी।

दुनिया से खाने-पीने और भोग-विलास की चीज़ें आती हैं। दुकानें चीज़ों से पटी हैं। इन दिनों छुट्टी है। लड़के-लड़कियों के स्कूल-कॉलेज बन्द हैं। माता-पिता अपनी

छुट्टी भी इन्हीं के साथ जोड़कर मनाते हैं। इसलिए लोग बाहर जा रहे हैं। यूरोप-अमरीका से 'विजिटर्स' आये हुए हैं। सड़कों पर बहुतेरे यूरोपी, अमरीकी युवा-युवतियाँ दीखते हैं। गैलरियों में, हवाई अड्डे पर, सड़क पर सब दूर लोग या तो बाहर जा रहे हैं, या बाहर से आ रहे हैं। संस्सरण है। संसार है।

* * *

राज्य की जकड़न सब दूर बढ़ रही है। 'इम्मिग्रेशन' अफ़सरों को इसमें मज़ा मिल रहा है कि वह लोगों को मना कर सकते हैं, अधिकार मद जता रहे हैं, चेहरे खिंचे हुए हैं, मुस्कराते नहीं, तने रहते हैं। गेशे येशे थबगे का लंदन से न्यूयार्क का टिकट है। अमरीका का वीसा है। विस्कांसिन विश्वविद्यालय में चौथे अन्तर्राष्ट्रीय बौद्ध विद्या सम्मेलन में भाग लेने जा रहे हैं। 1959 से भारत में हैं। केन्द्रीय उच्च तिब्बती अध्ययन संस्थान के प्राध्यापक हैं। यह सब सूचना देने पर भी गेशे ला को ब्रिटिश 'वीसा' नहीं मिलता। 2 बजे से 7 बजे तक जैसे एक हिरण हो और सब शिकारी हों, वैसे घेर लिये गये हैं। यह तो ऐसे भी भवचक्र है। उस पर यह और भी। एक दिन का शरणार्थी 'वीसा' मिलता है। शर्त है कि मैं उन्हें 10 बजे तक हीथ्रो हवाई अड्डे पर पहुँचा दूँगा। 'एयर इंडिया' के श्री हेक्टर अध्याते और एक अंग्रेज़ लड़की अपनी ड्यूटी के बाद रुक कर यह सब कराने में मदद करते हैं। तभी कहीं हीथ्रो हवाई अड्डे से 'इंडिया हाउस' आ पाते हैं। वहाँ से सत्येन्द्र को फ़ोन किया तो पता चला कि वह 2 बजे दोपहर से 5 बजे शाम तक इंतज़ार कर लौटा, कुछ पता नहीं चला। 'इम्मिग्रेशन' के एक अधिकारी ने कहा कि देख कर बताते हैं। फिर वह नहीं लौटा। रुख कड़ा पड़ रहा है।

* * *

रोमा में पोप पॉल, इंग्लैण्ड में श्रीमती थैचर, अमरीका में श्री रेगन—सब दूर अनुदारपंथी हैं। यूरोप-अमरीका का दुनिया पर प्रभाव है—चाहे, अनचाहे। यूरोप-अमरीका में अनुदार पंथ का प्रभाव शेष दुनिया पर भी देर-सबेर पड़ने वाला है, या अभी भी है। टेक्नॉलॉजी भी राज्य की मदद के लिए है। 'कम्प्यूटर' से मेरी उनकी जानकारी मेरे पहुँचने के पहले ही पहुँच जाती है। 'टेलेक्स' से सूचना समुद्र के आर-पार पहुँच जाती है। यह कभी-कभी मददगार भी होती है, जैसे दिल्ली से 'एयर इंडिया' के संदेस

पर श्री हेक्टर अध्याते हीथ्रो एयरपोर्ट पर मिलते हैं। अगर वह न हों तो गेशे ला और मुसीबत में पड़ जाते। लंदन-न्यूयार्क भी वे संदेश पठाने का वचन देते हैं। संदेस भेजने के लिए अब दूत-दूती और कबूतर और बादल नहीं हैं।

फ्रांकफुर्ट में बर्लिन के लिए गाड़ी पकड़ना है। कम्प्यूटर को टेलीफ़ोन करते हैं। वह कहता है, लगता है आप रेल से यात्रा करना चाहते हैं। अगर हाँ, तो यह नम्बर घुमाइए। उस नम्बर पर वह फिर पूछता है कि किस महीने, किस दिन, किस तारीख को आप यात्रा करना चाहते हैं। फिर, कहाँ यात्रा करना चाहते हैं।... मोटे तौर पर कितने बजे आपकी ट्रेन है?... और वह स्वयं उत्तर देता है कि अगर मैंने आपको ठीक समझा तो आप अमुक तारीख को अमुक समय फ्रांकफुर्ट से बर्लिन यात्रा करना चाहते हैं। आपकी गाड़ी प्लेटफार्म नं. 8 से रात... बजे छूटती है। सुबह... बजे बर्लिन पहुँचती है। फिर भी आपका कोई प्रश्न हो तो निःसंकोच पूछिए। आपके लिए मैं यह जानकारी दुहराता हूँ। फिर वह सब ब्योरा दुहरा जाता है।

* * *

पश्चिमी यूरोप में देह, खास कर पुरुष देह के जबर्दस्त शिल्प बने हैं। रोम में, माइकेलेंजेलो के पुरुष और घोड़े, अपनी मांसपेशियों, चौड़े कंधों, पुष्ट जंघों और कसे लिंगों के लिए देखते बनते हैं। ब्रिटिश म्यूज़ियम में नंगी पुरुष देह और स्त्री देह भी। देह की भाषा सड़क पर चलती है। 'ट्यूब' में भी। ट्यूब के सूचना-पट्ट पर एक जगह किसी ने सूचित किया है...ने यहाँ संभोग किया। शायद भारत में वर्जना की अति है और यहाँ खुलेपन की। इसमें बहुत युवा शक्ति झड़ रही हैं। पूरब में जहाँ देह का स्पर्श एक गुह्य चीज़ है, निजी और गोपन, वहीं यहाँ यह खुले खज़ाने और सहज। स्त्री-पुरुष देह एक-दूसरे के लिए यहाँ अपरिचित नहीं। किन्तु अति परिचय की ऊब भी यहाँ है। जब ऊबते हैं तो झोला-मंतरा लेकर अलग, छुट्टा-छुट्टी। जबकि जहाँ देह कुछ खुली, कुछ ढँकी है, गुह्य है, वहाँ आकर्षण है, बना रहता है और जब नितांत परिचित हो जाती है तो जाता रहता है। लेकिन तब तक वासना का वेग भी छीज जाता है। साथ-साथ रहना, स्मृति-संतति और सुरक्षा से ज्यादा हो जाती है। लेकिन वर्जना की अति भी है। भारत में स्त्री-पुरुष सम्बन्ध कहीं सहज हैं तो हिमालय में या जंगलों में। गंगा-यमुना के मैदानों में या शहरों और गाँवों में तो यह गंदा है। ढँको तोपो, दूरी,

तनाव, संशय, अपरिचय।

पश्चिम में देह सुन्दर है, स्वस्थ है, और बल, वीर्य युक्त है, लोच है, वर्ण है। खान-पान है, पुष्टई है, रहने-सहने के लिए अवकाश है, एक पर एक गँजे हुए नहीं हैं, एकान्त है। देह का ध्यान है। दवा मुफ़्त है। पुर्ज़ा बनाने का इधर कुछ देना पड़ता है। हर किसी का डॉक्टर है। उससे पुर्जे पर दवा मिलती है। दाम देने पर भी बिना डॉक्टरी पुर्जे के कई दवाएँ नहीं मिलतीं, जैसे 'वेंटोलिन' पुर्जे पर ही मिलती है।

देह को सुन्दर रखना स्त्री की ज़रूरत है। अगर वह सुन्दर नहीं है तो छूट जाएगी। उसकी शादी नहीं होगी। स्वेच्छा से शादी न करना, एक चीज़ है। छूट जाना और ही है। काम करने वाली लड़की सिंगार-पटार के लिए अच्छी-ख़ासी रक़म खर्च करती है। शादी के बाद यह खर्च कम होता है। लेकिन अपने यहाँ जैसे शादी हुई, एक बच्चा हुआ और फिर बेशऊरी, बेफ़िक्री आ गयी, जैसे बुढ़ाय गयी, सो बात नहीं। युवा-युवती होना जिन्दगी है, वृद्ध-वृद्धा होना मृत्यु। कम-से-कम यहाँ तो ऐसा दीखता है।

* * *

रात लौट रहा हूँ। सत्येन्द्र 'ट्यूब' पर छोड़ने आये हैं। कहते हैं, तुम्हारे मुहल्ले की ओर ही उपद्रव हुए हैं—साउथ हॉल में। ज़रा सावधान रहना, फ़िकर रखना। तो फ़िकर हो जाती है। रात है। बंदा अकेला है। चिड़िया भी अपने घोंसले में ज़्यादा चाँव-चाँव करती है। फिर यह तो अंग्रेज़ का घर है। मेरी देह, धोती, कुर्ता भी यहाँ विदेशी है। 'स्किन हेड' का लक्ष्य बन सकती है। सुना है वह सिर मुँड़ाये रहते हैं। झगड़ा कर बैठते हैं। लेकिन मैं झगड़ा न करूँ तो?

फिर भी वह झगड़ा करेंगे। पता नहीं। अब तक जो मनुष्य गंध मिली है उसमें तो ऐसा नहीं हुआ है। फिर भी हो सकता है। अशुभ के लिए तैयार हूँ। अशुभ-विहारी हूँ।

प्लेटफ़ार्म पर आयु के लिए आदर दीखता है। थोड़ा कुतूहल है। लेकिन ऐसा नहीं कि कुत्ते दौड़ा लें। एक बच्चा तो बार-बार मेरी ओर आता है, खेलता है। माता-पिता प्रीत हैं, कृतज्ञ हैं। कहीं मेरा ब्रिटिश म्यूज़ियम से खरीदा एक स्मृति चिह्न गिर पड़ता है। एक युवक दूर से लाकर देता है। एक बूढ़ा, अन्धा अंग्रेज, टो-टो कर

सीढ़ी तलाश कर रहा है। एक युवा अपना रास्ता छोड़कर उसकी मदद करता है। और सीढ़ी पर चढ़ाता है। हमारे यहाँ तो करुणा-मैत्री भावना में है, बातों में है।

फिर भी लगता है कुछ मलाल आ गया है, हमारे-उनके बीच। आँधी, रेत गुज़र गयी है। लेकिन आँख की किरकिरी है। मैत्री भावना के बावजूद वह कहीं-कहीं चुभती है, कहीं-कहीं नहीं।

6 अगस्त, न्यूयार्क-मैडिसन

न्यूयार्क 32 वीं सड़क (पूर्व) से ला गार्डी हवाई अड्डे के रास्ते में। इस बार गर्मी में न्यूयार्क जैसा कठिन है, वैसा रहता नहीं है। सिर्फ़ सड़क पर चलना ही नहीं, सब कुछ, जैसे 'क्रेज़ी', उन्मादी है, सनाका खा गया है, चेहरे तने हुए हैं, बेचैनी है, बेकारी है। क़ीमतें बढ़ रही हैं, मुसीबतें भी। उनका असर चित्त पर है। जैसे माथा गरम हो रहा है। चेहरे कठोर हो गये हैं, अंग जैसे भिंचे-भिंचे, लुंज। क्या यह लगता है कि अमरीका के सबसे अच्छे दिन बीत गये? अमरीकी शताब्दी या अमरीकी दशक चुक गये? शायद नहीं। अमरीकी आशावादी है। यह शायद परीक्षा की घड़ी है। अगर चित्त शान्त रहा और इसे झेल ले गये तो अच्छे दिन आ जाएँगे। बशर्ते माथा न फिर जाए, माथा फिर जाए तो सर्वनाश।

राष्ट्रपति रेगन को इसलिए वोट मिला कि वह बीते हुए दिन वापस लाएँगे। जब चीज़ें सहज थीं, इतनी पेचीदगी नहीं थी, कर और रोक-टोक नहीं थी। व्यतीत की स्मृति ने रेगन को जिताया। रोक-टोक हट जाएगी तो सब ठीक-ठाक हो जायेगा। हुआ नहीं।

गाँव में सब दूर शान्ति है। लेकिन पड़ोसी वहाँ भी अशान्त है। समस्याएँ तो एक ही हैं। पूरे अमरीका में, इंग्लैण्ड-आयरलैण्ड में, फ्रांस और जर्मनी में, यहाँ तक कि शान्त स्कैंडिनेविया में—फिनलैण्ड तक में अशांति है। मालूम नहीं क्यों? क्या होने वाला है?

* * *

परम पावन दलाई लामा श्री तेनजिन ग्यात्सो की यात्रा में : कई पत्रकारों को न जाने

क्या-क्या होने लगा। कोई-कोई तो रोने लगे। टेलीविजन पर जब लोगों ने देखा, टैक्सी ड्राइवर ने और औरों ने, तो कहा कि यह एक भला आदमी है।

* * *

हवाई नियंत्रण के कार्यकर्ता हड़ताल कर रहे हैं। इसलिए उड़ान देर से है। कई तो रद्द हैं। फिर भी समय पर ला गार्डी हवाई अड्डे पर पहुँचना है। टैक्सी सड़क पर वैसे ही फँसी है जैसे जिन्दगी—न आगे जा सकती है, न पीछे।

हवाई अड्डे पर : प्रोफ़ेसर बेशर्ट (गाटिंजन विश्वविद्यालय, पश्चिमी जर्मनी) मिलते हैं। स्वयं 'कान्फरेन्स' का कागज़ दिखा कर पूछते हैं कि क्या हम लोग विस्कांसिन विश्वविद्यालय जा रहे हैं? इस अन्तर्राष्ट्रीय बौद्ध विद्या सम्मेलन के लिए?

सूचना मिलती है कि सर्वास्तिवादी प्रातिमोक्ष के कई टुकड़े प्रोफ़ेसर ने जमा किये हैं। उन्हें मिला कर क़रीब-क़रीब पूरा सर्वास्तिवादी प्रातिमोक्ष बनता है। अभी तक यह प्रकाशित नहीं है।

बर्लिन, पेरिस और लंदन में मध्य एशियाई संग्रहों में : तिब्बती संस्कृत पाण्डुलिपियाँ हैं। पेरिस के 'बिब्लियोथीक नेशनेल' (राष्ट्रीय पुस्तकालय) में पाण्डुलिपियों को देख कर गेशे ला को रोना आया। यहाँ श्रद्धा नहीं है, लेकिन इतिहास के लिए पुराना-पुराना टुकड़ा भी कैसे सहेज कर रखा है। चीन ने तिब्बत में सब पुरानी-पुरानी किताब थंका वग़ैरह जला दिया। एक जगह पुरानी चीज़ें रखता, संग्रहालय जैसा सो न हुआ।

'कंट्रोल' काम नहीं कर रहा है। 'नार्थ वेस्ट ओरिएंट' का हवाई जहाज दौड़ के लिए खड़ा है। दौड़ नहीं लगा रहा है, आकुल है, जैसे न्यूयार्क। फिर न्यूयार्क भी हो गया। अब तो मैडिसन आने वाला है। सम्मेलन हो गया तो हो गया। डर था कि कहीं घूमते न रह जाएँ, सम्मेलन में पहुँचें ही नहीं। फिर तो यह कहानी बन जाती। विद्या सम्मेलन के निमित्त से निकले। घूमते ही रह गये, फँस गये और पहुँचे नहीं। जैसे निर्वाण सामने है, यात्रा-निर्वाण। फिर और कुछ हो, न हो।

न्यूयार्क के द्वीप! ऊँचे-ऊँचे मकान हैं। गाड़ी है। चलते-फिरते मकान, ऊँचे-नीचे मकान, कई मंजिला मकान। आदमी कहाँ है?

आदमी छत और फ़र्श के बीच फँसा है, साँसत में है, नीचे मकान, ऊपर मकान। कहीं खुला आकाश नहीं, खुली हवा नहीं, आदमी नहीं। आदमी कहाँ चला गया?

गेशे ला पूछते हैं : कनाडा कहाँ है? जो हवाई अड्डा था वह कनाडा है? नहीं, न्यूयार्क में तो जान एफ. केनेडी हवाई अड्डा है। कनाडा तो अलग देश है, संयुक्त राज्य अमरीका के उत्तर में 'नार्थ वेस्ट' पहले कनाडा संयुक्त राज्य अमरीका के बीच उड़ती थी। अब यूरोप और पूर्व भी जा रही है। कनाडा में भी बहुत तिब्बती हैं।

चीन ने जो कुछ किया उसका लाभ भी हुआ। तिब्बती तिब्बत से निकल कर दुनिया में फैले, दुनिया को देखा। अब तिब्बत स्वाधीन हो जाए तो इनका फ़ायदा होगा, जो तिब्बत में किया उसका भी, जो बाहर देखा उसका भी। लेकिन अगर तिब्बत नहीं लौटे? अभी तो थोड़ा बहुत चलता है। कब तक चलेगा? खतम हो जायेगा। कुछ होगा, परिवर्तन तो होगा। चीन भी वही नहीं है। कुछ शिक्षा उसे भी मिली है। अनुभव से सीखा है।

तंत्र की दीक्षा क्या समूहों को, सबको दी जा सकती है? लोग चाहते हैं तो देते हैं। देना चाहिए नहीं, जाति का सवाल नहीं है। जैसा आज-कल हाल है उसमें तंत्र की दीक्षा देना-लेना कठिन है। तंत्र के पहले तो बोधिचित्त होना चाहिए। दूसरे के लिए अपने को दे देने का, प्रेम का चित्त होना चाहिए; कहने में नहीं, करने में। कहाँ करते हैं? कहते जो हों। फिर भी जो तंत्र का अभिषेक लेते हैं उन्हें कुछ तो हो जाता है। दलाई लामा जी कहते हैं कि कालचक्र तंत्र का अभिषेक ले रहे हैं तो आप बदल रहे हैं। तो बदल जाते हैं।

मिलवाकी जैसे थंका पर लिखा हो, हरे-श्यामल पेड़, लाल छतें, रास्ता, कार। लेकिन आदमी कहाँ है? एशिया में बल हो तो यहाँ आ जाए। यह जमीन सबकी है। जो कुछ सामूहिक कर्म से उत्पन्न है, सबके लिए है। सूत्र में कहते हैं कि जो मनुष्य पृथ्वी पर पैदा हुआ है, उसका पृथ्वी पर अधिकार है, शरीर अपना है उस पर किसी और का अधिकार नहीं है। वह व्यक्तिगत कर्म का फल है। कर्म का यह दो रूप है।

पश्चिम, पश्चिम, पश्चिम। चलते-चलते पूरब आ जाता है। पृथ्वी गोल होने का यह एक प्रमाण है। अभिधर्म कोश में तो पृथ्वी चिपटी कही गयी है। दोनों का मेल कैसे है? ऊपर से देखने से तो चिपटी चीज़ भी गोल दीखती है। पृथ्वी भी गोल ऊपर से देखने से है, तंत्र में भिन्न है, गोल जैसी है। दो नाड़ियाँ हैं उनके परे देखने से दीखता है।

लौटने पर कुछ कहना होगा? एक व्याख्यान तो देना होगा। अध्यापक और

विद्यार्थी होंगे, उन्हें बताना होगा कि क्या देखा? क्या कहेंगे? क्या देखा? क्या अनुभव हुआ? तब की तब देखेंगे। अभी तो मिलवाकी मैडिसन 'कंट्रोल' की सूचना है कि हवाई जहाज कब उड़ेगा, ठीक नहीं। बहुत देर नहीं होगी फिर भी कब उड़ेगा? यह कहा नहीं जा सकता। हड़ताल है। जहाँ-जहाँ पहुँचता हूँ, वहाँ-वहाँ हड़ताल। लेह (लदाख) में पहले दिन पाँव रखा, वहाँ हड़ताल। अमरीका में पहले दिन ही हड़ताल।

11 अगस्त, डुलुथ मिनिसोटा

सुबह मिनिसोटा विश्वविद्यालय (यू.एम.डी., यूनिवर्सिटी ऑफ़ मिनिसोटा, डुलुथ) के अहाते में प्रायः 10,000 विद्यार्थी पढ़ते हैं। मिनिसोटा विश्वविद्यालय का यह डुलुथ कैम्पस है। मिनियापलिस इसी विश्वविद्यालय का बड़ा कैम्पस है। वहाँ लगभग 50-60 हजार विद्यार्थी हैं। डुलुथ कैम्पस में कम्प्यूटर का काम करना देखा। प्रभात कम्प्यूटर इंजीनियर हैं। उन्होंने उसकी एक सरल विधि बतायी। कम्प्यूटर एक प्रकार का 'केलकुलेटर' है। कैलकुलेटर में संख्या और उनका योग या भाग है। कम्प्यूटर में यह तो है ही, स्मृति और तर्क भी है। एक छोटे-से 'चिप' में लाखों शब्दों, संकेतों को रिकार्ड कर सकते हैं। उनके योगायोग बन सकते हैं। किन्तु 'कम्प्यूटर' की अपनी भाषा है। जैसे हिन्दी, अंग्रेजी, वग़ैरह है, वैसे ही 'कम्प्यूटर' की भाषा है। उसमें खेल भी खेल सकते हैं। लेकिन जैसे जो अंग्रेज़ी जानता है वही उससे खेल सकता है, दूसरा नहीं खेल सकता, वैसे ही जो कम्प्यूटर की भाषा जानता है वही कम्प्यूटर से खेल सकता है।

'कम्प्यूटर सेंटर' के गर्भगृह में तो बिना अनुमति और प्रयोजन के प्रवेश निषेध है किन्तु जहाँ इसकी तैयारी होती है वहाँ जाया जा सकता है। वहाँ सिगरेट पीना मना है। कई युवा-युवतियाँ 'ध्यानावस्थित तद्गतेन मनसा' काम कर रहे हैं; न कुछ बोल रहे हैं, न कुछ और। बस, अपने-अपने काम में मगन हैं। वहाँ एक मशीन का बटन दबाने पर वह पूछती है कि तुम्हारा नम्बर क्या है? प्रभात अपना नम्बर ... पंच करते हैं। फिर वह पूछती है कि तुम्हारा संकेत शब्द क्या है? प्रभात अपना संकेत बताते हैं। (जैसे अली बाबा के क़िस्से में 'खुल जा सिम् सिम्' था!) फिर मशीन पर छपता है कि क्या पुराना काम करना है? या नया? या कोई खेल खेलना है?

एक डैश जैसे जलती रेखा है जो काँप रही है। फिर नहीं है। वह पूछती है। प्रभात बताता है, और खेल चलता है।

कहीं एक जगह जानकारी पूरी नहीं है। तो मशीन बताती है कि यह जानकारी अधूरी है। उसे पलटकर प्रभात पूरा करते हैं। तो वह अटक खुल जाती है।

इस 'कम्प्यूटर' के क्या परिणाम हैं? युद्ध के लिए? शान्ति के लिए? सुख-दुख, न सुख-दुख के लिए?

* * *

सुपीरियर झील के बारे में स्कूल में, भूगोल में पढ़ा था, नक्शे में देखा था, सो आज आँखों से देख रहा हूँ। एक चर्च के पास पहाड़ी पर से देख रहा हूँ। झील देख रहा हूँ! या समुद्र? या दोनों? इस पार डुलुथ नगर है? उस पार क्षितिज, जल और आकाश है।

यह झील एक और झील से जुड़ी हुई है, उससे अतलांतिक महासागर। इसे गहरा कर इसमें पानी के जहाज आते हैं—भारत, पाक के जहाज। डुलुथ-सुपीरियर जुड़वाँ बन्दरगाह हैं, जैसे मिनियापलिस-सेंट पाल या हैदराबाद-सिकन्दराबाद जुड़वाँ शहर। यहाँ से गेहूँ, मक्का और लकड़ी बाहर जाती है। लकड़ी भेजने को यहाँ बुरा मानते हैं। जापानी इसी कच्ची लकड़ी को खरीद कर पक्का माल बनाते हैं और वापस बेचते हैं; महँगा बेचते हैं। अमरीकी सस्ता बेचते हैं और महँगा खरीदते हैं। रोज़ी-रोज़गार भी खोते हैं।

डुलुथ में एक पुल है जो संसार का अजूबा है। वह पूरा-पूरा पुल पानी के साथ ऊपर उठ जाता है। उससे जहाज़ जाता है। और ऊपर सड़क वग़ैरह है। पड़ोसन फ़ोन करके उसे दिखाने को कहती हैं।

सुपीरियर झील के किनारे एक गुलाब के फूलों का बग़ीचा है। भाँति-भाँति के गुलाब हैं—गुलाबी गुलाब और सफ़ेद गुलाब, पीले गुलाब! रूप है, सुगंध है, झील है। उस पर उतरने का रास्ता है। स्त्री-पुरुष, बच्चे एक ओर पानी में हैं। एक-दूसरे की फ़ोटो उतार रहे हैं। एक पुरुष शिला पर लेटा हुआ है। उधर एक श्वेत जोड़ा है। सामने एक गोरी युवती और एक काला युवा है। दोनों एक-दूसरे में बह रहे हैं। थोड़ी देर में लड़का खड़ा होता है। लड़की उसकी बाँहों को चूमती-चाटती है। फिर दोनों

एक-दूसरे को। फिर...। दोनों छोटे-छोटे कंकड़ झील के जल में फेंकते हैं। गोरी युवती का कंकड़ थोड़ी दूर जाकर डूब जाता है। काले युवक का दूर तक जाता है। खेल चलता रहता है। मेरे जाने का समय हो जाता है।

झील के किनारे पार्क में एक विशाल मूर्ति है। किसकी है? लीफ़ एरिक्सन है। यह एरिक्सन कौन हैं? यह अमरीका का आविष्कारक है। यह कौन है? क्योंकि कहा तो जाता है कि कोलम्बस ने अमरीका की खोज की पन्द्रहवीं शताब्दी के अन्त में किन्तु एरिक्सन ने तो दसवीं शताब्दी में ही खोज निकाला था। उसकी स्मृति में लीफ़ एरिक्सन की यह प्रतिमा है। जिसके नीचे लिखा है : **डिस्कवरर ऑफ़ अमेरिका, 1,000 ए.डी.,** (अमरीका का खोजी, 1,000 ई.)।

इस मूर्ति के साथ जो पट है उस पर सूचना है : यह मूर्ति डुलुथ, मिनिसोटा की नार्वेजीय अमरीकी लीग द्वारा स्थापित की गयी। शहर डुलुथ को 25 अगस्त, 1956 को भेंट की गयी। इसकी डिज़ाइन और शिल्प, शिल्पी जान कार्ल डैनियल ने की।

पास ही लीफ़ एरिक्सन पार्क है। इसमें उस नाव का एक टुकड़ा है जिससे कहा जाता है कि एरिक्सन ने यात्रा की थी। यहाँ एक शिलालेख है जो कठिनाई से पढ़ा जाता है। इसमें कहा गया है कि एरिक्सन ने 6,700 मील की यह समुद्री यात्रा 81 दिन में पूरी की। वह 997 ई. में बोस्टन उतरा।

यह तथ्य पहली बार डुलुथ आकर पता चला। क्या अमरीकी इतिहास में यह घटना दर्ज है? और मान्य या अमान्य है? पता नहीं।

वैसे तो इसके पहले भी भारतीय यात्रियों का वृत्तान्त है। वह ऐतिहासिक कितना है? पौराणिक कितना है? इस पर विवाद हो सकता है। किन्तु यह तो शहर डुलुथ में खुले-खजाने दर्ज है। लीफ़ एरिक्सन, डिस्कवरर ऑफ़ अमेरिका, 1,000 ए. डी.। पता नहीं, आपको यह मालूम है? या नहीं?

लीफ़ एरिक्सन की मूर्ति के पास दो ईसाई पादरी दीखे। उन्होंने भी हमें देखा। प्रभात फ़ादर... को पहचानते हैं। नमस्कार आदि के बाद पता चला कि वे 'रोमन कैथोलिक' चर्च के हैं। पोलैण्ड का पुराना चर्च है। उसके पादरी हैं। दूसरे यहाँ से कोई पचास मील दूर रहते हैं। यहाँ आये हुए हैं।

ईसाई विश्वास का क्या रूप है? यह जिज्ञासा करता हूँ। वह इस जिज्ञासा के बारे में जिज्ञासा करते हैं। यह तो बड़ा विस्तृत और गहन प्रश्न है। फिर भी कुछ

आँकड़ा जान लेने जैसा है। भौतिकवादी समृद्धि के कारण 22 करोड़ अमरीकियों में से 8 करोड़ 50 लाख तो किसी चर्च में नहीं आते, 'नान-चर्चूड' हैं। वह ईश्वर आदि को भी नहीं मानते। वैसे अमरीका एक ईसाई देश है। ईसाइयों में 25 प्रतिशत रोमन कैथोलिक हैं। शेष प्रोटेस्टेंट की शाखाएँ : लुथरन, एंग्लिकन, मैथोडिस्ट, एवांजिकल इत्यादि। फिर नाम-मात्र को हिन्दू हैं, बौद्ध हैं, यहाँ तक कि जैन हैं, कम्युनिस्ट हैं, इत्यादि। किन्तु प्रधान रूप से ईसाई हैं। बच्चे और बूढ़े-बुढ़िया तो चर्च जाते हैं। युवा-युवतियाँ कम जाते हैं। फिर भी शादियाँ-वादियाँ तो वहीं करते हैं। मरनी-करनी भी। वैटिकन की दूसरी काउंसिल के बाद रोमन कैथोलिक चर्च उदार हुआ है। पहले कैथोलिक हिन्दू से बात नहीं करेगा। 'प्रोटेस्टेंट' से भी बात नहीं करेगा। जो भी होगा उसे ईसाई बनाएगा। अब वह सोचता है कि आखिर वह मनुष्य तो है। और ईसाई मत के जो दस आदेश हैं, वह दो ही हैं। ईश्वर में विश्वास और पड़ोसी के लिए प्यार। तो पड़ोसी जो भी है उससे बात तो करना है। यह पहले नहीं था।

शाम को अपने गिरजाघर में और बात के लिए वे न्योता देते हैं। यह चर्च 1883 में स्थापित हुआ। 1983 में इसकी शताब्दी थी। 3 बजे से 6 बजे शाम तक देर तक ईसाई और अन्य मत-मतान्तर, विज्ञान, इहलौकिकता आदि पर चर्चा।

ईश्वर, ईसाई मसीह, और पवित्र आत्मा के त्रिक पर चर्चा। रोटी और शराब के ईसा मसीह के शरीर और लहू बनने के बारे में चर्चा। ईश्वर और शैतान के बारे में चर्चा।

'न्यूट्रान बम' के बारे में : धर्म में मानने वालों का मत है कि जिन्दगी और सम्पत्ति ईश्वर की देन है। मनुष्य का काम उसे पूरने का है, न कि नष्ट करने का। न्यूट्रान बम और भी ज़्यादा मारक है। इसलिए चर्च इसके खिलाफ़ है।

उधर राजनीतिक का दूसरा ही पक्ष है। टेलीविजन पर इस बारे में चर्चा हुई है। राष्ट्रपति रेगन तो कैलिफ़ोर्निया में छुट्टी मना रहे हैं। उप-राष्ट्रपति से टेलीविजन पर पूछा। उत्तर है : रूस की सैनिक शक्ति अमरीका से बढ़ गयी है। अगर अमरीका 'न्यूट्रान बम' न बनाये तो शक्ति सन्तुलन बिगड़ जाएगा। रूस कभी भी पश्चिमी यूरोपी देशों पर और अमरीका पर चढ़ आएगा। कोई युद्ध नहीं होगा। सिर्फ़ पराजय।

दूसरे, राष्ट्रपति रेगन जब पिछले नवम्बर में राष्ट्रपति पद के लिए चुनाव प्रचार कर रहे थे तो उन्होंने रूस से सैनिक शक्ति में बराबरी का वचन दिया था। उस वचन

को भी पूरा करना था।

किन्तु क्या यह अमानवीय नहीं है। अमानुषी तो सभी हथियार हैं। एक चाकू भी। किन्तु...।

तो राजनीति का अपना तर्क है। धर्म और चर्च का अपना है। धर्म के व्यक्ति तो उस सबका विरोध करते हैं, जो प्रभु की दी हुई ज़िन्दगी और सम्पत्ति का नाश करने वाला है।

डुलुथ (मिनिसोटा राज्य), 12 अगस्त

यूनिवर्सिटी ऑव मिनिसोटा, डुलुथ के सोशल डेवलपमेंट के प्रोफेसर डॉक्टर रमाशंकर पांडे ने अमरीका में 'अमेरिकन इंडियन' का कोई रिजर्वेशन देखने का सुझाव दिया था। ये अमरीका के मूल बाशिन्दे हैं। ईसा पूर्व 3,000 वर्ष से 1,000 ई. पूर्व तक के उनके अवशेष पुरातत्त्व की खोज से मिले हैं। यूरोपीय जातियों के पहले ये ही अमरीका के राजा थे। विजय और सन्धियों के जरिये इन पर गोरी जातियों ने प्रभुत्व जमाया। फिर भी 'इंडियन' क़बीलों का आतंक बना रहा। इसलिए उन्नीसवीं शताब्दी से इनके लिए अभयारण्य घोषित किये गए। संयुक्त राज्य से सन्धियों के जरिये यह 'रिजर्वेशन' बने। अगर इन सन्धियों को कोई देखे तो लगेगा कि कैसे धोखा-धड़ी से इनको जमीन सम्पत्ति और सत्व से वंचित किया गया। जो हो, अमेरिकन 'इंडियन' या 'नेटिव इंडियन' जिन वनों और बस्तियों में रहते हैं उन्हें उनके 'रिजर्वेशन' कहते हैं।

डुलुथ (मिनिसोटा राज्य) में प्रभात और शशि पांडे ने फ़ोन करके यह तय किया कि 12 अगस्त, 1981 को सुबह एक रिजर्वेशन जाकर शाम तक वापस लौट सकूँगा। सिलसिला यह बैठा कि स्कूल ऑव सोशल डेवलपमेंट की विद्यार्थी इवा ओलसन माइल लेक्स रिजर्वेशन प्रातः 6 बजे जाएँगी। वहाँ एक क्लीनिक में उन्हें कुछ काम है। मैं उनसे यूनिवर्सिटी ऑव मिनिसोटा, डुलुथ कैम्पस में मिलूँगा। वहीं मुझे छोड़ जाएँगी।

प्रातः नहा-धोकर कार से वहाँ पहुँचा, ठीक 6 बजे। अभी पूरब में उषा की

पहली आभा भी नहीं थी। नील श्याम आकाश में हल्की-हल्की अरुण आभा आ रही थी, उनकी आँखों की तरह। हवा में ठण्डक थी, खुनकी सरीखी, जैसी कौसानी में रहती है। चीड़ और ऐस्पन के रूख झूम-झूम रहे थे। मलय समीरे... । वहाँ कहीं कोई दूर-दूर तक नहीं था। इवा को सुपीरियर से आना था। डुलुथ और सुपीरियर जुड़वाँ बन्दरगाह हैं। इस पार डुलुथ और झील के पार सुपीरियर! डुलुथ मिनिसोटा राज्य में, सुपीरियर विस्कांसिन राज्य में है। झील के पार से आने में इवा को कुछ देर हो सकती है।

मिनिसोटा में सुबह देर से होती है। जाड़े में तो सात बजे भी रात रहती है। घड़ी एक घण्टा आगे-पीछे करते हैं। यह उनकी ग्रीष्म ऋतु है। फिर भी जैसे कुमाऊँ में सुबह उतरती है वैसे यहाँ धीरे-धीरे-धीरे।

इवा ओलसन माँ की ओर से 'इंडियन' है। माँ 'अमेरिकन इंडियन', पिता नार्वेजियन, दोनों से रूप, वर्ण मिला है—खुला दिल और ग्रहणशीलता और नम्रता। मिलवाकी और मैडिसन में विस्कांसिन विश्वविद्यालय में शिक्षा हुई है। इन दिनों मिनिसोटा विश्वविद्यालय के अमेरिकन इंडियन कार्यक्रम में काम कर रही हैं। तो अमेरिकन इंडियन की पृष्ठभूमि बताती जाती हैं।

माइल लेक्स रिजर्वेशन में ओजिवे जाति बसती है। यह 'इंडियन' ट्राइब का प्राग-ऐतिहासिक काल से घर रहा है। अपने ही राज में वे निर्वासित और वंचित हैं। इस पर अगर सोचें तो जितना सोचें उतना गुस्सा आता है। फिर जीना मुश्किल हो जाता है। कटु और तीक्ष्ण। यह 'रिजर्वेशन' 1827 ई. में संयुक्त राज्य के साथ संधि से बना। यह माइल झील के किनारे-किनारे है, सिर्फ़ अभयारण्य में ही नहीं, उसके आस-पास भी 'इंडियन' बसते हैं।

आधुनिक काल का हीलर-होनर्ड कानून या 'इंडियन रिआर्गनाइज़ेशन एक्ट' 1934 से प्रारम्भ होता है। कानून के द्वारा उन्हें चुने हुए प्रतिनिधियों द्वारा अपना राज-काज चलाने का अधिकार दिया गया। 1963 में 'माइल लेक्स रिजर्वेशन बिजनेस कमेटी' बनी। स्थानीय मामलों में इसे और भी ज्यादा अधिकार दिये गये। जब कभी स्वशासी इकाई के ज़रिये मामला नहीं सुलटता तो राज्य और संघ हस्तक्षेप करता है। किन्तु राज्य और संघ की शक्ति इतनी जबर्दस्त है कि स्थानीय स्वायत्त शासन कितना स्वायत्त और स्वतंत्र है, यह खोज का विषय है।

यह 'रिज़र्वेशन' 3,000 एकड़ में है। इसमें लगभग 7000 'अमेरिकन इंडियन'

बसे हुए हैं। इनके पुराने चाल के लट्ठे के मचान नहीं हैं। नये चाल के अमेरिकी मकान सरकार ने बना कर दे दिये हैं। अब इनमें ही ये रहते हैं।

'रिज़र्वेशन' में एक हेल्थ क्लीनिक है। वहाँ आँख, दाँत और अन्य रोगों की दवा के साथ-साथ एक्स-रे और खून वगैरह के जाँच की भी व्यवस्था है। नर्स स्थायी है, डॉक्टर ज़रूरत पड़ने पर बुलाये जाते हैं। रोगों में सौभाग्यवश अब टी.बी. प्रायः नहीं है या कम है, पहले रहा है। ज़्यादा करके डायबिटीज़ और आर्थरायटिस की बीमारी होती है। आर्थरायटिस का रोग औसत के दस गुना अधिक यहाँ है। यह जाँच का विषय बना हुआ है कि ऐसा क्यों है? शेष बुढ़ापे वग़ैरह के रोग तो जैसे अन्य अमरीकी क्षेत्रों में हैं, वैसे ही यहाँ हैं।

क्लीनिक में... हैं, 'अमेरिकन इंडियन' हैं। वे इस 'रिज़र्वेशन' के नहीं हैं। यहाँ रहकर मिनिसोटा विश्वविद्यालय की एम.ए. उपाधि के लिए अपने प्रबन्ध वग़ैरह लिख रहे हैं। उसको लेकर व्यस्त हैं, बल्कि परेशान हैं। प्रोफ़ेसर क्या चाहते हैं? समझ गये हैं। उसे लिखने में लगे हैं। लेकिन वह इतना आसान नहीं। इवा उनकी इसमें मदद करती हैं।

क्लीनिक है। इससे दवा लेते हैं। किन्तु अपने ओझा-सोखा भी हैं। उन्हें अंग्रेज़ी में तो 'मेडिसिन मैन' कहते हैं। ओजिवे भाषा में क्या कहते हैं? एक युवक है। लेकिन वे इतनी ज़ल्दी खुलते नहीं, जैसे अन्य भागों में युवा-युवतियाँ।

आवास और रोज़गार के अभाव के कारण 'इंडियन' गाँव से शहर जाते हैं। फिर भी अनेक 'रिज़र्वेशन' से जुड़े रहते हैं और नहीं भी। मुझे दोनों प्रकार के युवक मिले हैं। डुलुथ कैम्पस में एक युवा मिले, जिनकी माँ और नानी 'रिज़र्वेशन' में थे। अब कोई नहीं। कोई सम्बन्ध नहीं। कहते हैं कि जो पढ़-लिख लेता है, उसे वहाँ पसन्द नहीं करते; यह यूरोपी लोगों से सम्पर्क में आ गया। इसलिए जैसे कुजात हो जाते हैं। उन्हें पसन्द नहीं करते। या पढ़े-लिखों को ही गाँव और जंगल पसन्द नहीं? या दोनों हैं।

'अमेरिकन इंडियन' दुविधा में हैं। जो यूरोपीय ढंग अपनाते हैं वे पाप भाव से ग्रस्त हो जाते हैं। जो नहीं अपनाते वे छूट जाते हैं। अपनाते हैं, पछताते हैं, इससे छुटकारा भी नहीं है। यूरोपी अपना बोरिया-बिस्तर लेकर वापस जाएँ यह सम्भव नहीं। वहाँ उनका अब क्या है? उनका भी घर नहीं। जैसी आबादी बढ़ी है दुनिया

की, जो गति है उसमें वापस जाना नहीं है।

माइल लेक्स में 'इंडियन म्यूज़ियम' है। यह 'मिनिसोटा हिस्टारिकल सोसाइटी' का है और उसके द्वारा संचालित है। संग्रहालय में इस क्षेत्र की स्यु और चिपवा जनजातियों के पुरातत्त्व और इतिहास की रूपरेखा है। इसके साथ ही हस्तशिल्प और ऐसी पुस्तक, पत्रिकाओं का, जो यहाँ के जन-जातीय जीवन और इतिहास से जुड़ी हैं, बिक्री का केन्द्र भी है। पास ही लिटिल फ्लावर मिशन और चर्च है। एक सरकारी केन्द्र भी है।

डुलुथ में युवा-युवतियों में हिप्पी नहीं दीखते। यहाँ एक 'बम' चले हैं। ये कौन हैं? क्या करते हैं? या, क्या इनकी जीवन दृष्टि है? सुपीरियर झील के किनारे आकृति। सोचा यहाँ से फ़ोटो अच्छी आएगी। कैमरा ठीक-ठाक करने लगा कि उधर से कुछ युवक-युवतियाँ आधे नंगे, चीख़ने लगे, बरजने लगे। मैंने कहा कि उनकी नहीं झील, नाव की तस्वीर खींच रहा हूँ। फिर भी वे चीख़ते-पुकारते रहे। व्यर्थ विवाद ठीक नहीं। फ़ोटो नहीं ली। आगे बढ़ गया। सोचने लगा कि यह कौन हैं? क्या कर रहे हैं? तो पता चला कि यह 'बम' हैं। कहते हैं कि इनके जीवन का उद्देश्य नहीं है। फिर भी कुछ तो होगा। इवा कहती हैं कि वह एक को जानती हैं, जो आप से कुछ लेता है। और अपना कुछ देता है। सादा जीवन जीता है।

अभी तो डुलुथ में गरमी है। 80 डिग्री फारेनहाइट तापक्रम है। तो यहाँ गरमी लगती है। उमस भी। झील है। दोपहर में धूप कड़ी हो जाती है। भभका जैसा लगता है। जाड़ों में यहाँ बहुत ठण्ड पड़ती है। शायद 40 डिग्री फारनहाइट तक सड़क पर बरफ़ हो जाती है। लेकिन सड़क चालू रहती है, रखी जाती है। रात में बरफ साफ़ करते हैं। उस पर नमक डाल देते हैं। उससे बरफ़ गल जाती है और सड़क चालू रहती है।

घर के सामने की बरफ़ खुद साफ़ करनी पड़ती है। एक मशीन होती है। किन्तु बरफ़ उड़-उड़कर अपने मुँह पर आती है। प्रायः रात में ही बरफ़ साफ़ की जाती है। नहीं तो सुबह तक जम जाती है। और फिर तोड़ना मुश्किल हो जाता है। ठण्ड से जैसे पाँव जलता है, भभाता है, फिर भी करना पड़ता है।

वैसे कमरा गरम रहता है। बाहर कार गरम रहती है। दफ़्तर गरम रहता है। उन दिनों बाहर निकलना जब बहुत जरूरी हो, तभी होता है। और वह भी पूरा

पहिन-ओढ़कर, अन्यथा नहीं। कार चलाने में भी दिक्क़त है। गैस जमने का डर रहता है। उसमें कुछ रसायन मिलाते हैं। कोई-कोई इंजन को गरम रखने के लिए 'हीटर' लगाते हैं। 'इंडिया' में इंजन गरम हो जाता है तो उसमें पानी छोड़ते हैं !

यहाँ शाम होते-होते सूर्यास्त के पहले खा लेते हैं। सुबह, शाम, रात आजकल लड़के-लड़कियाँ, बूढ़े-बुढ़िया दौड़ते रहते हैं। एक जाँघिया, गंजी, पहन कर या तो तेज़ चलते रहते हैं। या दौड़ते रहते हैं। कभी-कभी तो रात 11-12 बजे दौड़ते हुए दीखते हैं। भोजन-पोषण अच्छा है। उसे न पचाने से रक्तचाप, हृदय रोग वग़ैरह होता है। उसके बचाव के लिए पिछले साल भर से यह दौड़ना शुरू हुआ है। अच्छा है। लेकिन जैसे इसकी भी सनक है। बस दौड़ रहे हैं—दौड़...दौड़... दौड़...।

डुलुथ-मिनियापलिस-सां फ्रांसिस्को-बर्कले, 13 अगस्त

सुबह नहा-धोकर तैयार। 7 बजे से लगभग प्रभात-शशि के साथ मिनियापलिस रवाना। 'नार्थ वेस्ट' की उड़ान के 15 मिनट पहले के बजाय 10 मिनट पहले पहुँचा। 'काउण्टर' की महिला ने कहा कि आप तो इसी उड़ान से जा सकेंगे। आपका सामान अगली उड़ान से जाएगा। आपका 5 मिनट लेट 'चेक इन' हुआ। मैंने उनसे आग्रह किया कि मुझे अकेले ही जाना है। इसलिए मेरा जो एक अदद सामान है वह भी मेरे साथ जाए, आप ऐसी चेष्टा कीजिए। वचन दिया कि चेष्टा करूँगी, किन्तु पक्का नहीं। वैसे भी उनकी कौन बात पक्की होती है?

सेण्ट्रल हिन्दू स्कूल में पढ़ता था। पं. सांवल जी नागर 'क्लास टीचर' थे। प्रार्थना के पहले क्लास में हाजिरी होती थी। प्रायः जब हाज़िरी देकर सब लड़के शरगा हॉल जाते होते तो मैं रास्ते में शरीक होता। प्रार्थना में देर न होती, हाज़िरी में होती। प्रायः नित्य उतनी ही देर। पंडित जी बहुत झुँझलाते, तुम चूल्हा छोड़ भरसाईं में ज़ाओ। यह भी नहीं कि घण्टा दो घण्टा देर हो। सिर्फ़ 5 मिनट देर करते हो नियम से। आगे क्या करोगे?

वही पाँच मिनट की देर। वैसे न कभी प्रार्थना छूटी, न देरी। ऐसे ही न 'फ्लाइट' छूटी, न देरी, और न सामान। दुविधा बनी रही। बहुत करके सूटकेस

अगली उड़ान से आएगा। यह सोच लिया था। फिर भी सां फ्रासिस्को में 'बैगेज क्लेम' पर खड़ा हुआ। वह जोगिया 'सूटकेस' नेपथ्य से प्रकट भया तो मन हर्षित।

* * *

...कैलिफ़ोर्निया में एक ईसाई कॉलेज में मनोविज्ञान पढ़ाते हैं। एक बैप्टिस्ट (?) चर्च के सदस्य हैं। 2,00,000 इस चर्च के सदस्य हैं। शुरू में इन्होंने मनोविज्ञान की प्रायोगिक शाखा में काम किया है। अब यह परखते हैं कि आधुनिक मनोविज्ञान और ईसाई परम्परागत मनोविज्ञान में क्या भेद-अभेद है।

ईसाई मत में एक प्रकार का द्वैत है। ईश्वर सृष्टिकर्ता है और उसकी सृष्टि है। इस द्वैत को प्रेम से पाटा जाता है फिर भी अद्वय नहीं, द्वय है। अपने पड़ोसी को वैसे ही प्यार करो जैसे अपने को करते हो, इस सीख में, मैं और अन्य है। पड़ोसी-पड़ोसी है, मैं नहीं।

अस्तित्ववादी दूसरे को नरक मानते हैं। 'द अदर इज़ हेल'। ऐसे में प्यार कैसा? यह विचारधारा ईसाई मत के विरुद्ध अवश्य है।

ईसा मसीह में दूसरे के लिए जो प्रेम है, जो भावना है, वह निर्मल है। किन्तु ईसाई समाज में जो उपाय है, जो प्रतिस्पर्धा की अर्थव्यवस्था, राजनीति है, समाजनीति है, और और और का मनोविज्ञान है, वह तो इसके उलटा है। इस कारण प्रेम के बजाय घृणा, निकटता के बजाय दूरी, उदारता के बजाय अनुदारता है।

'प्रोटेस्टेंट' मत की वह शाखा जिसके मेरे मित्र सदस्य हैं, युद्ध के विरुद्ध है। वियतनाम युद्ध, या बम परीक्षण सबके विरुद्ध। किन्तु राष्ट्रपति रेगन ने 'न्यूट्रान' बम बनाने की अनुमति दे दी है।

हवाई जहाज़ नेवादा राज्य के पहाड़ों और वीरानों और रेगिस्तानों के ऊपर उड़ रहा है। इनमें बम का परीक्षण हुआ था।

* * *

भारतीय बौद्ध परम्परा में अंत में अद्वय है। दोनों नहीं। मैं और वह परमार्थतः, स्वभावतः, निरपेक्षतः हैं नहीं, एक-दूसरे की अपेक्षा से हैं। व्यवहार में, प्रतीत्यसमुत्पन्न है। कोई ईश्वर नहीं है। कर्ता नहीं है। अस्मिन सति इदय भवति। यह है, यह होता

है। एक सिलसिला है, प्रवाह है वह भी नित्य नहीं। और असल में क्षण और तत्क्रम भी नहीं। व्यवहार मात्र है। लेकिन व्यवहार मात्र में भी उसकी सत्ता नहीं है। किसी चीज़ का अपना स्वभाव नहीं। वह अपनी उत्पत्ति, स्थिति, ध्वंस के लिए निःस्वभाव है, शून्य है।

प्रश्न है कि अन्तिम विश्लेषण में अद्वय है। सो ठीक है, लेकिन सारा व्यवहार तो द्वय, द्वैत में है। उसमें क्या हो? दान, शील, शान्ति, वीर्य, ध्यान, प्रज्ञा पारमिताएँ हैं। ईसाई परम्परा में प्रेम है, सेवा है, पड़ोसी के लिए, मनुष्य के लिए असीम प्यार है।

भारतीय समाज में स्त्री-पुरुष का सम्बन्ध बहुत ढोंग से भरा है। बाहर जैसे एक-दूसरे के कोई नहीं हैं, अन्दर सब कुछ। वर्जना है। दमन है। असहज है। यहाँ दूसरी अति है। लेकिन यहाँ परस्पर-आदर है। स्त्री का सम्मान है। स्थान है। चाहे उसने यह लड़कर पाया है। और लड़ाई अभी भी जारी है। वैसे पूरी समता यहाँ भी नहीं है। स्त्री अभी भी अपने पति, प्रेमी, प्रोफ़ेसर या 'हीरो' के नीचे है। किन्तु पूर्ण समता एक कल्प है। जो प्राप्त है कल्प उससे एक अंगुल ऊपर है। जब वह प्राप्त हो जाता है तो फिर कल्प एक अंगुल ऊपर हो जाता है। अपने देश में कल्प तो ऊँचा है, कथनी भी, किन्तु रहनी नहीं है। रहनी में जो सच है सो ही सच है। कथनी-करनी में तो जो है, सो है।

पश्चिमी समाज कैसा लगता है? यहाँ काम के लिए आदर है। शरीर-श्रम की प्रतिष्ठा है। वैसे जो बौद्धिक श्रम करते हैं, प्रोफ़ेसर वगैरह हैं, उनकी इज्जत अधिक है लेकिन जो शरीर-श्रम करता है—बस चलाता है, मकान बनाता है, सड़क ठीक करता है, शायद डालर उसको ज्यादा मिलता है। वह भी सम्मान से जी सकता है। अगर कोई एम.ए. पी-एच.डी. करता है, नया-नया प्राध्यापक लगता है, तो उसे कोई 17-18 हज़ार डालर साल मिलता है, बस के ड्राइवर को 22 हज़ार साल। फिर तो प्रोफ़ेसर की तनख़्वाह बढ़ जाती है। शुरू-शुरू में बस ड्राइवर की तनख़्वाह प्राध्यापक से ज्यादा है।

परस्पर-विश्वास यहाँ है। इस पर व्यापार पलता है, जीवन का भी कारोबार चलता है। अगर टेलीफोन पर कह दिया कि टिकट हो गया, तो हो गया। शायद ही कभी इसमें फ़र्क़ हो। भारत में? अगर सीट आपने खुद 'रिजर्व' करा ली है, तो भी, जब तक आप उस पर बैठ न जाएँ तब तक भरोसा नहीं। जो मेहमान है उसे भरोसा नहीं कि मेज़बान उसे लेने आएगा, मिलेगा कि नहीं। मेज़बान को भरोसा नहीं

कि खाना बनाकर रखें तो मेहमान आएगा या नहीं। यहाँ तीस मील दूर भी खाने का न्योता स्वीकार किया है तो चाहे थके हों, चाहे लौटने में 12, 1, 2 बजते हों; जाएँगे। परस्पर-विश्वास यह सत्य का अंग है। सम्बन्धों में सच का अंग। आप जो कहते हैं उस पर आप टिकते हैं, दूसरा अपने कहे पर, सच पर। तो ही व्यवहार होता है। अन्यथा नहीं।

यहाँ अगर कोई किसी के लिए कुछ करता है तो उसका वह कृतज्ञ होता है। कुछ-कुछ तो इसमें व्यवसाय जैसा है। यह ले, वह दे, यह व्यवहार है। यह उद्योग-व्यवसाय प्रधान देश है। अग्रवाल समाज जैसा है। इसलिए यहाँ लेन-देन है। मेरे लिए इतना किया तो मुझे भी बदले में यह करना है। यह नहीं कि वह तो मेरा बड़ा है, भाई है, बहन है, लड़का-लड़की है तो उसे तो करना ही करना है। अगर 99 बार किया, एक बार नहीं, तो 99 बार का किया भूल जाता है। 1 बार का नहीं याद रहता है। सारा रिश्ता ही जैसे ख़तम हो जाता है। कृतज्ञता बड़ा गुण है। कृतघ्नता बड़ा अवगुण है। यहाँ कृतज्ञता है। ऐसे कृतघ्न कहाँ नहीं हैं? कृतज्ञ कहाँ नहीं हैं? किन्तु औसत व्यवहार में कृतज्ञ हैं। और उसका प्रकाश भी करते हैं। शिष्टाचार भी व्यवहार का अंग है। यह इंजन में मोबिल की तरह है, सिर्फ़ पेट्रोल से नहीं, मोबिल से भी गाड़ी चलती है।

* * *

शान्ति ज़िन्दगी की आखिरी चीज़ है। पहले भाग-दौड़ में यह चीज़ समझ में नहीं आती है। जब बहुत दौड़-धूप हो जाती है, तो धीरे-धीरे उसकी व्यर्थता समझ में आती है। फिर शान्ति की भूख जगती है। फिर वह मिलती है, या नहीं भी मिलती। लेकिन भूख लगती है। तो और चीज़ फ़ीकी लगती है।

कैलिफ़ोर्निया विश्वविद्यालय का बर्कले कैम्पस 1960 के दशक में छात्र आन्दोलन का केन्द्र रहा है। इन दिनों आन्दोलन नहीं है, बेकारी या चिन्ता है। तो इसकी फ़िकर है कि मेरा क्या होगा? मेरे बच्चे का क्या होगा? आमदनी-ख़र्च का ताल-मेल कैसे बैठेगा? इसमें और बातें छूट जाती हैं।

भारतीय योग, ध्यान का इधर ज़ोर बढ़ा है। योग का कुछ प्रयोग तो शरीर को ठीक रखने के लिए किया जा रहा है, काया को सुडौल, स्थिर और सुन्दर बनाने के

लिए। कुछ की खोज शरीर से ज़्यादा गहरी है। उसके लिए भी असली समर्पण है। ऐसे भी युवा-युवतियाँ हैं। किन्तु भारतीय विद्या में कमी आयी है। यह जब अच्छे दिन होते हैं, फुरसत होती है, तो होता है। सो नहीं है।

अमरीकी समाज में यह एहसास धीरे-धीरे घर कर रहा है कि अमरीका के सबसे अच्छे दिन बीत गये हैं—अमरीका खिसक रहा है—इससे बचने का रास्ता क्या है? पता नहीं। शायद आशा भी नहीं कि अब फिर वह बीते हुए दिन आएँगे। वह अमरीकी शताब्दी या दहाई फिर लौटेगी जो बीत गयी है। वैसे अमरीकी आशावादी हैं, उपाय कुशल हैं। लेकिन प्रज्ञा भी है? इसमें संशय है। प्रज्ञा के बिना उपाय अंधा है, उपाय के बिना प्रज्ञा बाँझ। प्रज्ञा-उपाय बिना सिद्धि नहीं।

बर्कले (कैलिफोर्निया राज्य), 14 अगस्त

अमरीका में विवाह की संस्था छीझ रही है। तलाक की दर लगभग 60 प्रतिशत है। 10 में से 6 की छुट्टा-छुट्टी हो जाती है, सिर्फ़ 4 साथ रहते हैं। विवाह में कोई पवित्रता नहीं रह गयी है—करते हैं, छोड़ देते हैं। इधर युवक-युवतियाँ विवाह भी नहीं कर रहे हैं। बस साथ रहते हैं। ऊब जाते हैं तो चल देते हैं।

अमरीकी समाज मुक्त रहा है। किन्तु शायद यह एक अति पर चला गया है। भारतीय समाज एक अति पर है। आत्म-क्लमथ अन्त में, अपने को घुलाने के अन्त में। अमरीकी समाज काम-सुखल्लिका, काम सुख भोग, शिश्न-उदर-परायणता के अन्त में पतित हो गया है।

विवाह के टूटने के अनेक कारण होंगे। लगता है कि दोनों ओर सम्बन्धियों का न होना इसका एक बड़ा कारण है। सम्बन्धी यहाँ बन्धन माने जाते हैं। उन्हें कोई नहीं चाहता। साथ रहना तो क़ैद है। परिवार के चलाने में नाते-रिश्ते का बल रहता है। घर में दादा-दादी, नाना-नानी, चाचा-चाची, भाई-भौजाई, देवर-ननद है तो झंझट है, लेकिन बल है। दादा-दादी बच्चों को देख सकते हैं। फिर दूसरे रिश्तेदार भी हैं। वे भी मौके पर काम आते हैं। यहाँ तो वह नहीं है। परिवार एकल है। पति-पत्नी और अविवाहित लड़का-लड़की। जहाँ कुछ अनबन हुई, कोई उसे पूरने वाला नहीं। झट छुट्टा-छुट्टी।

इसमें अकेली माता का दुख गहरा है। उसे एक दो तीन लड़के-लड़कियाँ हैं। वह बँध गयी, सन्तति छोड़ नहीं सकती। उसे उन्हें पालना है, कोई काम करना है और घर भी देखना है, सो भी अकेले। उसको अगर इतना पैसा नहीं मिलता कि वह बच्चों को 'बेबी सिटर' (दाई) के पास छोड़कर जाए। वह प्रति घण्टे प्रति बच्चे का एक डालर लेती है। वैसे देख-भाल करती है, खिलाती-पिलाती है। मन से करती है। लेकिन माँ का विकल्प नहीं, माँ तो माँ ही ठहरी। फिर, जैसा काम स्त्री को प्रायः मिलता है उसमें वह बच्चों को किसी के पास छोड़कर नहीं जा सकती। उसकी कोई अपनी ज़िन्दगी नहीं रह जाती, सिवा बच्चों को पाल-पोस कर बड़ा करने के और बड़े होकर वह पंछी की तरह उड़ जाते हैं। वह और भी ज्यादा अकेली हो जाती है।

भारत में परिवार की संयुक्तता ढीली हुई है। परिवार पसर गया है। काम-धंधा दूर कर रहा है। फिर भी मन में परिवार है। डुलुथ रह कर भी बाँसगाँव से, बनारस से जुड़ा हुआ है। तलाक की अब कानूनी छूट है। किन्तु अभी वह कम ही है। जब होता ही है तो परिवार है, जाति है—अकेली स्त्री को कुछ सहारा है। सो यहाँ नहीं है।

दूसरे को दोष देना हमेशा आसान है। किन्तु ज़िन्दगी में हमेशा सुख ही सुख हो, यह होता नहीं। जन्मना ही दुख है। मृत्यु-पर्यन्त यह दुख, सुख न दुख-सुख लगा रहता है। इसके लिए हर कोई खुद पहले जिम्मेदार है, फिर दूसरा। अक्सर अपनी खोट न देख कर दूसरे को कुटिल खल कामी देखते हैं। उस पर दोष देकर अलग हो जाते हैं। और भी दुखी होते हैं। दुख-सुख-न-दुख-सुख में साथ नहीं जीते। अगर दुख-सत्य का बोध बना रहे तो शायद निभ जाए।

इसका हल क्या है? शायद कोई हल नहीं। जैसा परिवार है, वैसा देश है। अमरीका में परिवार छूट रहा है; उसकी पवित्रता, स्थिरता, निश्चिन्तता नहीं है। तो देश और सरकार में भी नहीं है। लगता है अमरीकी शताब्दी या अमरीकी दहाई बीत गयी है। अमरीका प्रति व्यक्ति आय में भी अब शीर्ष पर नहीं है—सातवें स्थान पर है। गत वर्ष तीसरे नम्बर पर था। वैसे प्रति व्यक्ति आय का उतना मतलब नहीं जितना कुल राष्ट्रीय आय का। फिर भी अमरीका शीर्ष पर से खिसक रहा है। वैसे भी जो शीर्ष पर होता है, उससे दूसरों को ईर्ष्या होती है, लालच होती है, और खुद उसमें अहंकार-ममकार आता है। यह बुराई की जड़ है। यह अमरीका में घर कर गयी है।

22 करोड़ अमरीकी हैं, इनमें 3 लाख भारतीय क्या होते हैं? फिर भी शिकायत करते हैं। सिर्फ़ भारतीय से नहीं, सभी एशियाई उन्हें पसंद नहीं हैं। उन्हें खदेड़ नहीं सकते, क्योंकि वह भी अमरीकी नागरिक हैं। किन्तु उन्हें पसन्द नहीं करते, वर्षों से हैं, फिर भी विदेशी हैं, पराये हैं और शायद मृत्यु-पर्यन्त रहने वाले हैं। जो काले उनके साथ शताब्दियों से हैं, जब वे ही उनके नहीं हैं तो भारतीय या एशियाई क्या खा कर हो सकते हैं?

अमरीका एक महान् शक्ति है। किन्तु अब उसका दिल खुला नहीं है, उदार नहीं है, ग्रहणशील नहीं है, वर्जनशील है। इस तरह कोई महान् नहीं रह सकता। महान् शक्ति तो तभी तक महान् है जब तक वह महान् है। जब वह नहीं, तो नहीं है।

राष्ट्रपति रेगन ने बजट में कटौती की है। कर में कटौती की है। उनका तर्क है कि ज़्यादा सरकारी खर्च से महँगाई होती है। इसलिए बहुत-सी सामाजिक सेवा के खर्च में कटौती कर दी गयी है। उधर टैक्स में इस वर्ष कटौती की गयी है। अगले वर्षों में भी यह जारी रहने वाली है। सामाजिक सेवा में कटौती से जिन्हें इनका लाभ पहुँचता है, वह दुखी हैं। टैक्स में कटौती से बड़े लोग सन्तुष्ट हैं। उधर न्यूट्रान बम बनाने की स्वीकृति दी है। रोटी के बजाय बम, गरीब के बजाय धनी, यह प्रशासन की पसन्द है। इस पर सीनेट आदि ने मुहर लगा दी है। अब यह मुहरबन्द और लागू है। इस अनुदार आर्थिक नीति का क्या सामाजिक-सांस्कृतिक-मानसिक परिणाम होने वाला है? जब दिल तंग होता है तो और तंग होता है। पैराशूट और दिल तो जितना खुलता है उतना अच्छा है। अगर बिल्कुल नहीं खुलता तो मृत्यु है।

अमरीकी आमदनी से अधिक खर्च करने का आदी है। उसे 14-15 बरस का होते-होते कार चाहिए। शादी के पहले मकान चाहिए। टेलीविजन चाहिए। और क्या-क्या चाहिए? उसकी चाहत का कोई अन्त नहीं। आमदनी उतनी नहीं। तो वह कर्ज़ लेता है। क़िस्त में कर्ज़ अदा करता है। इस तरह सदा ऋणी है। बहुत करके प्रवासी है। ऋणी और प्रवासी सब दूर सुखी नहीं। लेकिन यह उनकी ज़िन्दगी का क्रम रहा है। इधर कार की, मकान की कीमत बढ़ी है और नयी मुद्रा-संकोच नीति के कारण उसे क़र्ज नहीं मिल रहा है। यह उसे रास नहीं आ रहा है। कर्ज़ न मिलने से वह बचत करेगा, संयम, मितव्ययिता बरतेगा, इसका संकेत नहीं दीख रहा।

काम मन का प्रथम रेत है। स्त्री-पुरुष का परस्पर आकर्षण अनादि है। पुरुष को स्त्री देह जितना खींचती है उतना कुछ और नहीं। वैसे ही शायद स्त्री को पुरुष देह जितना खींचती है उतना और कुछ नहीं। स्त्री को पुरुष गंध जितना लुभाती है उतना कुछ और नहीं। स्त्री को पुरुष स्पर्श जितना उकसाता है उतना कुछ और नहीं। पुरुष को स्त्री का संग जितना शान्त करता है उतना कुछ और नहीं। स्त्री को पुरुष का संग जितना शान्त करता है उतना कुछ और नहीं।

फिर भी स्त्री-पुरुष का सम्बन्ध और साथ और सामीप्य असीम नहीं। मानुष तन की सीमा है। उस सीमा के बाहर जाना तो मृत्यु है। किन्तु यहाँ जैसे सीमा नहीं। खान, पान, वेश-भूषा, गंध एक-दूसरे को मोहने के लिए हैं। शरीर की भाषा बहुत ज्यादा चल रही है। शरीर के माध्यम से जैसे सत्य और जीवन और मृत्यु की तलाश हो रही है। इसमें शरीर की शक्ति, बल-वीर्य का बड़ा अपव्यय है, संयम है। इंद्रिय संयम सब संयम का मूल है। इंद्रिय असंयम सब असंयम का। तो जब जीभ नित नया स्वाद चाहती है, आँख नित नया रूप, कान नित नया शब्द, नाक नित नया गंध, चमड़ी नित नया स्पर्श... जब सभी इंद्रियाँ नया-नया चाहती हैं तो इसमें बचत कहाँ है? मितव्ययिता कहाँ है? संयम कहाँ है?

राष्ट्रपति रेगन और उनकी अर्थनीति और राजनीति और 'एवांजलिक' आन्दोलन की धर्मनीति के लिए यह एक चुनौती है। सभ्यता की चुनौती। इसका सामना खुले दिल और ग्रहणशीलता और उदारता से किया जा सकता है। तंगदिल, वर्जनशीलता और कट्टरता से नहीं।

फिर भी अमरीकी समाज में अभी भी बड़ी आशावादिता है, शक्ति है और उपाय-कुशलता है। प्रज्ञा के बिना यह उपाय-कुशलता अंधी है। किन्तु उपाय-कुशलता है। जैसे सारा अमरीका दौड़ रहा है। सुबह, दोपहर, शाम दौड़ रहा है। लड़का-लड़की बूढ़ा-बूढ़ी दौड़ रहा है। पचा रहा है। लेकिन इतना खाना ही क्यों? दौड़ना अच्छा है। शरीर का व्यायाम शरीर को बल देता है, स्फूर्ति और वर्ण। शरीर साथ देता है, अन्यथा नहीं। लेकिन इसके साथ-साथ खान-पान का संयम भी ज़रूरी है। विशेषकर मांस और दूध के विकार के अति भोग से शिश्न-उदर परायणता की अति होती है। इतना ज़्यादा बल, वीर्य पैदा होता है कि वह पचता नहीं। उसे पचने के लिए और भोग, और भोग के लिए और... इसका अन्त नहीं।

* * *

कोई किसी के लिए इन्तज़ार नहीं करता। कोई किसी के लिए अपरिहार्य नहीं। इतने दिनों से देर से बाहर रहने पर भी दुनिया चलती जाती है। फिर भी आदमी समझता है कि उसके बिना जैसे आकाश फट पड़ेगा, या गंगा नहीं बहेगी। या कोई जीएगा नहीं। मोह पालता है और मोहवश और दौड़ता-पराता है, और फिर उस दौड़ के लिए और दौड़। मैं ही यह दौड़ क्यों लगा रहा हूँ? बनारस में अच्छा-ख़ासा पड़ा रहता था। न कभी दौड़ कर बस पकड़ना, न हवाई जहाज, न टेलीफोन करता, न सुनता, न किसी को समय देता, न लेता। बस पड़ा रहता था। कहाँ की शामत आयी कि दौड़ रहा हूँ। पश्चिम-पश्चिम-पश्चिम।

दिल्ली-बम्बई-रोम-फ्रांकफुर्ट-पारी-न्यूयार्क-मेडिसन-मिनियापलिस-डुलुथ-सां फ्रासिको—पश्चिम-पश्चिम-पश्चिम, सूरज के साथ चक्कर, चक्कर और चक्कर।

दिल्ली जमा, फिर उखड़ा। बम्बई तो जम भी नहीं पाया। रोम, फ्रांकफुर्ट, बर्लिन, पारी, लंदन, न्यूयार्क में जहाँ ज़रा थिर हुआ, वहाँ उखड़ा। फिर वहाँ। फिर जमा मेडिसन में। सम्मेलन में पर्चा पढ़ने के बाद स्त्री-पुरुषों का प्रिय बना, प्रेम मिला, तो वह सब छोड़-छाड़ कर मिनियापलिस। देवताओं की इस नगरी में और सन्त पाल की नगरी से और उत्तर-पश्चिम डुलुथ। वहाँ प्रभात हुआ कि फिर शाम हो गयी। फिर...। यह क्या चक्कर है, या यही संसार है, संसरण है, आना-जाना है। लेकिन यह तो बारम्बार आना-जाना है। वह अन्तिम यात्रा कब है? कहाँ है? जिसके बाद फिर न आना है। न जाना। लेकिन वह भी कोई जगह नहीं जहाँ जाना है। सिर्फ़ जान लेना है। उसे जानना वही हो जाना है। सो नहीं है। मैं हूँ। और वह है। वह मुझ से दूजा है, दूसरा है, अन्य है। इसलिए उस तक जाना है। या उसका सन्देसा पाना है, या साथ चाहना है, या दूर होना है, जब मैं हूँ तो वह नहीं है। जब वह है, तो मैं नहीं। जब न मैं हूँ, न वह है, मैं ही वह हूँ, वह मैं है। तो...।

यह उत्तर-पश्चिम है। पश्चिम के इस अभियान के बारे में अमरीकी इतिहास में पढ़ा है। यहाँ बसने के लिए 140 एकड़ ज़मीन मुफ़्त दी गयी। वहाँ तक पहुँचने के लिए सड़क बनायी गयी। इस तरह 'वेस्टवर्ड हो' शुरू हुआ। लेकिन अभी भी यहाँ बस्ती नहीं है। बहुत करके उजाड़ है। जहाँ बस्ती है वहाँ मकान है, खेत, खलिहान

है, कार है, कार दौड़ रही है। जैसे आदमी चौपाया हो गया है। आदमी नहीं है। जैसे कोई शापग्रस्त भूमि है, जहाँ छप्पन प्रकार का भोग है। आदमी नहीं है। उधर, भारत में इतने लोग हैं लेकिन ज़मीन नहीं है, रोटी नहीं है, मकान नहीं, शिक्षा नहीं, स्वास्थ्य नहीं, सौन्दर्य नहीं, शान्ति नहीं। सिर्फ़ 'ॐ शान्तिः शान्तिः शान्तिः' का मन्त्र है। जाप हैं। शान्ति नहीं। ज़िन्दगी का चरम शान्ति है। सो यहाँ बाहर में है। जंगल में, खेत में, मकान में, कार में, बाहर है। अन्दर भी है? शायद नहीं।

इवा कहती है कि वह दौड़ते-दौड़ते थक रही है। उसे भारत आने को कहता हूँ। वहाँ इतनी भाग-दौड़ नहीं है। इतना ज़्यादा नहीं है, लेकिन इतनी हाय-हाय भी नहीं। इवा को वह कभी भी पसन्द होगा। कहती है कि यहाँ भी ऐसा हो सकता था। लेकिन हमने चाहा नहीं। हमने भाग-दौड़ चुना, गो-गो-गो। अब उससे निस्तार नहीं। शायद भारत में भी नहीं। वहाँ जाने के लिए भी दौड़ना है, रहने के लिए भी, लौटने के लिए भी। यह कैसी दुनिया है जहाँ शांत बैठने के लिए भी दौड़ना है? ॐ शांतिः शांतिः शांतिः।

अमेन।

रैन बसेरा : द्वारा : प्रोफेसर ज्योतिरिन्द्र दासगुप्त
कैलिफ़ोर्निया विश्वविद्यालय
बर्कले

बर्कले, कैलिफ़ोर्निया राज्य, 14-17 अगस्त

कैलिफ़ोर्निया विश्वविद्यालय के 'साउथ एण्ड साउथ-ईस्ट एशियन स्टडीज़' के दफ़्तर बैरीमन के लिए फ़ोन किया। उन्होंने गढ़वाल के हिन्दुओं पर काम किया है। उनकी किताब पर बहुत-सा आक्षेप हुआ। मैंने वह सुना है, किन्तु किताब नहीं पढ़ी। अगर भेंट हो तो उस पर क्या चर्चा करूँगा? इसलिए दुविधा है। फ़ोन नं. ले लिया। और कौन-कौन हैं? पूछने पर प्रोफ़ेसर पद्मनाभ जैनी का नाम सुन पड़ा। 'जइनी' का उच्चारण इस प्रकार का था कि कुछ समझ में नहीं आया। जब पूरा नाम दुहराया तो लगा कि हो न हो यह पद्मनाभ जैनी हों। मैंने इनका जॉसेफ एलडर और ए.के.

नारायण द्वारा सम्पादित 'चैप्टर आन इंडियन सिविलाइज़ेशन' में 'श्रमण' पर एक शोध-निबन्ध पढ़ा है। गत वर्ष संस्कृत विश्वविद्यालय में इनके एक व्याख्यान की भी सूचना थी। किन्तु मैं न जा सका। प्रोफ़ेसर जैनी का नम्बर ले लेता हूँ। फ़ोन करता हूँ। सीधे हिन्दी में बात करता हूँ। उनका भी हिन्दी में उत्तर मिलता है। अपने कार्यालय में हैं, जब चाहूँ आ सकता हूँ। प्रोफ़ेसर ज्योतिरिन्द्र दासगुप्त वहाँ मुझे छोड़ देंगे। फिर घण्टे-डेढ़ घंटे बाद ले लेंगे। 2 बजे के लगभग मिलना तय होता है। वहाँ से लाइब्रेरी जा सकेंगे।

प्रोफ़ेसर पद्मनाभ जैनी कैलिफ़ोर्निया विश्वविद्यालय बर्कले के 'साउथ एण्ड साउथ-ईस्ट एशियन स्टडीज़' में 'बुद्धिस्ट स्टडीज़' में प्रोफ़ेसर हैं। विभाग डिवेनल हाल में स्थित है। बुद्धिस्ट स्टडीज़ के लिए एम.ए. करके 6 विद्यार्थी लिए जाते हैं। इनके लिए संस्कृत और चीनी भाषा का ज्ञान अनिवार्य होता है। संस्कृत और चीनी दोनों पक्षों से इनका अध्ययन परिपूरित होता है। प्रोफ़ेसर जैनी संस्कृत पक्ष से यह अध्ययन कराते हैं। एक अन्य प्रोफ़ेसर चीनी पक्ष से। अध्ययन में सूत्र तो विद्यार्थियों को पढ़ने के लिए छोड़ देते हैं। उन्हें पढ़ाना क्या है? उनका ज्ञान ज़रूरी है। लेकिन वह खुद किया जा सकता है। शास्त्र पढ़ाते हैं? कठिन है। जैसे नागार्जुन के मध्यमकशास्त्र की कारिका चन्द्रकीर्ति की प्रसन्नपदा टीका के साथ पढ़ाते हैं। सम्पूर्ण नहीं, कुछ अंश, जिनसे उनका मर्म पकड़ में आता है। बसुबन्धु का **अभिधर्मकोश** पढ़ाते हैं। शायद मध्यमक अलंकार।

यह कठिन शास्त्र है। विद्यार्थी पहले उन्हें पढ़कर आते हैं। फिर कक्षा में उन्हें साथ पढ़ते हैं। उन पर चर्चा करते हैं। और पढ़ने को सहेजते हैं। ऐसे शायद सप्ताह में दो क्लास होते हैं। विद्यार्थी अपने-अपने अनुवाद करते हैं। और अन्त में एक निबन्ध लिखते हैं। प्राध्यापक उनका मूल्यांकन करते हैं। मूल शास्त्र पढ़ाते हैं, अनुवाद नहीं। न कोई अनुवाद 'कोर्स' में रखते हैं। **अभिधर्मकोश** का पुसें का फ्रेंच अनुवाद प्रसिद्ध है, किन्तु वह नहीं, वसुबन्धु का मूल **अभिधर्मकोश** ही पढ़ाते हैं।

यहाँ विद्यार्थी संस्कृत, चीनी जानते हैं। जापानी या तिब्बती भी सीख लेते हैं। वहाँ क्या-क्या है, उससे भी परिचित होते हैं। इसलिए कोई सिर्फ़ पालि या संस्कृत के आधार पर पढ़े-पढ़ाए तो उससे वह तृप्त नहीं होते। जिज्ञासा है और तृप्ति चाहते हैं।

कैलिफ़ोर्निया राज्य में, खुद बर्कले में, अनेक तिब्बती केन्द्र हैं। उनसे

विश्वविद्यालयी बौद्ध विद्या के अध्ययन-अध्यापन का सम्बन्ध नहीं। वे अपना काम करते हैं, विद्या के लोग अपना। अगर कोई विद्यार्थी वहाँ जाता है या जाती है, तो यह उसका अपना निश्चय है। विश्वविद्यालय उसमें दख़ल नहीं देता, न प्रोत्साहन। उसकी अपनी पेंच होगी। वह सिद्ध, महात्मा, अवतारी पुरुष है। उन्हें विद्या से बाँधना या जोड़ना कठिन है। उनकी अपनी विद्या है। लेकिन विश्वविद्यालय में जो शास्त्रीय अध्ययन-अनुसंधान है, उससे उसका सीधा मेल नहीं।

प्रोफ़ेसर ज्योतिरिन्द्र दासगुप्त कैलिफ़ोर्निया विश्वविद्यालय के राजशास्त्र विभाग के प्राध्यापक हैं। 1961 से विश्वविद्यालय में हैं। इन्होंने 'डेवलपमेंट स्टडीज' का एक अध्ययन कार्यक्रम प्रारम्भ किया है। यह 'इंस्टिट्यूट ऑव इंटरनेशनल स्टडीज़' (कैलिफ़ोर्निया विश्वविद्यालय, बर्कले) के अन्तर्गत अन्तःशास्त्रीय अन्दर ग्रेजुएट प्रोग्राम के रूप में लागू है। आफ़िस मोसेज हाल में है। सलाहकारों में कृषि एवं साधन अर्थशास्त्र, नृतत्त्वशास्त्र, अर्थशास्त्र, भूगोल, इतिहास, अन्तर्राष्ट्रीय अध्ययन, राजशास्त्र के विशेषज्ञ हैं। इस अध्ययन कार्यक्रम की प्रस्तावना में कहा गया है: "विकास अध्ययन का यह कार्यक्रम विश्व के कम विकसित क्षेत्रों के मानवीय और भौतिक साधनों के विकास की समस्याओं, प्रक्रियाओं और संभावनाओं के व्यवस्थित अध्ययन का अवसर प्रदान करता है। विकास की समस्याएँ तात्कालिक हैं, विशाल हैं, और बेहद पेचीदा हैं। ये किसी भी प्रचलित शास्त्र की सीमाओं के परे हैं। उनका सम्यक अध्ययन अनेक शास्त्रों के आधार पर किया जा सकता है। इसमें ऐतिहासिक और समकालीन दोनों की समझदारी ज़रूरी है। इसलिए सामाजिक परिवर्तन के रूप में विकास का अध्ययन राजशास्त्र, अर्थशास्त्र, समाजशास्त्र, मनोविज्ञान, नृतत्त्वशास्त्र, भूगोल, इतिहास और साधन एवं पर्यावरण विज्ञानों के मेल और उनकी मिली-जुली दृष्टि की अपेक्षा करता है।..."

इस अध्ययन कार्यक्रम मे ऐसी दृष्टि विकसित करने की चेष्टा है। यह कार्यक्रम 1975 में प्रारम्भ किया गया। उसी वर्ष 'कॉलेज ऑव लेटर्स एण्ड सायंस' ने इसे ग्रुप मेजर के रूप में स्वीकार किया। बुलेटिन में कोर्स प्लान, कोर्स लिस्ट, अन्तर्विभागीय अध्ययन इत्यादि की सूचना है। भारतीय विश्वविद्यालयों में ऐसे 'कोर्स' की आवश्यकता और उपादेयता और भी अधिक है।

'इंस्टिट्यूट ऑव इण्टरनेशनल स्टडीज़' के प्रकाशन महत्त्वपूर्ण हैं। मुझे 'टेकनॉलॉजी

ट्रांसफर' के प्रश्न पर प्रकाशित एक प्रबन्ध को प्राप्त करने की इच्छा होती है। किन्तु उसे आधी दुनिया ढोने की समस्या है। इसलिए बरजता हूँ।

इंस्टिट्यूट ऑव इंटरनेशनल स्टडीज़ के डायरेक्टर प्रोफेसर कार्ल जी. रोजबर्ग इंस्टिट्यूट की सीढ़ी के पास के कमरे में बैठे हैं। न पर्दा है, न चपरासी। सीधे प्रोफ़ेसर ज्योतिरिन्द्र दासगुप्त उनसे मिलते हैं। चर्चा करते हैं। मुझे मिलाते हैं। प्रेम से मिलते हैं। यह जानने पर कि मैं अन्तर्राष्ट्रीय बौद्ध विद्या सम्मेलन में भाग लेकर आ रहा हूँ कहते हैं कि यह दुखद है कि दलाई लामा तिब्बत वापस जा रहे हैं। मैं उन्हें कहता हूँ कि अभी जाना निश्चित नहीं। दोनों पक्षों की सम्भावनाओं की जाँच कर रहे हैं। इससे किंचित आश्वस्त होते हैं।

प्रोफेसर दासगुप्त का कमरा शायद सातवीं मंजिल पर है। बड़ा कमरा है। अलमारियाँ पुस्तकों से भरी हैं। काम करने के लिए ज़रूरी फ़र्नीचर है। कमरे की खिड़की से बर्कले, ओकलैण्ड पोर्ट पुल, सां फ्रांसिस्को खाड़ी, दूर-दूर तक दीखती है। ऊँचाई, नज़रिया, दृष्टि का फैलाव।

लॉस एंजेलस, 15-16 अगस्त

लॉस एंजेलस हवाई अड्डा अंतर्राष्ट्रीय है। अनेक हवाई कम्पनियाँ, अनेक द्वार। अपना सामान सहेज कर गेशे ग्यलशन को फ़ोन किया। उन्होंने सूचित किया कि डॉ. हुंग को उन्होंने कह दिया है। वह हवाई अड्डे आ कर मुझे ले जाएँगे। मैं उन्हें फ़ोन करूँ। डॉ. हुंग को फ़ोन किया। वह अस्पताल में थे। पत्नी ने फ़ोन के पास ही रहने को कहा। कुछ तो फ़ोन पर प्रत्यक्ष न होने से, कुछ ध्वनि के अन्तर से शब्द स्पष्ट नहीं हो रहे थे। फिर भी, मैं फ़ोन छोड़कर हट नहीं सकता था। और उनका फ़ोन आता नहीं था। वहीं खड़े-खड़े कुछ चना-चबैना खाया। मुँह लगाकर नल से थोड़ा पानी पीया। प्यास बुझी। या और बढ़ी?

हवाई से यात्री आ-जा रहे हैं। अंग-अंग दीप्त है। प्रायः नग्न, उद्दीपक और उन्मुक्त। फिर भी स्त्री तत्त्व पुरुष तत्त्व को देखकर अपने को सहेजने, प्रस्तुत करने को प्रस्तुत। यह क्या आदिम वासना है? आधुनिक भी इससे मुक्त नहीं?

संदेश नहीं। परदेश तो नहीं लगता। लेकिन उपेक्षा सालती है। कैसी

उपेक्षा? किसने मुझे न्योता है? कोई मुझे हवाई अड्डे से फ़ोन करे तो क्या मैं भागा-भागा जाकर ला सकता हूँ। सबकी अपनी-अपनी दुनिया है, व्यस्तता है। मैं अनजाना आदमी इसमें कहाँ समा सकता हूँ।

फिर पलामूँ याद आया। एक झोला लेकर जंगल-जंगल भटका। यह तो शहर है। पास हवाई टिकट है। फ़ोन है, चाय, काफ़ी है, डालर है। कुछ खास नहीं, फिर भी खाली जेब नहीं। टिकट है लेकिन 21 अगस्त के पहले निकासी नहीं। 15-21 एक हफ्ता कैसे बीते? कहाँ बीते?

डॉ. हुंग का मेरा कोई पूर्व परिचय नहीं। लदाख के मेरे मित्र गेशे जमस्पल ने उनका पता दिया। पता नहीं उन्होंने लिखा या नहीं? कोई और कहे कि अमुक जा रहे हैं तो उसका दूसरा रूप है। खुद कहिए कि मैं आ गया हूँ, तो दूसरा ही। अज्ञात कुलशील को शय्या न देने की वर्जना आदिम भी है आधुनिक भी।

कैलिफ़ोर्निया-नेवादा की 'टूर बुक' पलट गया। कोई भी होटल, मोटल, लाज, इन नहीं जहाँ 25-30 डालर से कम में रैन बसेरा हो। फिर खान-पान अलग। सो संभव नहीं। लेकिन रास्ता क्या है?

गेशे ग्यल्शन 'रिट्रीट' में हैं। 9 लोग उनके पास हैं। वहाँ स्थान नहीं। डॉ. हुंग का पलट कर जवाब नहीं, संदेश नहीं।

फिर डॉ. हुंग को फ़ोन करता हूँ। उनकी पत्नी कहती हैं कि उनके पति ने फ़ोन किया तो पता चला कि फ़ोन खराब है। सो तो नहीं है। कहीं ऐसा तो नहीं कि पब्लिक काल से सिर्फ़ फ़ोन किया जा सकता है, सुना नहीं जाता। लेकिन मिनियापलिस में तो सुना था। नम्बर दुबारा पूछती हैं। दुबारा बताता हूँ। तो लगता है कि नम्बर सुनने नोट करने में कोई भूल हुई। फिर हिदायत है कि फ़ोन के आस-पास रहूँ। किन्तु यहाँ न चाय है, न काफ़ी। सुबह 6 बजे का उठा हूँ। प्रोफ़ेसर ज्योतिरिन्द्र दासगुप्त के घर चाय-नाश्ता कर निकला। ओकलैण्ड इण्टरनेशनल एयर पोर्ट 9 बजे के लगभग पहुँचा, टिकट बनवाया, 60 डॉलर अतिरिक्त दिया। 'पैसिफ़िक साउथवेस्ट एयरवेज' को। एयर कंट्रोलर की हड़ताल जारी है। हड़ताली युवा-युवती सिर्फ़ एक दफ़्ती पर हड़ताल छपाये खड़े हैं—मासूम, मायूस दर्द की मूरत सरीखे। हवाई उड़ान आती थी वही नहीं आयी। यह तो हवाई बस जैसी है। जो जहाज आता है, वही लौटता है। आया नहीं तो जाएगा नहीं।

10.10 के बजाय 11.30 के करीब जहाज उड़ा। सूचना मिली कि जहाज पर भेंट स्वरूप 'ड्रिंक' दिये जाएँगे। इससे पब्लिक हर्षित है। मुझे हर्ष-विषाद नहीं। कैलिफ़ोर्निया की अंगूरी शराब प्रसिद्ध है। मिनियापलिस-सां फ्रांसिस्को की उड़ान में एक गुलाबी-सी बोतल भी एयर होस्टेस ने परसी। वह मेरे लिए नहीं। पड़ोसन ने झपट कर ले ली। अपने प्रिय को दे दी। उसने अपने बैग को।

फिर वही किस्सा दुहराया जाएगा। किन्तु हर बार एक ही चीज़ नहीं होती, एक तरह नहीं। इस बार दो आकाश कन्याओं ने पेय पिलाये। साथ ही ट्रॉली पर सुरा, शर्बत, फल रस, चाय, कॉफी सब लायीं। जिसने जो माँगा वह दिया। मुस्कान घलुवा में दी, सो ही मैंने लौटा दी। किसी का कुछ बक़ाया क्यों रहे?

यह सब हुए भी बहुत दिन बीते। दुपहरिया में यह सब हुआ। अब तीसरा पहर है। अनिश्चितता है। निश्चितता नहीं। अगर यह भी तय हो जाए कि कोई नहीं आएगा तो आगे का रास्ता तय करूँ।

फिर सहसा फ़ोन बजा। सुना तो डॉ. हुंग। पूछा, लॉस एंजेलस तो बड़ा हवाई अड्डा है। कहाँ हूँ? मैंने घाट-बाट बताया। यह तो विमान घाट है। कहाँ नाव लगे? तिरे, न तिरे?

डॉ. हुंग के स्वर से निश्चय हुआ। अब निकासी के रास्ते पर बैठा। वहाँ जैसे ताड़का द्वार की रखवाली कर रही है, ठिठोली भी। उधर एक स्त्री, एक पुरुष युगनद्ध। एक-दूसरे में जैसे झूल रहे हैं, जैसे बेखबर हैं, मदहोश, मदबेहोश। यह तो 'ट्राइब' हैं। यही उनकी शक्ति है। यही उनकी कमज़ोरी। जंगल नहीं, विमान घाट है। इस पर आवागमन है। अपना-अपना एकान्त, घर नहीं। यह मेरा अपना सोच हो सकता है। संसार मेरे चलाये नहीं चल रहा है। अपनी गति से चलता है, या नहीं चलता। इसलिए मैं इसमें क़ाजी क्यों बनूँ?

डॉ. हुंग आएँगे। तो मुझे कैसे पहचानेंगे या मैं उन्हें कैसे पहचानूँगा? एकाध बार जब कोई दक्षिण-पूर्व एशियाई चेहरा दीखा, और किसी को ढूँढ़ता हुआ लगा तो मैं उधर लपका। वैसे भी कभी बैठा, कभी पैंतरा देता रहा, जहाँ संकेत किया उसके इर्द-गिर्द। कितनी-कितनी कल्पना हुई। कहीं ऐसा तो नहीं कि डॉ. हुंग आकर लौट जाएँ। फिर कहीं से पलट कर फ़ोन करें कि महाराज आप कहाँ हैं? मुझे तो मिलते नहीं। अब आप पधारिए।

इस शहर में अनजाना हूँ, संसार में भी। चलता रह सकता हूँ, पहुँचना नहीं। या निश्चय नहीं। कहीं का कहीं पहुँच जा सकता हूँ। या बौंडियाता भी रह सकता हूँ। लेकिन यह खेल अच्छा लगता है। खास कर पलट कर देखना। उस समय तो कुछ आशंका रहती है, तनाव रहता है, दुश्चिंता, जैसे कंठ सूखता है। किन्तु वह भी बीत जाता है। तो फिर चाय-कॉफ़ी पीते बैठना अच्छा लगता है।

यह उधेड़-बुन न जाने कितने क्षण चली। सहसा एक स्फूर्ति से भरी आकृति आई। उसने मुझे, मैंने उसे पहचाना। डॉ. हुंग–कृष्णनाथ। बस झपट्टे से बोरिया-बिस्तर सहित प्रतीक्षा में खड़ी कार में। वहाँ डॉ. हुंग की पत्नी, बहन और दो बच्चे। हार्दिकता, सहज सहजता, वही एशियाईपन। लगता कि अपनों के बीच हूँ, प्रीत हूँ, कृतज्ञ हूँ।

लॉस एंजेलस, 16-17 अगस्त

डॉ. हुंग क्वाक वियतनामी मूल के हैं। मूलरूप से दक्षिणी वियतनाम के। कम्युनिस्टों की विजय के एक हफ़्ते पहले वहाँ से निकल आये। इसलिए खास कष्ट नहीं हुआ। 6 वर्ष से अमरीका में हैं। गेशे जमस्पल को अपना गुरु जैसा मानते हैं। मैं गेशे जमस्पल का मित्र हूँ इसलिए मुझे भी। तरुण हैं, धर्म के लिए जिज्ञासु। कहते हैं, यहाँ खास धर्म नहीं है। ज्यादातर लोग डालर के चक्कर में हैं। बल्कि डॉक्टरी की शिक्षा ले रहे हैं। एक महिला अस्पताल में काम करते हैं। रविवार को उनकी चौबीस घंटे की ड्यूटी है, सोमवार को भी दोपहर तक। पारी बनाकर ड्यूटी लगनी चाहिए। किन्तु अभी विद्यार्थी हैं इसलिए कसकर काम लेते हैं। अमरीका में सब दूर काम बहुत जमकर कराते हैं। सेठजी पैसा देते हैं, लेकिन खटाते बहुत हैं। प्रायः दफ्तरों में कॉफ़ी मुफ्त मिलती है या बहुत कम दाम पर। उसमें कार्यकर्ताओं की सुविधा का ख़याल उतना नहीं लगता; वह भी है, किन्तु यह भी कि कॉफ़ी पीकर चुस्त रहें और बिना ऊँघे, बिना झपकी लिए कसकर काम करते रहें। कैफ़ीन की यह कैफ़ियत है।

रविवार को सुबह आठ बजे डॉ. हुंग काम पर जाने के लिए विदा लेते हैं। सोमवार को दोपहर बाद मिलेंगे ऐसा कहकर, कोई ज़रूरत हो तो उनकी पत्नी से कहने

को सहेज जाते हैं।

तीसरे पहर खाना खाकर, थोड़ी देर ढरक कर उठ बैठा। कुछ लिख-पढ़ रहा था। डॉ. हुंग की पत्नी और बहन आईं। बहन हाईस्कूल में हैं। पूछती हैं कि कुछ प्रश्न कर सकती हूँ। मेरे सकारने पर जानना चाहती हैं कि मैं कहाँ का हूँ? क्या जहाँ भगवान बुद्ध ने प्रथम धर्म चक्रप्रवर्तन किया, उस वाराणसी के ऋषिपत्तन मृगदाव के निकट का हूँ। उन्होंने 'डियर पार्क' सुना है। ऋषिपत्तन सारनाथ, वाराणसी उनके लिए अपरिचित है, या कम-से कम मेरा उच्चारण। फिर मैं बताता हूँ कि भगवान बुद्ध ने परिनिर्वाण के थोड़ा पहले कहा था कि मेरे बाद चार स्थान प्रसिद्ध तीर्थ होंगे : एक लुम्बिनी, जहाँ सिद्धार्थ ने जन्म लिया; दूसरा बोध गया, जहाँ बोधि प्राप्त की; तीसरा, सारनाथ जहाँ प्रथम धर्मचक्र प्रवर्तन किया और चौथा, कुशीनारा, जहाँ तथागत ने परिनिर्वाण प्राप्त किया। मैंने चारों स्थान का अनेक बार दर्शन किया है। किन्तु रहने वाला वहाँ का हूँ जहाँ भगवान् ने पहली बार धर्म का उपदेश किया।

जिज्ञासा है कि बोधगया में क्या वह वृक्ष है? वृक्ष तो है। तो क्या वही वृक्ष है? शायद वह वृक्ष नष्ट हो गया। अशोक ने अपने पुत्र-पुत्री के हाथ उसकी एक शाखा सिंहल द्वीप के अनुराधापुर व विहार के लिए भिजवायी थी। फिर वहाँ से आकर वह बोधिवृक्ष बोधगया में लगा। इतिहास तो शायद ऐसा है। किन्तु विश्वास है कि वह वही बोधिवृक्ष है।

लुम्बिनी कहाँ है? लुम्बिनी का उच्चारण पहले पकड़ में नहीं आता। लम्बिनी जैसा कुछ कहती है। बताता हूँ कि लुम्बिनी अब नेपाल की तराई में है, जहाँ सिद्धार्थ का जन्म हुआ है। एक मूर्ति है—माया देवी एक शाल वृक्ष की शाखा पकड़े हुए हैं। ब्रह्मा आदि सिद्धार्थ के स्वागत के लिए हैं। उन्हें शाल वृक्ष का वन याद है। कहती हैं कि वह वन सहसा फूला था। क्या यह वही वन है? क्या वही शाल वृक्ष है? वन है, शाल है। किन्तु वही नहीं। सब अनित्य है। शाल वृक्ष भी। किन्तु अभी उस जाति का वृक्ष है।

सिद्धार्थ का जन्म स्थान।

प्रश्न—कपिलवस्तु कहाँ है? क्या वहाँ उनके पिता का महल है? वहाँ कोई रहता है?

उत्तर—कपिलवस्तु के बारे में विवाद है। पुराना महल वग़ैरह तो ढह गया है।

खुदाई से अवशेष प्राप्त है। कपिलवस्तु नेपाल की तराई में है, ऐसा मान्य रहा है। इधर खुदाई में एक और कपिलवस्तु का पता चलता है। वह 'इंडिया' में है। इस तरह निश्चय नहीं।

अब यह दुविधा कैसी? जब यह निश्चय नहीं कि कपिलवस्तु कहाँ है तो भगवान बुद्ध के बारे में कैसे निश्चय हो?

कपिलवस्तु कहीं भी हो, इससे क्या फ़र्क़ पड़ता है? वहाँ तो सिद्धार्थ के पिता का राज्य था। सिद्धार्थ लुम्बिनी में जन्मा। राजकुमार था। बुद्धत्व प्राप्ति के कारण उसका गौरव है। अन्यथा उससे कहीं बड़े-बड़े राजकुमार पैदा हुए होंगे। उन्हें कौन जानता है? तो असल चीज है बोधि। उसका बीज सबमें है। वह बोधि कोई भी प्राप्त कर सकता है। तुम भी बोधि प्राप्त कर सकती हो।

इस पर वह प्रीत है, कृतज्ञ है। श्रीमती हुंग कहती हैं कि कहो कि मैं भी यह आशा करती हूँ। वह दुहराती हैं। किन्तु जोड़ती हैं कि यह कठिन है। यह कैसे प्राप्त हो सकती है?

बोधि का बीज सबमें है। वह क्षण भी आता है जब वह बोधि प्राप्त होती है, या बोधि जैसी कौंध होती है। किन्तु हम उसको नहीं वरण करते। प्रकाश को नहीं, अन्धकार को चुनते हैं। खाओ, पीओ, मौज उड़ाओ की जिन्दगी को चुनते हैं। जो बुद्धिमान हैं वह उस बोधि को चुनते हैं। उसके मुताबिक अपनी जिन्दगी जीते हैं। उसके पीछे-पीछे चलते हैं, पीछा करते हैं, न कि काम-सुख भोग का पीछा करते हैं, या पीछा करने के सुख का।

जिज्ञासा मेरे बारे में मुड़ती है।

मेरा परिवार है?

मेरे वृद्ध माता-पिता हैं।

भाई-बहन हैं?

हैं।

उनके लड़के-लड़कियाँ हैं?

हैं।

आपके?

नहीं।

आप अकेले हैं?

हाँ।

ओ, तभी भिक्षु जैसे दिखते हैं।

कितने वर्ष के हैं?

पचास के लगभग।

कम के दीखते हैं।

पता नहीं यह शिष्टाचारवश कहती हैं, या यहाँ ऐसा दीखता हूँ। प्रायः तो अधिक उम्र का लगता हूँ। एक बार तो किसी ने बनारस में पूछा कि क्या 'रिटायर' होकर अब यहीं रह रहे हैं?

या वृन्दावन में : बाबा मुला 75 साल के होंगे?

हाँ, उसी के आस-पास—जँचते (लगते) नहीं हो।

अभी दिल्ली में एक मित्र के घर शाम को थोड़ा झुटपुटे में लुंगी वग़ैरह लगाकर यों ही बैठा था कि पड़ोस के रिटायर्ड कर्नल आये। मुझे बैठा देख मेरे मित्र से पूछा कि क्या तुम्हारे पिताजी आये हैं?

* * *

राजनीति एक धंधा हो गयी है। नीति उसमें नहीं रही, आदर्श नहीं रहा। बस धंधा है, उसमें साधन, समय, शक्ति लगाते हैं। उसका फल पाते हैं। उसमें राग-द्वेष, मोह करते हैं। जिसे राग नहीं, कुछ झेलना नहीं उसके लिए वह कठिन है। जो द्वेष उसमें है, उसका भी झेलना कठिन है। अगर कुछ पाना है तो वह ईर्ष्या, द्वेष भी झेला जा सकता है। अगर पाना नहीं तो वहाँ क्यों हैं?

शान्ति नहीं, तनाव है, खींचा-तानी है।

धर्म की ओर मुड़ा तो धर्म में वह अशान्ति नहीं, शान्ति है। शान्ति जिन्दगी का चरम है। किन्तु व्यवहार में धर्म का भी व्यवसाय है, धंधा है। इसमें प्रज्ञा, उपाय सब लगता है और उसका फल मिलता है—पुरोहिती है, जज़मानी है। अब वह श्रवण नहीं, बहुत करके ब्राह्मण है। उसका वेश भिक्षु का है। लेकिन संचय में वह किसी गृहस्थी से कम नहीं। वेश ले लिया, घर छूटा, तो कहने को सारा संसार घर है। है नहीं। जहाँ पहले से रहने-सहने का तय नहीं, वहाँ वह जाता नहीं। इतने दिन कहाँ

बैठेंगे? इतनी दूर कहाँ जाएँगे? क्या खाएँगे? क्या पीएँगे? क्या ले परदेश जाएँगे? यह तोता-मैना जैसी चिन्ता है सो उसे है। इसे वह उपाय कुशलता कह सकता है। जब परदेस में है तो समझ से काम लेना है। नहीं तो क्या भूखों मरना है? इसमें कौन सी बुद्धिमानी? यह तो गृही की बुद्धिमानी या सुरक्षा या चिन्ता है। जिसने अपना घर जला डाला, जिसको तृष्णा नहीं, जो अब फिर घर नहीं बना सकेगा, उस तृष्णा त्यागी को यह चिन्ता क्यों हो कि वह कहाँ बैठेगा?

कभी-कभी वह पैंतरा लेता है कि कहाँ जाना-आना है? सब तो अपने अन्दर है, भवचक्र है। इसमें तो पड़ ही गये। अब इसमें भी क्या चक्कर काटना? सो तो है। लेकिन इसमें कितना त्याग है, कितना वैराग्य है और कितना पैसा खर्च न करने का मोह है? पैसे को पैसे के रूप में रखने की तृष्णा है, यह कहना कठिन है। बाहर जाने पर खर्चा होता है। चार पैसा है तो उसकी गरमी है। खर्च होने से वह गरमी न रहेगी। इसलिए पड़े रहना है। इसमें वैराग्य है, या प्रच्छन्न राग?

श्रमण के लिए घर तो बन्धन है, धूल भरा है, कलह का कारण है, घूमना खुला आकाश है। खुले आकाश में आकर भी वही अँधेरे बन्द कमरे की तलाश है? इतनी दूर आ गये। फिर भी चिन्ता है कि वह कितनी दूर है? वहाँ कहाँ घर है? कहाँ बैठना है? कहाँ खाना है? फिर तो घर रहना ही ठीक है। यह तो श्रमण नहीं, ब्राह्मण-धर्म है।

प्रत्येक धर्म की तरह बौद्ध धर्म में श्री श्रमण-ब्राह्मण दोनों प्रवृत्ति हैं। शायद ज़िन्दगी ऐसी ही दो-रसी है—एक के बिना दूसरा नहीं। और अंत में तो कुछ भी नहीं। बस श्रेष्ठ जीवन है। असल में वह भी नहीं। हीन की अपेक्षा से श्रेष्ठ है, अन्यथा नहीं।

धर्म-दर्शन का जो व्यवसाय है उससे भी ऊब हो रही है। दर्शन की गोष्ठी होती है। वह भी एक धंधा है। कुछ पेशेवर, जैसे गवइया होते हैं जो जन्म, विवाह, मृत्यु के अवसर पर बुला लिये जाते हैं, गीत गाते हैं, अपना नेग लेते हैं, सगुन उचारते है; वैसे ही गोष्ठी, परिसंवाद के विद्वान होते हैं।

एक गोष्ठी से, एक सम्मेलन से दूसरे में जाते-आते हैं; पेशेवर हैं। जब तक तेल है तब तक व्याख्यान देते हैं। विद्या-रसिक नहीं, विद्या-व्यसनी नहीं, विद्या-व्यवसायी होते हैं। वैसे ही धर्म के भी व्यवसायी हैं। वे अपने सम्बन्ध, समय, शक्ति का नपा-तुला इस्तेमाल करते हैं, व्यर्थ नहीं। उपदेश करते हैं, ध्यान कराते हैं, तंत्र-मंत्र की दीक्षा देते हैं। 'रिट्रीट' में चले जाते हैं। यह प्रायः स्वार्थवश करते हैं—परमार्थ के लिए

नहीं। लेकिन दूसरों को शान्ति देते हैं। अगर ईमानदारी से धर्म का व्यवसाय करें तो भी एक काम कर रहे हैं। जैसे यहाँ रोटी बेचने वाला स्वार्थवश रोटी बेचता है, परमार्थवश नहीं, शराब बेचने वाला स्वार्थवश शराब बेचता है, परमार्थवश नहीं। लेकिन ऐसा करता हुआ वह समाज का पेट भरता है। वैसे ही अगर कोई स्वार्थवश ध्यान बेचता है, शान्ति बेचता है, सिद्धि बेचता है तो भी वह दूसरों को ध्यान, शान्ति, सिद्धि देता है। इस पर व्यवहार चलता है। परमार्थ इससे क्या नितान्त भिन्न है?

फिर भी, धर्म-दर्शन का यह व्यवसाय जँचता नहीं, गले उतरता नहीं। अगर व्यवसाय करना है तो फिर वस्तुओं का, सेवाओं का व्यवसाय क्या बुरा है? उचित दाम पर, उचित लाभ की दर पर, उचित ब्याज की दर पर वह कारोबार या फिर राजनीतिक कारोबार या कोई और कारोबार हो सकता है। धर्म-दर्शन तो उस कारोबार से ऊँची चीज़ है, आखिरी चीज़ है; उस आख़रियत में भी यह गोरखधंधा। यह तो अगोरख है। फिर भी, जो है, सो है। इसे जान लेना है, सो ही इससे छूट जाना है।

* * *

प्रश्न–क्या बुरे-बुरे विचार दूर करने का उपाय है?

उत्तर–कठिन है, लेकिन है।

प्रश्न–क्या उपाय है? बुरा विचार बार-बार आता है। वह कैसे दूर किया जा सकता है?

उत्तर–अच्छा-बुरा तो साथ-साथ है। जब तक जीना है तब तक सिर्फ़ अच्छा-ही-अच्छा विचार हो, बुरा न हो, यह नहीं होने वाला। किन्तु जो भी विचार आये उसे देखा जा सकता है। जैसे टी.वी. देखा जाता है। एक दृश्य आता है, फिर दूसरा, फिर तीसरा...। वैसे ही बुरे विचार को भी देखने से उसका बुरापन कम हो जाता है। उसका असर कमता है। दूसरी बार जब वह आता है तो वेग कम हो जाता है। तीसरी बार...! इस तरह धीरे-धीरे उसका बल-वेग कमता है। शनैः शनैः पंथाः...। ऐसा ही। धीरे-धीरे-धीरे...।

लॉस एंजेलस, 17 अगस्त

दोपहर खा कर ढरक गया। तभी श्रीमती मिग क्वाक़ ने सूचित किया कि उनके पति घर आ गये। कुछ ही क्षणों में डॉ. हुंग क्वाक़ आकर मिले। जैसे बिछड़े हुए स्वजन। रविवार को पूरा दिन, रात अस्पताल में काम किया, सोमवार को दोपहर में भी। मैंने उनसे कहा कि अब खाकर सो रहें। उन्होंने कहा कि खाना उन्होंने अस्पताल में खा लिया। अब मुझे कहाँ जाना है? मैंने बारम्बार कहा कि मुझे कहीं नहीं जाना है, आप पहले आराम करें, फिर देखेंगे। लेकिन वह नहीं माने। बोले, यह तो उनकी काम करने की आदत है। वैसे भी चेहरे पर थकान तो है, स्फूर्ति भी। अब तो मेरे बरजना संभव नहीं। तो कहाँ चला जाए?

लॉस एंजेलस काउंटी म्यूजियम ऑव आर्ट यहाँ है। वहाँ जाया जा सकता है या फिर लॉस एंजेलस में यूनिवर्सिटी ऑव ओरियंटल स्टडीज है वहाँ जाया जा सकता है। यूनिवर्सिटी बन्द है, ग्रीष्मावकाश है। वहाँ सिर्फ़ दफ़्तर खुलते हैं। प्रोफ़ेसर्स मनमौजी हैं। कोई-कोई ही वहाँ मिलते हैं। अधिकतर छुट्टी मनाते होते हैं। तो पहले दफ़्तर को फोन करते हैं। दफ़्तर से कोई जवाब नहीं, तो डॉ. क्वाक़ कहते हैं कि सीधे यूनिवर्सिटी चल कर देख लें। यह विश्वविद्यालय साउथ न्यू हैम्पशायर एवेन्यू, लॉस एंजेलस में है। इसका सामान्य पंचांग डॉ. क्वाक़ के पास है। उससे इस विशिष्ट विश्वविद्यालय का कुछ पता चलता है। इसका उद्देश्य पूरब-पश्चिम के बीच समझ पैदा करना है। और पूर्वी धर्मों, दर्शनों, मनोविज्ञान, संस्कृति, कला और भाषा के विद्वान तैयार करना है। इसके प्राक्कथन (4 मार्च, 1979) में डॉ. लियो एम. प्रुदेन ने इसका इतिहास संक्षेप में इस प्रकार बताया है : श्रद्धेय थिच ठिएन-अन द्वारा कॉलेज ऑव ओरिएंटल स्टडीज पाँच वर्ष पूर्व स्थापित किया गया। यह बौद्ध धर्म के अध्ययन के केन्द्र के रूप में शुरू हुआ। इस कॉलेज के संस्थापक किन्हीं संकीर्ण विचारों से बँधे हुए नहीं थे। किन्तु उनकी इच्छा बुद्धवादी और भारतीय विचारों के समस्त विस्तार को सामान्य जन तक पहुँचाने की थी। यह कोई वैधानिक रूप से बौद्ध संस्था नहीं थी। किन्तु कॉलेज ऑव ओरिएंटल स्टडीज (जिसे अब यूनिवर्सिटी ऑव ओरिएंटल स्टडीज कहते हैं) के संस्थापक बौद्ध भिक्षु थे जिनकी दीक्षा वियतनाम में लिन-चि-चिन चान बौद्ध धर्म में हुई थी। इतने से ही इस संस्था में बौद्ध रुझान आना था। और यह रुझान

आज भी विश्वविद्यालय के जीवन में बना हुआ है।

संस्थापक थिच-ठिएन-अन का इस वर्ष ही निधन हो गया। डॉ. प्रुडैन ही अब इसके कर्त्ता-धर्त्ता हैं।

यूनिवर्सिटी ऑव ओरिएंटल स्टडीज ने साउथ न्यू हैम्पशायर एवेन्यू पर अनेक मकान खरीद लिये हैं। यह आस-पास हैं। किन्तु बीच-बीच में निवास स्थान अन्यों के हैं। फिर भी जो भवन यूनिवर्सिटी के हैं उनका बाहर से रंग-रूप ही पूर्वी रंग झलकता है। 939 साउथ न्यू हैम्पशायर एवेन्यू जो इसके दफ़्तर का पता है, वहाँ अब दफ़्तर नहीं है—कोरियाई बौद्ध विहार है। दफ़्तर कहीं और चला गया है। सामने की पटरी पर इंटरनेशनल मेडिटेशन सेंटर है। उसमें जापानी और वियतनामी ढंग मिला-जुला दीखता है। कुश का आसन वग़ैरह जापानी ढंग का है, बुद्ध प्रतिमा वियतनामी। किन्तु वहाँ कोई नहीं है। एक अमरीकी अध्यापक हैं। किन्तु कहीं दीखते नहीं। बग़ल में एक और दफ़्तर है। यूनिवर्सिटी का दफ़्तर नहीं सिर्फ़ इन भवनों वग़ैरह का। प्रकाशन और सूचना का कुछ काम वहाँ दीखता है। वहाँ से सूचना मिलती है कि यूनिवर्सिटी की रजिस्ट्रार एक महिला हैं। वे दो बजे तक दफ़्तर पहुँचने वाली हैं। ध्यान अध्यापक शिंजेन यंग तो कहीं आस-पास ही हैं। उन्हें वह आवाज़ देते हैं। और बताते हैं कि 'इंडिया' से कोई आगंतुक आये हैं। वह थोड़ी ही देर में बाहर आने को बोलते हैं और आते हैं।

अन्दर ले जाते हैं। प्रथम साक्षात्कार में ही भावना-युक्त विनय की मूरत जैसे दिखते हैं। मैं वाराणसी का हूँ, विस्कांसिन विश्वविद्यालय होकर आ रहा हूँ, यह जान कर वह पूरी तौर पर खुलते हैं। विस्कांसिन विश्वविद्यालय उनका विद्यामंदिर रहा है। वहाँ उन्होंने पी-एच. डी. पूरी नहीं की। जापान जाकर मंत्रनय में दीक्षा ली। यहाँ वियतनामी मंदिर से यह सेंटर जुड़ा हुआ है। और सत्तिपट्ठान सुत्त का सिर्फ़ पाठ नहीं, अभ्यास यहाँ कराया जाता है। इस तरह वह स्वयं बौद्ध भावना के हर स्तर से जुड़े हुए हैं। अर्वाचीन से प्राचीन की ओर गये हैं : मंत्रनय, प्रज्ञा-पारमितानय, थेरवाद।

चीन-जापान में मंत्रनय तिब्बत से पुराना है। जब कि भारत में बौद्धतंत्र का विकास हो रहा था। इस दृष्टि से तिब्बती मंत्रनय के साथ-साथ इसको देखना अच्छा है। जापान में प्रज्ञा-पारमिता नय के साथ ज़ेन जुड़ा हुआ है। वैसे चीन का चान और जापान का ज़ेन ठीक-ठीक अलग बौद्ध धर्म नहीं है। चान तो ध्यान का अपभ्रंश है,

ज़ेन चान का। चीनी और जापानी गुरु अपने को चान और ज़ेन धर्मी नहीं मानते, बौद्ध ही मानते हैं। किन्तु चीन में जो प्रकार बोधिधर्म के बाद प्रचलित हुआ वह ठेठ चीनी में अपने अनुभव बताता था और संस्कृत मूल से अनुवाद वग़ैरह नहीं पसन्द करता था। इसलिए वह चीनी मानस में सीधे पहुँचता था। ऐसे ध्यानी चीनी बौद्धों को चान कहते हैं इसीलिए वह उस सम्प्रदाय का नाम हो गया। इसलिए तत्वतः तो उन्हें अलग सम्प्रदाय कहना ठीक नहीं, किन्तु यह 'लैबल' बहुत कुछ कहता है। उस प्रकार विशेष को बताता है जो चीन, जापान में विकसित हुआ है। इसलिए चान और ज़ेन का प्रयोग किया जा सकता है।

लॉस एंजेलस तो अपूर्व है। यहाँ बौद्ध धर्म के सारे विस्तार मौजूद हैं। पूर्वी एशियाई बौद्ध धर्म यहाँ पहले से है। जापानी, चीनी, कोरियाई बौद्ध समुदाय हैं और उनके विहार हैं। इसी प्रकार दक्षिण-पूर्व एशियाई बौद्ध हैं। वियतनाम, लाओस, कम्बोडिया, थाईलैंड, बर्मा के परम्परागत बौद्ध यहाँ बसते हैं। फिर श्रीलंका के बौद्ध भी यहाँ हाल-हाल में आ गये हैं। उनके भी अपने विहार हैं। तिब्बती बौद्ध धर्म के तो अनेक केन्द्र यहाँ हैं। इस प्रकार लगभग 50 बौद्ध विहार यहाँ हैं। शायद किसी एक अमरीकी नगरी में, या संसार की किसी और नगरी में इतने सारे प्रकार के बौद्ध नहीं हैं। जितने लॉस एंजेलस में हैं। इनके विविध प्रकारों से मिलना अपने-आप में एक जबर्दस्त अनुभव है। कुछेक के पते भंते शिंजेगन यंग देते हैं।

वहाँ से कोरियाई बौद्ध मंदिर। दक्षिण कोरिया से एक बौद्ध भिक्षु हाल-हाल में आये हैं। लॉस एंजेलस में लगभग 10,000 कोरियाई बसते हैं। इनके 7 बौद्ध विहार हैं। किन्तु यहाँ कोरियाई अधिकतर ईसाई हैं, प्रायः 80 प्रतिशत। कहते हैं उनके लगभग 300 गिरजाघर हैं। कोरियाई लोगों के लिए भिक्षु कोरियाई भाषा में प्रार्थना, उपदेश करते हैं। अभी-अभी आये हैं। इसलिए अंग्रेजी भली प्रकार नहीं जानते। किन्तु उसका तौर-तरीका सीख रहे हैं। विदा होते समय झुक कर 'बाइ-बाइ' कहना तो अभी ही सीख गये हैं।

कोरियाई विहार से निकल कर श्रीलंका के विहार का पता करने डॉ. हुंग क्वाक गये। तभी उधर से डॉ. लियो एम. प्रुडेन आ गये। वह मेरी ओर मैं उनकी ओर। मुझे लगा कि वही डॉ. प्रुडेन हैं। मैंने हाथ मिलाते हुए पूछा। उन्होंने मेरे बारे में। फिर वहीं एक चबूतरे पर बैठ गये। और हाल-चाल पूछने-बताने लगे। 'इंडिया' पाँच बार हो

आये हैं। सारनाथ-वाराणसी के भूगोल से भली प्रकार परिचित हैं। बनारसी ढंग के प्रेमी प्रतीत होते हैं। यूनिवर्सिटी के बारे में कहते हैं कि वियतनामी भंते थिच ठिएन अन की मृत्यु के बाद इसके विभिन्न पक्षों को साथ ले चलने वाला कोई नहीं। उनका व्यक्तित्व था। वियतनामी मंदिर में पूजा से जो आता था, वह यूनिवर्सिटी में लगता था। और यूनिवर्सिटी में जो आता था, वह मंदिर में। सब उनमें समाता था। सब उनसे निकलता था। अब वैसा कोई संग्राहक नहीं है। इसलिए भिन्न-भिन्न प्रकार के बौद्धों को एक सूत्र में पिरो रखना कठिन है।

विश्वविद्यालय के सामने मुख्य काम क्या है? पूछने पर उत्तर है—मुख्य काम तो अपने को बचाये रखने का है, अभी विश्वविद्यालय में सिर्फ़ 22 विद्यार्थी हैं।

प्रश्न—दफ़्तर यहाँ से क्यों हटाया?

उत्तर में दुविधा है। मैं कहता हूँ कि अगर कुछ गोपनीय है तो जाने दीजिए।

डॉ. प्रुडेन कहते हैं, कुछ गोपनीय नहीं। यह लम्बी कहानी है। अमरीकी क़ानून के मुताबिक जो मकान जिस काम के लिए बनता है, उसी के लिए प्रयोग किया जा सकता है। यह मकान निवास के लिए बने हैं, इनमें क़ाननून दफ़्तर, विद्यालय, लायब्रेरी नहीं बन सकती। जब तक भंते थे तब तक कोई कुछ करता नहीं था, भिक्षु थे। सब आदर करते थे। जैसे स्वामी जी का करते हैं। अमरीकी सरकार के अफ़सर भी आते थे। प्रणाम करके चले जाते थे। किन्तु एक आदमी यहाँ पड़ोस में है। उसने शिकायत करना शुरू किया। वह पता नहीं क्यों इन सबसे दुखी रहता है। जब शिकायत हुई तो सरकारी लोग आये। देखा तो सबके सब मकान यहाँ अवैध ढंग के हैं। नोटिस दी। भंते उनके सामने ऐसे हो जाते थे जैसे अंग्रेजी जानते ही न हों। फिर यह भी कहते थे कि देखेंगे। नोटिस रद्दी की टोकरी में डाल देते थे। उनके बाद दफ़्तर यहाँ से हटाना पड़ा। उन मकानों को किराये पर देकर 400-400 डॉलर प्रति माह किराया मिला। सिर्फ़ 400 डॉलर में एक दूसरा दफ्तर 2835 वेस्ट ओलिम्पिक में ले लिया। यहाँ से सिर्फ़ तीन ब्लॉक दूर है। लेकिन जैसा अमरीकी क़ायदा है उतनी दूर भी गाड़ी में जाते हैं। तो वह मुझे अपनी गाड़ी में ले जाने को न्योतते हैं। मैं अपने वियतनामी मित्र को साथ ले चलने को कहता हूँ। उन्हें भी वह साथ बुलाते हैं। सोचता हूँ उन्हें कोई और काम हो, कहीं जाना हो इसलिए डॉ. प्रुडेन अपनी गाड़ी में चलें, हम अपनी तो वह बरजते हैं। कहते हैं कि वह हमें यहाँ छोड़ जाएँगे।

साथ-साथ दफ़्तर जाते हैं। वहाँ रजिस्ट्रार एक अमेरिकन इंडियन महिला है, बल्कि लड़की है।

चलते-चलते डॉ. प्रुडेन एक और अमरीकी क़ायदा बताते हैं। कहते हैं कि पूर्वी तट पर हर जाड़े में अमरीकी कहेंगे कि इतना जाड़ा कभी नहीं पड़ा और पश्चिमी पर कहेंगे कि इतनी गरमी कभी नहीं पड़ी।

सो ही गरमी लॉस एंजेलस में है। इसके लिए मेरा वेश अच्छा है। खादी का धोती-कुर्त्ता, चप्पल। उनका तो अमरीकी ही वेश है : सलेटी पैंट, बुशशर्ट, और चश्मे पर रंगीन खोल।

फिर लॉस एंजेलस की विशिष्टता की चर्चा होती है। यहाँ ओरिएंटल यूनिवर्सिटी इसलिए संभव है कि यहाँ पूर्वी लोग बहुत हैं। एक तो पूरा चाइना टाउन है। चीनी बहुत दीखते हैं। फिर कोरियाई, जापानी, वियतनामी इत्यादि। चर्चा वाराणसी की होती है। तो क्लार्क्स होटल के सँपेरे भी उन्हें याद आते हैं। कहते हैं कि एक ने उन्हें साँप का खेल दिखाना चाहा। साँप उन्हें बिलकुल पसन्द नहीं। उन्होंने कहा कि यह नहीं चाहिए। खतरनाक है। तो सँपेरे ने कहा कि साहब बिलकुल खतरनाक नहीं है। तब इन्हें क्या देखना है?

प्रयाग की एक बुढ़िया उन्हें याद आती है। वह किले के पास कुछ किताबें बेच रही थी—रामायण वगैरह। इनसे कुछ खरीदने को कहा तो इन्होंने कहा कि मैं तो पढ़ नहीं सकता। गाइड ने उसे बताया तो उसने पलट कर कहा कि चेहरे से तो नहीं लगता कि पढ़ नहीं सकते।

अपना कार्ड देते हैं। मेरे पास कार्ड नहीं। उनके ही कार्ड की पीठ पर अपना पता टाँक देता हूँ। वह कहते हैं कि कार्ड नहीं है तो जापान में कैसे ज़िन्दा रहिएगा? वहाँ तो कार्ड के बिना कोई जीता नहीं।

जापान यात्रा का अपना उद्देश्य बताता हूँ। जापानी बौद्ध परम्परा में परिवर्तन-व्यवहार में और सिद्धान्त में भी। डॉ. प्रुडेन की प्रतिक्रिया है कि यह तो बहुत व्यापक विषय है। यह तो ऐसा ही है जैसे कोई भारत में हिन्दू धर्म में परिवर्तन की बात करे। उत्तर में कुछ और है, दक्षिण में कुछ और, उसमें भी शैव, शाक्त, वैष्णव वगैरह न जाने कितने भेद हैं। इसी प्रकार जापान में भी बहुत भेद हैं। उन्हें जान लेना कठिन है। फिर भी मैं उनकी पहचान करना चाहूँगा। ताकि कभी कोई ज़्यादा गहन अध्ययन हो सके।

प्रोफ़ेसर नाकामुरा हाजिमे का वह भी नाम सुझाते हैं। मैं उन्हें लिख चुका हूँ। अब वे रिटायर हो चुके हैं। जापान में प्रोफ़ेसर 65 वर्ष में रिटायर होते हैं। अभी खूब स्वस्थ हैं। मूलतः भारतीय दर्शनों के, विशेषकर वेदांत के अध्यापक रहे हैं। जापान में सबसे अच्छी संस्कृत बोलने वाले माने जाते हैं। अंग्रेजी उच्चारण में जापानी प्रभाव है। किन्तु निर्दोष अंग्रेजी बोलते हैं।

ताइवान जाने को कहते हैं। एक चित्र दिखाते हैं। कहते हैं, चीन के सभी पुराने मत और ज्येष्ठ भिक्षु ताइवान में हैं। उन्हें शायद मुझे देखकर खुशी होगी।

हांगकांग में जिस द्वीप का पता चीनी भिक्षुणी ने दिया है, वह तो मोटर-बोट से कोई 45 मिनट की दूरी पर है, वहाँ अवश्य जाना चाहिए। मंदिर और भिक्षु वहाँ हैं। इस प्रकार यूनिवर्सिटी ऑव ओरिएंटल स्टडीज में बैठे-बैठे पूर्वी एशियाई बौद्ध क्षेत्रों का संक्षिप्त सर्वेक्षण हो जाता है। मित्रों का विशेषकर गेशे जमस्पल का जिक्र बार-बार आता है। वे जब लॉस एंजेलस आते हैं तो डॉ. प्रुडेन के पास ठहरते हैं। श्रीलंका के धम्मविजय विहार और भंते पियानन्द के बारे में कुछ गुह्य सूचना देते हैं। बर्मी विहार का पता भी। 1983 में भारत आने वाले हैं तो काशी विद्यापीठ आकर मिलेंगे। उन्होंने अभी तक कोई भारतीय विश्वविद्यालय अन्दर से नहीं देखा है। विद्यापीठ तो अब बहुत भीड़ भरा हो गया है। क्या दिखाएँगे? मैं पूर्व आभास दे देता हूँ। पाँच बार जो हो आया है, भारत में उसकी दिलचस्पी कितनी है? और जानकारी कितनी है? यह ज़ाहिर है, इसलिए ऐसे मित्र से क्या पर्दा? जो भी हो, मिलकर अच्छा लगेगा।

धम्मविजय विहार 1847 केनशा एवेन्यू पर है। भंते पियानन्द और भंते आनन्द पहले मिलते हैं, प्रेमपूर्वक। दोनों श्रीलंका के भिक्षु हैं। भंते पियानन्द कलकत्ता विश्वविद्यालय के पालि के स्नातक हैं। भंते डॉ. एच. रत्नसार यहाँ के प्रधान हैं। सयाने भिक्षु हैं। लंदन विश्वविद्यालय के पी-एच. डी. हैं। अमरीकी विश्वविद्यालयों में बौद्ध-धर्म-दर्शन के अध्ययन को अत्यन्त अपर्याप्त मानते हैं। परिचित हैं। कहीं भी परम्परागत विद्वान नहीं हैं। सिर्फ़ हवाई द्वीप में एक श्रीलंका के हैं। उनका नाम-पता देते हैं।

भंते डॉ. रत्नसार बुद्धिस्ट काउंसिल ऑव सदर्न कैलिफोर्निया के प्रेसिडेंट हैं। सभी बौद्ध संघों की एक संयुक्त बैठक विहार में कर चुके हैं। मानते हैं कि संयुक्त

राज्य अमरीका में धर्म के लिए यह अपूर्व क्षण उपस्थिति है। बौद्ध-धर्म भावना में अमरीकियों में जिज्ञासा जगी है। वह अपने विहार में ईसाई, मुस्लिम, हिन्दू, बौद्ध—सबके लिए समान स्थान देने को प्रस्तुत हैं। भगवान बुद्ध का संदेश संकीर्ण नहीं है, प्राणिमात्र के लिए है।

भारतीय ढंग का भोजन करने को न्योता देते हैं। मैं भी विकाल भोजन नहीं करता। भिक्षु के माफ़िक। भिक्षु नहीं, फिर भी।

* * *

श्रीलंका के धम्मविजय विहार में यूनिवर्सिटी ऑव साउथ कैलिफ़ोर्निया के इण्डोचाइनीज अध्यापक शिक्षण के कार्यक्रम की प्रारम्भिक बैठक में जाना है। वहाँ विश्वविद्यालय के डॉ. विलसन हैं, जिला प्रशासन की ओर से एक सज्जन हैं, अनेक वियतनामी हैं। प्रश्न है कि वियतनामी मूल के अनेक जन अमरीका में आ गये हैं और पिछले 6-7 साल से रह रहे हैं। इन्हें अपनी भाषा की शिक्षा के साथ-साथ अंग्रेजी की शिक्षा देना जरूरी है ताकि वह अमरीकी समाज में शरीक हो सकें और सफल हो सकें। इसके लिए दुभाषिया शिक्षा और शिक्षक की जरूरत है। इस जरूरत के बारे में राज्य सरकार, साउथ कैलिफ़ोर्निया विश्वविद्यालय और जिला प्रशासन सावचेत है। पहली बार यह कार्यक्रम लागू होने जा रहा है—1 सितम्बर से प्रारम्भ होने वाला है। चूंकि यह पहला प्रयास है इसलिए 14 सितम्बर तक भी शुरू हो सकता है। खुलापन है। जिस धीरज से डॉ. विलसन कार्यक्रम बताते हैं, प्रश्नों को न्योतते हैं, उनका उत्तर देते हैं वह देखने-सुनने लायक है। एक प्रश्न उपस्थित है। उसका समाधान जरूरी है। उसके लिए उपाय है। सो उपाय-कुशलता है।

भारत में तिब्बती मूल के 60 हजार से अधिक शरणार्थी आये। उनकी शिक्षा की भी व्यवस्था भारत सरकार ने की। किन्तु बच्चों को बहुत करके अंग्रेजी पढ़ाया, जैसे उन्हें अमरीका या इंग्लैण्ड में बसना हो। वह अजीब ढंग से उच्चारण करते हैं और बरतते हैं। वह और कुछ हो, तिब्बती ढंग नहीं। किन्तु कई सयाने लोग, गृहस्थ भी, भिक्षु भी, उसे पसन्द करते हैं। एक श्रेष्ठ जाति की बन्दर सरीखी नक़ल भी पसन्द है, अपना ठाठ फ़क़ीरी पसन्द नहीं। क्या किया जाये?

यहाँ प्रश्न दूसरे प्रकार का है और उपाय भी दूसरे प्रकार का। उसका एक नमूना यहाँ देखने को मिला।

* * *

यूनिवर्सिटी ऑव साउथ कैलिफ़ोर्निया के इस द्विभाषी शिक्षण कार्यक्रम से निकल कर लॉस एंजेलस में रात हो गयी। प्रशान्त महासागर निकट। सचमुच प्रशान्त या अशान्त।

लॉस एंजेलस रात में और भी बड़ा दिखता है। शायद न्यूयार्क, शिकागो के बाद तीसरे नंबर का बड़ा शहर हो अमरीका का। या दूसरे नम्बर का भी हो सकता है। 70 लाख आबादी है। शिकागो ऊँचाई में अधिक है, लॉस एंजेलस चौड़ाई में अधिक है, दूर-दूर तक फैला हुआ है। अभी शहर के सीवाने पर और मकान बन रहे हैं।

आने-जाने के लिए पाँच-पाँच गलियाँ हैं। इन पर बाड़ है। उन्हें पार कर एक दूसरी गली में जाते हैं। जैसे कार दौड़ में है। यहाँ हरकत ज्यादा है। भारत में यह सब नहीं है। लेकिन फिर भी वहाँ शांति से जीना ज़्यादा सुकर है। यहाँ भाग-दौड़ है। कर्मयोग के लिए यह स्थान है। अन्यथा यहाँ आदमी सनकी हो जाता है। तरह-तरह की सनक पनप भी रही है।

नाना प्रकार के ख़ब्ती और खोजी लोगों की एक किताब की दुकान है : 'बोधि ट्री बुक शाप'। 8585 मिरोज एवेन्यू पर। यह दुकान ही नहीं एक अड्डा है। अध्यात्म, दर्शन, तंत्र, रहस्यवाद, ज्योतिष, हस्तरेखा आदि पर 14,000-15,000 किताबें यहाँ बिकती हैं। पुरानी किताबें भी यहाँ खरीदी-बेची जाती हैं। जड़ी-बूटी, भिन्न-भिन्न चाय, ध्यान के लिए तकिया, कुशन, अगरबत्ती, इत्र, खिलौने-वग़ैरह यहाँ बिकते हैं। रात 11 बजे तक दुकान खुली रहती है। टेप और 'लांग प्लेइंग' रिकार्ड भी यहाँ हैं। नाना प्रकार के साधु-महात्माओं के चित्र यहाँ टँगे हुए हैं।

श्रीमती मिंग क्वाक कहती हैं कि मैं भी उन्हें उनमें से एक दिखता हूँ। क्या कोई किताब लिखता हूँ; लिखता तो हूँ, परिचित लगता हूँ। जैसे कहीं देखा है। शायद 'बोधि ट्री बुक शाप' में।

डॉ. प्रुडेन पूछते हैं कि तोक्यो में कहाँ ठहरूँगा? मैं श्री पेमा ग्यल्पो ग्यारी का

नाम लेता हूँ। वह पता जानना चाहते हैं। मुझे कुछ भी याद नहीं। अभी तोक्यो का खाता खुला नहीं हालाँकि उन्हें पत्र लिखा है। नोटबुक में पलट कर देखता हूँ तो पता कहीं नहीं मिलता। डॉ. प्रुडेन चिढ़ाते हैं—पहुँचने के समय तक पता तो मिल जायेगा न?

लॉस एंजेलस, 18 अगस्त, 1981

डॉ. हुंग टी. क्वाक एम.डी. हैं। निजी प्रेक्टिस करने के लिए उन्हें लाइसेंस पाना जरूरी है। उसके लिए एक अस्पताल में काम करने का अनुभव। इसलिए वह एक जनाना अस्पताल में काम करते हैं। यों तो विद्यार्थी हैं किन्तु इस काल में उन्हें पहले साल कुल 16,000 डॉलर, दूसरे साल शायद 20,000 डॉलर मिलता है। तीसरे साल और भी अधिक 25-30 हजार। इसमें से उन्हें मकान की क़िस्त, बैंक के ऋण का ब्याज (21 प्रतिशत), कार के लिए गैस, भोजन-वस्त्र आदि का खर्च है। वियतनाम में अपने बूढ़े माता-पिता को भी कुछ भेजना है। बौद्ध विहार को दान भी देना है। इसमें उन्हें कुछ बचता नहीं, कमता नहीं, खटना पड़ता है। सप्ताह में दो दिन-रात ड्यूटी। पिछले रविवार को रही है, अगले शुक्रवार को है। चिन्ता है कि मुझे हवाई अड्डे कैसे छोड़ पायेंगे।

कार में चलते-चलते उनके काम के बारे में पूछता हूँ। जनाना अस्पताल में करते हैं तो मेरी नजर से कैलिफ़ोर्निया राज्य असेम्बली के सदस्य (एसेम्बली मैन) का जून, 1981 का एक परिपत्र डॉक्टरों के नाम गुजरा है। इस पत्र में कहा गया है कि उन्होंने उस व्यवस्था के खिलाफ वोट दिया है जिसमें हर अविवाहित-नाबालिग स्त्री के साथ किये गये सम्भोग की सूचना बाल दुरुपयोग संस्था को देना डॉक्टर के लिए आवश्यक है।

लगता है सीनेट बिल 781 जो 1980 में कानून बन गया, उसके अनुसार यह व्यवस्था है कि डॉक्टर यौन-आक्रमण के हर मामले की सूचना अधिकारियों को दे। एक संशोधन द्वारा यौन-अतिचार की परिभाषा यह की गयी कि यह 18 वर्ष से कम उम्र की लड़की के साथ किया गया अवैध सम्भोग है। इस कानून के तहत ऐसी सूचना न देना अपराध है। इसके लिए 6 महीने तक की कैद की सजा हो सकती है।

डॉक्टरों का पक्ष है कि वह अपने पेशे की गोपनीयता की शर्त के कारण इस कानून को तोड़ने के लिए बाध्य हैं। इससे लगता है कि इस प्रकार के अपराध राज्य और समाज में हैं। इसलिए कानून की जरूरत है। क्या ऐसे मामले अस्पताल में आते हैं?

ऐसी घटनाएँ होती हैं। किन्तु डॉ. क्वाक को उनका प्रत्यक्ष ज्ञान नहीं है क्योंकि वह बच्चों का इलाज करते हैं, स्त्रियों का नहीं। किन्तु वे जानते हैं कि ऐसी दुर्घटनाएँ होती हैं। यह दुखद है। पुरुष अपनी दुर्दान्त वासना का शिकार स्त्री को बनाये, यह तो पशु से भी बुरा है। पशु भी ऋतु और प्रजनन की जरूरत होने पर मैथुन करते हैं। मनुष्य में और पशु में आहार, निद्रा, भय और मैथुन तो समान है। सिर्फ़ एक विवेक है जो पशु से भिन्न बनाता है। वह विवेक पुरुष क्यों खोता है? कैसे खोता है?

किन्तु मुझे भय है कि इसमें स्त्री का दोष भी कम नहीं है। भारत में भी मुझे इसका एहसास हो रहा था किन्तु यूरोप-अमरीका में तो और भी ज़्यादा। यहाँ यह ग्रीष्म-ऋतु है। ऋतु, खान-पान, स्वास्थ्य और सौंदर्य और यौन-स्वतंत्रता के कारण यहाँ ऐसे भी थोड़ा इंद्रिय-क्षोभ रहता है। ब्रह्मचर्य के लिए यह भूमि और वातावरण अनुकूल नहीं है बल्कि यहाँ पदे-पदे उसकी परीक्षा है। इस पर भी स्त्री अपने वक्षों की संधि, नाभि और कसनी डोर इतना खुला रखकर किसे न्योतती हैं? आखिर हर स्त्री-पुरुष में एक वहशी है। उसे एक बार कुन्ती की तरह आमंत्रित करती है। फिर जब वह सूर्य की तरह प्रगट हो जाता है तो फिर चीखती क्यों हैं?

स्वतंत्रता जीवन का परम सत्य है, आदर्श है। स्त्री की स्वतंत्रता और समता के बिना मनुष्य की स्वतंत्रता अधूरी है। किन्तु एक की स्वतंत्रता दूसरे पर निर्भर है। अपने-आप में स्वतंत्रता का कोई स्वभाव नहीं है कि एक जैसे भी चाहे बिहरे, दूसरे पर उसका कोई असर नहीं है। इच्छा तो शिव की कुमारी शक्ति है। जब वह इच्छा पैदा करती है तो क्रिया होती है।

यह नहीं कि यह कोई यौन-आक्रमण की वकालत है। वह तो पशु से बुरा है। किन्तु स्त्री को भी अपनी मर्यादा की रेखा के अन्दर रहना अच्छा है। स्वतंत्रता का मतलब निस्सीम यौनाचार नहीं है। स्त्री-पुरुष दोनों ही की स्वतंत्रता और समता की सीमा है, मर्यादा है। उसको लाँघने पर मृत्यु है। उस मर्यादा में जीना अमृत है। अमृत को छोड़कर स्त्री-पुरुष बारम्बार विष क्यों पीते हैं?

जो हो, डॉक्टर क्वाक का यह क्षेत्र नहीं। बच्चों की मृत्यु का ज्यादातर कारण गर्भ के दिन पूरे न होना है। लेकिन एक बार दिन पूरे होने पर जो बच्चे पैदा होते हैं वे जीते हैं। एशियाई देशों की तरह उनकी मृत्यु दर ऊँची नहीं है। वैसे वहाँ भी कम रही है। यहाँ तो शिशु की मृत्यु का सबसे बड़ा कारण दुर्घटना है। सड़क की दुर्घटना, कार इत्यादि की। दूसरा कारण नशीली चीज़ों का सेवन है। क्या बच्चे भी नशा करते हैं? नशा करते नहीं, घर में जो अंड-बंड चीजें पड़ी रहती हैं, उन्हें ले लेते हैं। और उनसे मरते हैं। फिर कैंसर से मरते हैं। कैंसर के कई प्रकार हैं। उनसे भी शिशु-मृत्यु हो रही है, इत्यादि। मौत तो बहाने से आती है।

डॉ. प्रुडेन से थोड़ा पानी माँगा। उन्होंने अपने रजिस्ट्रार से पूछा। लगा कि पानी तो होना चाहिए। रजिस्ट्रार ने कहा कि पानी तो नहीं है। अगर पाँच मिनट इन्तजार कर सकें तो वह नीचे जाकर कोल्ड ड्रिंक ला सकती हैं। 'कोका कोला', 'सेवन अप' या कोई और। लेकिन इन्हें तो पानी चाहिए। पानी यहाँ होना चाहिए। मैं तो प्यासा ही रहा। किन्तु लगता है अब यूनिवर्सिटी ऑव ओरिएण्टल स्टडीज में कहीं पानी होगा।

रजिस्ट्रार एक अमरीकी इंडियन महिला है। उनके पास एक काली अमरीकी लड़की 'रजिस्ट्रेशन' के लिए आयी है। डॉक्टर प्रुडेन उसे तुरंत भरती करने को कहते हैं। दोनों ही हमें झुककर हाथ जोड़कर प्रणाम करते हैं। आख़िर 'यूनिवर्सिटी ऑव ओरिएंटल स्टडीज' की हैं। अमेरिकियों की तरह 'हाय, हाय' नहीं करते।

डॉक्टर प्रुडेन कहते हैं कि शायद आप पहली बार अमेरिकन इंडियन से बात कर रहे हों। एक बार तो मैंने सोचा फिर उन्हें अजूबा दिखाने का सुख ले लेने दूँ। फिर शायद मेरे घुमक्कड़ मन को यह रास नहीं आया। मैंने बताया कि मिनिसोटा राज्य में मैंने अमेरिकन इंडियन का माइल लेक रिज़र्वेशन देखा।

उन्हें जैसे झटका लगा। अमेरिकन इंडियन हर किसी संवेदनशील अमेरिकी के लिए एक अपराध भाव जगाता है। जैसे उनके साथ ज्यादती हुई है। उसके यह वारिस हैं।

डॉ. प्रुडेन कहते हैं कि वह तो असल जगह है। अमेरिकन इंडियन तो सारे अमेरिका में रहे हैं। कैलिफ़ोर्निया में भी, किन्तु शायद बहुत नहीं रहे। यूरोपीयों के आने के साथ ख़त्म हो गये। किन्तु मिनिसोटा और साउथ डकोटा में तो उनका

जमावड़ा है। जानना चाहते हैं कि मैं उन्हें क्यों देखने गया? क्या इंडियन का अध्ययन करना चाहता हूँ?

मैंने कहा कि नहीं, बस देखने की इच्छा थी। अमरीका आया तो पहले यहाँ रेड इंडियन बसते थे। उन्हें भी देखना चाहता था। किन्तु वह वैसे नहीं हैं जैसे टी. वी. या फिल्म में देखते हैं। न तीर-कमान, न सींग, न लट्ठे के मचान। वह तो अन्य अमरीकियों जैसे मकान में रह रहे हैं।

डॉ. प्रुडेन कहते हैं कि मैक्सिको में अमेरिकन इंडियन अपने मूल रूप में शायद हैं। वैसे तो कहीं नहीं हैं। अमरीका में कोई जगह ऐसी नहीं है, जहाँ वह टेलीविजन नहीं देखते और बदलते नहीं। कुछ ज़रूर ऐसे हैं जो अंग्रेज़ी नहीं बोलते, बोलना नहीं चाहते। यूरोपीयों के अनुभव उनके ऐसे हैं। उनके इलाकों में जाना भी खतरनाक है। फिर जोड़ते हैं, शायद आपके लिए उतना कठिन न हो जितना हमारे लिए है। फिर मुझसे जानना चाहते हैं। माइल लेक रिज़र्वेशन में उनके मकान कैसे हैं? मैंने बताया कि जैसे औसत अपार्टमेंट होते हैं या घर होते हैं, वैसे ही हैं। एक घर में गया था। वहाँ टी.वी., फ्रिज, अमरीकी श्वेत पत्नी सब कुछ हैं। वैसे वह औसत इंडियन नहीं। यूनिवर्सिटी ऑव मिनिसोटा, डुलुथ का सोशल डेवलपमेंट का एम. ए. का छात्र है। उसकी पत्नी श्वेत अमरीकी है।

एक सैद्धान्तिक बहस चल रही है : क्या अमेरिकन इंडियन भी अन्य अमरीकियों की तरह साफ सुथरे मकानों में रहें जहाँ फ्लश है, गर्म ठण्डा पानी है या अपनी ही तरह रहें। अपनी ही भूषा, भाषा, भोजन, भवन की शैलियों को अपनाये रहें या बदलें? अमरीका में अमरीकियों की तरह रहें? कुछ मित्र इस राय के हैं कि उन्हें अन्य सभ्य अमरीकियों की तरह कायदे से रहने का हक है और उन्हें अच्छी तरह रहना चाहिए। बीते हुए दिन अब वापस नहीं आ सकते और वह कोई अच्छे दिन नहीं थे।

इंडियन एक प्रश्न है। डॉ. क्वाक का लड़का बिन्ह है। स्कूल में दर्जा दो में पढ़ता है। पूछता है कि आप कौन हैं? 'इंडियन' जानकर कहता है कि हमने टी. वी. पर बहुत से इंडियन देखे हैं। आपके पास तीर-कमान कहाँ हैं? वह टोपी कहाँ है जिसमें गिद्ध के पर खुसे हुए होते हैं? आदि, आदि।

मैं उसे बताता हूँ कि "मैं अमेरिकन इंडियन' नहीं हूँ।

तो कैसे 'इंडियन' हैं?

मैं 'इंडियन इंडियन' हूँ।

'इंडियन इंडियन' हैं। यह उनके लिए नयी कोटि है। वह खुश है। वह एक भिन्न प्रकार का 'इंडियन' देख रहा है। मुझे थोड़ा अनकुस बर रहा है कि मुझे भी 'रेड इंडियन' सरीखा जंगली समझा जा रहा है। थोड़ा अच्छा भी लग रहा है। मनुष्य जाति से जुड़ रहा हूँ। जब भी यह सुनता हूँ, चाहे प्रोफ़ेसर मिलर से या डॉ. प्रुडेन से कि आपको इनके साथ कठिनाई नहीं होगी, हमें है, तो मन कुछ फूलता है।

यह सिर्फ नाम के कारण है? महाभारत में, इतिहास पुराण में जो पाताल-लोक का वर्णन है कहीं वह सम्बन्ध भी तो नहीं है। दोनों के पुराण की जाँच जरूरी है। दोनों 'इंडियन' हैं। रूप भी एक सरीखा है। दोनों की चमड़ी का रंग, वर्ण प्रायः एक है। बाल दोनों के काले हैं। आँखें भी काली हैं, भूरी नहीं। अमरीकी जलवायु, खान-पान प्रसाधन जिन्हें मिल जाता है, उनका तो वर्ण, रंग-रूप ऐसा निखरता है, कि फिर उनका तो कोई जवाब नहीं। परम सुन्दरी हो जाती हैं।

लॉस एंजेलस, 18 अगस्त

सुबह-दोपहर नोट-बुक में लिखा। श्रीलंका के धम्मविजय विहार की बुलेटिन के लिए चतुर्थ अंतर्राष्ट्रीय बौद्ध विद्या सम्मेलन के बारे में एक सूचनात्मक टिप्पणी तैयार की है। टाइप या/और ज़ीराक्स कर उन्हें भेजने जैसी है।

डॉ. हुंग टी. क्वाक ने अस्पताल से म्यूज़ियम ऑफ़ आर्ट्स फ़ोन करके इंडियन संग्रह देखने का समय लिया। 19 अगस्त को ढाई बजे तय हुआ। गेशे ग्यल्शन के यहाँ भोजन तय हुआ। गेशे ग्यल्शन के यहाँ भोजन कर वहाँ आया जा सकता है। वहाँ सुना है, नेपाल का अच्छा संग्रह है। वह भी देखने का अनुरोध कर सकते हैं, पूर्व एशिया का भी। अब वहाँ चलकर ही देखा जाएगा। तीन बार डॉक्टर फोन कर चुके हैं। बार-बार फोन करने से लोग नाहक परेशान होते हैं। झुँझला जाते हैं। और जो काम होने को हो सो भी नहीं होता सिर्फ़ तैयारी होती है।

डॉ. हुंग क्वाक जब अस्पताल से लौटे तो मैंने कहा कि चाय-शाय पीकर थोड़ा सुस्ता लें। वह तो तुरन्त चलने को तैयार। मैं तो हमेशा ही तैयार रहा हूँ। फिर भी

मैंने उन्हें कुछ समय तक इधर-उधर बझा रखा, ताकि शरीर को थोड़ा आराम मिल जाए। फिर बर्मी बौद्ध विहार जाना तय हुआ। वहाँ के बर्मी भंते को फ़ोन करके बता भी दिया। धम्मीकरम बुद्धिस्ट टेम्पुल, 155 साउथ कॉमनवेल्थ, लॉस एंजेलस, कैलिफ़ोर्निया 10007 में है। किन्तु वहाँ कैसे पहुँचा जा सकता है। डॉ. प्रुडेन ने कहा है कि वह टेम्पुल स्ट्रीट और कॉमनवेल्थ एवेन्यू के नुक्कड़ पर है। किन्तु टेम्पुल स्ट्रीट भी एक नहीं हैं, अनेक हैं, और कॉमनवेल्थ भी अनेक हैं। अब इनका संयोग कहाँ है?

नक्शा रखते हैं, देखते हैं, चलते हैं, भूलते-भटकते हैं। बहुत देर तक कॉमनवेल्थ के इर्द-गिर्द चक्कर काट रहे हैं। एक बार एक कॉमनवेल्थ-300 मिला। वहाँ 155 नहीं। सो कहाँ है?

शहर इतनी दूर में फैला है। लोगों से ज्यादा कार दीखती हैं, या फिर मकान। उनमें भी बाहर कहीं कोई नहीं। किससे पता पूछें? नक्शा देखते हैं और भटकते हैं। एक बार तय करते हैं कि टेलीफ़ोन करके विहार से ही पूछें तो टेलीफ़ोन बूथ ढूँढ़ रहे हैं। ऐसा करते-करते एक पुलिस से टकरा गये। पहले तो वह गुर्राया। आखिर पुलिस तो पुलिस। कुछ लाल संकेत को दिखा कर कह रहा था। शायद रुकना नहीं था। हम रुककर नम्बर देख रहे थे। फिर उससे पूछा कि कॉमनवेल्थ कहाँ है? उसने कहा कि दाहिने मुड़ो। फिर तीन स्ट्रीट के बाद बाएँ, वहाँ सीधे जाकर कॉमनवेल्थ है।

यहाँ घम्मीकरम बौद्ध विहार है। भंते ऊ पिन्या उंथ (पालि-पञ्ञा वंस, संस्कृत-प्रज्ञावंश) इसके 'चीफ़ एबट' हैं। डॉ. रेवत धम्म जी से परिचित हैं। रेवत धम्म जी काशी विद्यापीठ में पालि के अध्यापक रहे हैं। इन दिनों बमिंघम में हैं। गत वर्ष यहाँ आ चुके हैं।

ये बर्मी अमरीका में आने वालों में सबसे हाल के हैं। भंते भी कुछ दिनों से यहाँ हैं। इसके पहले 5 वर्ष 'इंडिया' रह चुके हैं—मद्रास, पोर्ट ब्लेयर इत्यादि। उन दिनों सारनाथ, बोधगया इत्यादि की यात्रा कर चुके हैं। हिन्दी थोड़ा-थोड़ा जानते हैं। अब भूल गये हैं। मद्रास से दो दिन की कलकत्ता यात्रा में 'चा गरम' की ध्वनि उन्हें याद है। कहते हैं यहाँ यह सुनने को नहीं मिलती। इंडिया-बर्मा तो एक है। धर्म 'इंडिया' से मिला है। ब्रिटिश काल में शासन भी एक है। रंगून में बहुत से लोग हिन्दी-हिन्दुस्तानी बोलते रहे हैं। बर्मा की स्वाधीनता के बाद यह कम हुआ है।

बर्मा में विपस्सना की परम्परा सुरक्षित है। महासी सयाडो उसके जीवित गुरु

हैं। अब वृद्ध हो गये हैं। काठमांडो के भंते सुमंगल उनके शिष्य हैं। भंते पञ्ञावंस का सुझाव है कि सीधे महासी सयाडो के पास जाकर ध्यान भावना करूँ। मेरी इच्छा है पर रंगून बर्मा का वीसा कठिनाई से मिलता है। भंते का कहना है कि यह सही नहीं है। पहले 24 घंटे का, फिर 48 घंटे का वीसा मिलता था। लेकिन अब उसमें ढिलाई आयी है। विपप्सना के लिए 10-15 दिन आराम से जा सकते हैं। तोक्यो में भी बर्मी दूतावास है, वहाँ से वीसा मिल सकता है। देखूँगा। फिर 'एयर इंडिया' से समझना पड़ेगा। क्या इस यात्रा में रंगून हो सकता है?

एक अधेड़ गृहस्थ श्री लेन पे वहाँ हैं। पिछले आठ महीने से अमरीका में हैं। रंगून विश्वविद्यालय में पढ़े हुए हैं। अंग्रेजों के जमाने में। इसलिए अंग्रेजी ठीक बोलते हैं। वेद, उपनिषद् भी पढ़े हुए हैं। 'इंडिया' से प्रेम करते हैं। ऋषिपतन मृगदाव में जहाँ भगवान बुद्ध ने धर्म चक्रप्रवर्तन किया, वहाँ ध्यान भावना कर चुके हैं। फिर करना चाहते हैं। मरने के पहले एक बार 'इंडिया' आना चाहते हैं।

बनारस उन्हें प्रिय है। सड़कों पर गाय का घूमना, पूड़ी, घी की गंध उन्हें याद है। मेरे बारे में जिज्ञासा करते हैं कि क्या मैं पहली बार अमरीका आया हूँ। उन्हें लगता है कि मैं जरूर पहली बार आया हूँ। मेरा वेश, मेरा तौर-तरीका, मेरा बातचीत का ढंग सब कहते हैं, भारतीय है। भारत से उन्हें धर्म, संस्कृति मिली है, इसलिए वह भारत को अपना घर मानते हैं, तीर्थ मानते हैं, एक मानते हैं।

बर्मा में अभिधम्म की परम्परागत शिक्षा है। अभी भी इसकी कठिन शिक्षा दी जाती है। **अभिधम्मत्थसंगहो** कंठस्थ कराते हैं। उसकी अनेक टीकाएँ हैं। उनके पाठ करते हैं। और अभ्यास करते हैं। डॉ. रेवतधम्म और पंडित रामशंकर त्रिपाठी ने अभिधम्मसंगहो और उसकी बर्मी टीकाओं के आधार पर ग्रन्थ दो खण्डों में सम्पादित प्रकाशित किया है। ग्रन्थ मेरे पास हैं। चित्त, चित्तवीथियों का उसका विश्लेषण मुझे स्मरण है। भंते पञ्ञावंस से जानना चाहता हूँ कि उसका मर्म क्या है? कहते हैं कि अभिधम्म के अभ्यास से यथाभूत दर्शन, यथावत, जस-का-तस देखना आता है सो देखना तो बड़ी बात है।

भंते पञ्ञावंस समूह को ध्यान भावना नहीं बनाते। वह गुणकारी नहीं। जो कोई व्यक्तिगत रूप से आते हैं, अमरीकी, वियतनामी, जापानी, उसे समझकर ध्यान भावना देते हैं।

* * *

सड़क पर कार ले चलते जाते हैं। बात करते जाते हैं। हालाँकि यह खतरनाक काम कर रहे हैं। यह भी महसूस करते हैं। डॉ. हुंग क्वाक जानना चाहते हैं कि 'इंडिया' में हम क्या-क्या बनाते हैं? बताता हूँ कि कार बना रहे हैं। ट्रक, रेलवे इंजन, हवाई जहाज, इलेक्ट्रानिक के सामान सब कुछ बना रहे हैं। एक माने में आत्म-निर्भर हैं। लेकिन क्या सबके लिए यह सुलभ हैं? या थोड़ों के लिए। यह आधुनिकीकरण सबका है। या थोड़ी जगहों, लोगों का है। थोड़ों के लिए है। सबके लिए नहीं।

बाहर से कार मँगाने पर रोक लगायी है। ताकि देश में कार बन सके और बिक सके। यह कुछ माने में अच्छा है, कुछ माने में बुरा है कि प्रतियोगिता नहीं है इसलिए कार को कुशलता से नहीं बनाते। अमरीका में क्राइसलर कार की कम्पनी का दिवाला निकल गया। अमरीकी सड़कों पर जापानी कारें दौड़ रही हैं। यह टोयटा है, यह होंडा है, यह दात्सुन है इत्यादि। फोर्ड आदि इनकी नक़ल कर रहे हैं। अमरीकी पहले सोचते थे कि वह कुछ भी बेच सकते हैं। इसलिए लोगों की जरूरत का ध्यान नहीं देते थे। जापानी ध्यान देते हैं। कम खर्च में अच्छी कार बनाते हैं। गैस का खर्च भी उनमें कम होता है। साफ़-सुथरी दीखती हैं। फिर भी 'कैडलिक' की अभी भी प्रतिष्ठा है। यह प्रतिष्ठा का प्रतीक भी है। किन्तु बहुत महँगी है। और उसमें गैरा का खर्च भी बहुत है।

डॉ. क्वाक जानना चाहते हैं कि मैं किस भाषा में नोट-बुक में लिखता हूँ? हिन्दी में। क्या यह भाषा इतनी तगड़ी नहीं है कि इसमें पढ़ाई-लिखाई हो सके? है किन्तु इसे अवसर नहीं। अंग्रेजी में ही ऊँची पढ़ाई होती है। वैसे हिन्दी, बंगला, तमिल वगैरह में हो रही है किन्तु उसकी प्रतिष्ठा नहीं। अंग्रेज़ी पढ़ा-लिखा एक वर्ग है जो अपनी स्थिति बनाये रखने के लिए अंग्रेजी चलाता है। इसलिए अंग्रेज़ी चल रही है प्रशासन में, शिक्षा में, समाचार पत्रों में, रेडियो, वगैरह में यह तो बड़े शर्म की बात है कि आपकी अपनी भाषा नहीं है। क्या अंग्रेजी हटाने के लिए और देशी भाषा लाने के लिए कोई आन्दोलन नहीं है? मैं धीरे से कहता हूँ कि ऐसा एक आन्दोलन 'अंग्रेज़ी हटाओ आन्दोलन' मैंने भी चलाया था लेकिन वह सफल नहीं हुआ। बार-बार करने से सफल होगा। अगला सफल होगा। डॉ. क्वाक को भरोसा है। मुझे

भी। लेकिन मैं वह आन्दोलन देखने के लिए शायद ज़िन्दा न रहूँगा।

*　　*　　*

डॉक्टर ने बर्मी विहार में ही जापानी बौद्ध विहार का पता नोट किया है। फिर वही भटकना है। फिर नक्शा देखना। लेकिन इस बार वह जगह जल्दी पकड़ में आती है। यह लॉस एंजेलस का होम्पा हांग वानजी (?) बौद्ध विहार है। प्रशस्त है और जापानी सुरुचि, संस्कृति और समृद्धि का सुघर नमूना। शायद लॉस एंजेलस का सबसे प्रशस्त बौद्ध विहार हो। यह बन्द हो रहा है। भंते सेशो इनोये रोशनी बुझा कर लौट रहे हैं कि हम प्रवेश करते हैं और विनयपूर्वक अपना परिचय देते हैं। वह भी विनय प्रेमवश फिर से खोलते हैं। 'चेपल' में रोशनी जलाते हैं। यहाँ भगवान बुद्ध के जीवन से सम्बन्धी भित्ति चित्र सुन्दर हैं। विशेषकर धर्मचक्रप्रवर्तन का चक्र तो बहुत आकर्षक लगता है—उसके रंगों का संयोजन और गति का आभास।

यह भित्ति चित्र जापानी मंदिर की विशेषता है। मंदिर नवम्बर 1969 में समर्पित किया गया है। दफ़्तर में उस समारोह की विशाल फ़ोटो है। सारनाथ में मूलगंध कुटी विहार में अनेकों वर्ष पूर्व किन्हीं जापानी कलाकार ने आकर भित्ति चित्र बनाये हैं, सो स्मरण हो आते हैं।

भंते सेशो इनुये इस मंदिर के 'मिनिस्टर' हैं। भाषा ईसाई मत से आ रही है। मंदिर को 'चेपल' कहते हैं, पुजारी को मिनिस्टर, बौद्ध विहार को बुद्धिस्ट चर्च। शायद भिन्न संस्कृति में भिन्न भाषा लेना पड़ता है। इसमें हर्ज क्या है? आखिर बौद्ध धर्म मूल में भारतीय होकर समुद्र और हिमालय के पार ऐसे ही तो फैला होगा। अगर पालि, संस्कृत की पवित्रता का आग्रह होता तो न फैलता। इस बौद्ध विहार के 3,600 सदस्य हैं—परिवार सदस्य। तब तो संख्या अच्छी है। अमरीका में किसी बौद्ध विहार की सदस्य संख्या शायद ही इतनी हो। नहीं, यह तो कम हो गयी है। पहले इसकी संख्या 10,000 थी। कम होने का कारण है कि अन्य केन्द्रों में नये मंदिर बन गये हैं। उनके सदस्य बन रहे हैं। इसलिए इस मंदिर की सदस्य संख्या घटी है। अन्य केन्द्रों की बढ़ रही है और केन्द्र भी बढ़ रहे हैं।

जापान में प्रोफ़ेसर नाकामुरा हाजिमे से मिल कर जापान के बौद्ध धर्म का पता चलेगा। वे अच्छे शिक्षक हैं। इस मंदिर में आ चुके हैं।

मैं जानना चाहता हूँ कि बौद्ध साधना के अभ्यासी जापान में कहाँ मिल सकते हैं। भंते बताते हैं कि क्योतो के निकट हाइ पर्वत पर मैं जाऊँ। वहाँ कठिन नियम का पालन है, साधना है।

* * *

जापानी और यहूदी दो की अमरीका में क़द्र है, क्योंकि इन्होंने अपनी हैसियत बनायी है। जापान में जो कुछ हुआ है, उसमें बौद्ध धर्म का भी योगदान है और जापानी प्रतिभा का भी। आध्यात्मिक उन्नति के साथ-साथ वहाँ भौतिक समृद्धि भी आयी है। उसकी इज़्ज़त अमरीका भी करता है।

* * *

लॉरा एंजेलस तो अपूर्व है। यहाँ जितने बौद्ध समाज और विहार हैं, शायद संसार में कहीं नहीं हैं—बोधगया, सारनाथ, कुशीनगर, लुम्बिनी में भी नहीं। अमरीका एक महान शक्ति है, तभी तक जब तक अमरीका में उदारता है, ग्रहणशीलता है, खुलापन है, जो इतने प्रकार के बौद्धों को ही एक जगह बसने दे सकता है, पचा सकता है। लेकिन अभी इस पाचन शक्ति में कमी आ रही है, या खुलेपन में, या आत्मविश्वास में। अगर यह बड़प्पन न रहा तो अमरीका बड़ी शक्ति भी नहीं रहने वाला है।

लॉस एंजेलस, 19 अगस्त

बिन्ह सुबह उठता है। बेबी अभी सोया हुआ है। बिन्ह अच्छा लड़का है। पूछता हूँ कि टी.वी. इतना देखता है, कुछ पढ़ता-लिखता नहीं। उसकी माँ बताती हैं कि बिन्ह को वह घर पर वियतनामी पढ़ाती हैं। अंग्रेजी वह स्कूल में पढ़ता है, खेल-खेल में सीखता है। बोल-चाल की भाषा ठीक है, ज़रूरी है। किन्तु पढ़ने का अभ्यास जरूरी है। जो बचपन में होता है, या नहीं होता। पीछे धीरे-धीरे हो जाएगा। घर में वियतनामी पढ़ता है, यह शुभ है। वरना अपने संस्कार से कट कर वह नष्ट हो जाएगा।

अमरीका में टी.वी. में और जीवन में बड़ी हिंसा है। तेज़ रफ़्तार ख़ुद में हिंसा

है। यहाँ गति तेज है। कार चलाने में भी एक गली छोड़ दूसरी में निकल जाते हैं। सब आगे जाना चाहते हैं, इससे हिंसा है। यह हिंसा बच्चों के खेल-कूद, दौड़-धूप, बोलचाल में भी उतर आयी है, शायद चित्त में भी। वियतनामी मूल स्वभाव तो महायान बौद्ध धर्म से भावित है—शान्ति और समता वाला है। इसे खोकर वह न घर का रहेगा, न घाट का। अमरीका तो घाट-बाट है। शायद सारा संसार ही घाट-बाट है। नदी-नाव संयोग है। इसे जैसे-तैसे पार कर लेना है।

वियतनामी भाषा के लिए 1882 ई. तक कोई लिपि नहीं थी। उस समय लिपि बनी। फिर भी वियतनामी भाषा ने इतनी प्रगति की कि वह वियतनाम के राज-काज, शिक्षा, संस्कृति की भाषा है। डॉ. हुंग टी. क्वाक ने वियतनामी में डॉक्टरी पढ़ी। जब अमरीका आये तो 'यस' 'नो' 'थैंक्यू' वग़ैरह के अलावा कुछ अंग्रेज़ी नहीं जानते थे। अब अंग्रेज़ी बोलते हैं और उससे ज़्यादा डॉक्टरी करते हैं।

वियतनाम में एक सुविधा थी। एक भाषा थी। उसको ले कर चल सके। भारत में अनेक भाषाएँ हैं। एक भाषा-भाषी दूसरे की भाषा नहीं लेगा। चाहे अंग्रेज़ी भले मान ले। बंगाली या तमिल को लगेगा कि हिंदी मानने में हिंदी वाला आगे निकल जाएगा। अंग्रेज़ी में वह आगे है या नहीं भी है तो सबके लिए समान कठिन है।

वैसे यह तमिल और हिंदी की बात नहीं है। करोड़ों तमिल भाषी जैसे कि करोड़ों हिन्दी भाषी जो पहली सीढ़ी में पढ़ रहे हैं तमिल या हिन्दी में पढ़ रहे हैं। अंग्रेजों में वह निपुण नहीं हैं, न हो सकते हैं, क्योंकि उनकी मातृभाषा अंग्रेजी नहीं है। जिनकी मातृभाषा अंग्रेज़ी हो गयी है, ऐसे माँ-बाप के बच्चे चाहे वह तमिलनाडु में हों या उत्तर प्रदेश में, अंग्रेज़ी में बरतते हैं। वे ही अपने वर्ग स्वार्थ को बनाये रखने के लिए तमिलनाडु में और नयी दिल्ली में अंग्रेजी चलाये हुए हैं। नयी दिल्ली को अंग्रेजी दुनिया से, अंग्रेजों से ज्यादा अमरीका की शक्ति से, धन, हथियार, सत्ता-व्यवस्था से बल मिलता है। यह वर्ग स्वार्थ प्रबल है और यह वर्ग शासक वर्ग है। इसे हटाएँ, अंग्रेजी नहीं। यह दुष्चक्र है। यह कैसे टूट सकता है?

* * *

लॉस एंजेलस में प्रायः हर धर्म के अपने केन्द्र हैं। सिर्फ़ बौद्ध विहार 50 से ऊपर हैं। और नये-नये खुल रहे हैं। धर्म के लोगों को क्या सचमुच धर्म की इतनी चिन्ता है? या अमरीकियों को धर्म देने में ही उनकी रुचि है? सो है। किन्तु जरा गहराई से देखें

तो धर्म-धर्म के लिए प्रिय नहीं। धर्म अमरीकियों के लिए प्रिय नहीं अपने लिए प्रिय है। अपना योग-क्षेम सधता है और साथ ही औरों का भी। शायद संसार ऐसे ही चलता है। ऋत-अन-ऋत के मैथुन से संसार चलता है—सिर्फ़ ऋतु से नहीं, सिर्फ़ अनृऋत से नहीं।

लगता है कि इन धर्म वालों की चिंता यह है कि अमरीकियों को अपने धर्म में फँसाओ। फिर यह उनको माल खिलाएँगे। फक्कड़ गांजे की कली तोड़कर जब रौ में आते हैं तो कभी-कभी बोलते हैं : 'साहूकार के बेटे को फक्कड़ बनाओ, बेचेगा हवेली खिलायेगा माल'। फक्कड़ों में जब इतनी समझ है तो यहाँ तो बड़े सयाने लोग आये हैं—दुनिया देखे हुए हैं, देख रहे हैं।

उधर सयाने अमरीकी चिंतित हैं। सेठ जी सोचते हैं कि ये महात्मा हमारे लड़के-लड़कियों को बिगाड़ रहे हैं। कोई उन्हें 'हरे कृष्णे', 'हरे कृष्ण' कह कर कोई 'ध्यानातीत ध्यान' देकर कोई 'योगा-तंत्रा' में फँसा कर खराब कर रहे हैं। इन्हीं लड़के-लड़कियों पर तो सब है। यह ध्यान करेंगे तो धंधा कौन देखेगा? लकड़ सुंघवा से सब माँ-बाप डरते हैं और बुरा मानते हैं। एक बार बनारस सेंट्रल जेल में एक लकड़ सुंघवा पकड़ कर आ गया था। गंदी-सी उसकी दाढ़ी थी—गंदा लगता था, सारा आकार-आचार। सब क़ैदी जो किसी के बाप थे, किसी के भाई, उसे सताते थे कि यह लड़कों को फँसा कर ले जाता है और बलि देता है।

हर जाति के हर परिवार के मुखिया अपने लड़कों, खास कर लड़कियों की रक्षा करते हैं। उन्हें बहकने से रोकते हैं। अमरीकी कितने भी मुक्त क्यों न हों आखिर माँ-बाप हैं, उन्हें भी अपने बच्चों के भविष्य की चिंता है। चाहे अपने भोग-विलास में उतनी न हो, फिर भी है। वह इन धर्मवालों से सजग हैं। मुझे तो लगता है कि उन्हें वे पसन्द नहीं करते। वैसे लड़के-लड़कियाँ दीवाने हैं, तो क्या कर सकते हैं? जब अपना ही सोना खोटा हो जाए तो दूसरे का क्या दोष? किन्तु अगर उनकी चले तो इन पुरबिया महात्माओं को निकाल बाहर करें।

वैसे कुछ मौज भी लेते हैं। किसिम-किसिम के धर्म हैं, महात्मा हैं, शांति बेचने वाले हैं। जैसे और माल खरीदते-बेचते हैं, वैसे ही शांति, सिद्धि भी खरीद-बेच रहे हैं। अच्छा दाम देते हैं। इसलिए सब अपनी-अपनी दुकान यहाँ लगा रहे हैं और मुँह-माँगे दाम पर बेच रहे हैं। जिनका माल नहीं बिकता या कम बिकता है वह दूसरे

को दोष देता है कि उसने बाज़ार भाव बिगाड़ दिया है—'योगा-तंत्रा' को सस्ता कर दिया, भ्रष्टाचार फैला रखा है। लेकिन चिन्ता यह है कि वहाँ वह न हुआ।

संभव है कि अमरीकी इसे भी खूब मथ कर जो इसका नवनीत हो वह ले ले और फिर जो छाछ है वह प्रशान्त महासागर में फेंक दे। वह मथ रहा है। अमरीकी समाज में यह हुआ है। इसने इस समाज को शक्ति दी है। लेकिन वह मथता जाता है और पछताता जाता है। फक्कड़ होगा तो हवेली बेचेगा और फक्कड़ों को माल खिलाएगा। तो इस हवेली का क्या होगा? इस धन-दौलत का क्या होगा? शायद ये चर्चा साम की चिन्ता है।

* * *

प्रातःकाल नोट बुक में कुछ लिखा, दोपहर कुछ और। ध्यान भावना के बाद विश्राम किया। डॉ. हुंग क्वाक अस्पताल से जल्दी छुट्टी लेकर आये। साथ गेशे ग्यल्शन के पास ले गये। गेशे प्रेमपूर्वक मिले, अपने निवास के बाहर। मंदिर, रिट्रीट स्थल दिखाया। 11 अमरीकी, 5 स्त्री, 6 पुरुष, यमंतक रिट्रीट में हैं, 4 अगस्त से 10 अक्तूबर तक। लम्बी अवधि की एकान्त चर्या है, इसलिए अवकाश नहीं। फिर भी ऊपर अपने कक्ष में ले जाते हैं। वहाँ से बाहर खुले में बैठ कर चर्चा करते हैं और वहीं भोजन। गेशे ग्यल्शन भारत में डलहौजी में थे। वहाँ से तिब्बती अध्यापक होकर लंदन गये। अमरीका में संभवतः 1976 में आये।

थुब्तन लिंग बौद्ध विद्या का तिब्बती केन्द्र है। गेशे ग्यल्शन इसके निदेशक हैं। यह 135 स्ट्रीट एण्ड्रूज़ प्लेस, लॉस एंजेलस 10004 पर स्थित है। इसे दो-तीन अमरीकी दाताओं की मदद से ख़रीदा है। इसमें एक बड़ा मकान है और अहाता है। इसे और बढ़ाने की और गाँव की ओर एक स्थान बनाने की भी इच्छा है।

गेशे ग्यल्शन इस केन्द्र में सूत्र और तंत्र दोनों की शिक्षा देते हैं। विशेषकर आचार्य चोंखापा का लम रिम पढ़ाते हैं। तंत्र की गुह्य साधना व्यक्तिशः बताते हैं—अभिषेक वग़ैरह दे कर विधिवत। गेशे ला का अनुभव है कि अमरीकी तंत्र के बारे में गहरी जिज्ञासा रखते हैं और निष्ठापूर्वक साधना करते हैं। यह गुह्य साधना है। इसलिए संदेह में नहीं कराते।

लम रिम की कथा समूह में होती है। रविवार को एक दिन साथ पाठ होता है।

फिर 6 दिन अभ्यास।

6 जुलाई को परम पावन दलाई लामा का जन्म दिन मनाया गया। 2 अगस्त को पार्टी हुई। 4 अगस्त को पूजा और 'यमंतक रिट्रीट' प्रारम्भ हुई। 'रिट्रीट' अक्टूबर तक चलेगी।

जुलाई-अगस्त-सितम्बर का जो कार्यक्रम है उसके अनुसार प्रातः 10 बजे से **लम रिम** और सायं 7.30 बजे से तंत्र और ध्यान की कक्षाएँ लगती हैं।

गेशे ला इस बीच कहीं निकलते नहीं। पूजा, पाठ, ध्यान, तंत्र सबकी गहन शिक्षा हो रही है।

अमरीका में न्यू जर्सी, टेक्सास, मेडिसन, कोलेरेडो में तिब्बती बौद्ध केन्द्र हैं। कैलिफ़ोर्निया में तो अनेक हैं। अमेरिकी जिज्ञासु हैं। यह स्वतंत्र देश है। इसलिए प्रतिबंध नहीं है।

गेशे ला को लगता है कि राष्ट्रपति रेगन कुछ रोजगार के लिए जोर दे रहे हैं सो ठीक है, धर्म, संस्कृति में वे दखल नहीं देते।

लम रिम और तंत्र के ग्रंथ अंग्रेजी अनुवाद के जरिये नहीं, तिब्बती मूल में पढ़ते-पढ़ाते हैं। उन पर विवाद भी करते हैं।

गेशे ला जानना चाहते हैं कि सारनाथ में तिब्बती संस्थान कैसा काम कर रहा है? तिब्बती में गेशे की कठिन शिक्षा होती थी। 21-22 बरस लगते थे। वह गहन शिक्षा नहीं है। फिर भी परम्परागत सूत्र, शास्त्र का अध्ययन-अध्यापन हो रहा है।

भारत से तिब्बत को धर्म मिला है। इसलिए, भारत भूमि को गेशे ला प्रणाम करते हैं। तिब्बत ने धर्म और विद्या सुरक्षित रखी है, इसलिए मैं तिब्बत के प्रति नमन करता हूँ। अभी तो चीन वहाँ जाने नहीं देता और अगर जाने देगा तो तिब्बत जाना चाहूँगा।

तिब्बती से संस्कृत में वैदल्यसूत्रम का और चौरासी सिद्धों की जीवनी का अनुवाद श्री सेम्पा दोरजे ने किया है, यह जान कर गेशे ला को प्रसन्नता है।

पालि के ग्रन्थ तिब्बती में प्रायः नहीं हैं, होने चाहिए। संस्कृत-तिब्बती, तिब्बती-संस्कृत में तो काम हुआ है और हो रहा है। पालि-तिब्बती, तिब्बती-पालि में भी काम महत्त्व का है, ऐसा मेरा सुझाव है। इस पर गेशे ला सुझाते हैं कि मैं केन्द्रीय तिब्बती उच्च अध्ययन संस्थान, सारनाथ के प्रिंसिपल समदोङ् रिनपोछे से

आग्रह करूँ तो वह कुछ कर सकते हैं।

शायद बुद्धघोष का 'विशुद्धि मार्ग' तिब्बती में नहीं है। बौद्ध योग का यह प्रामाणिक ग्रन्थ है। तिब्बती में उसका अनुवाद होना चाहिए। इसी प्रकार आचार्य चोंखापा के **लम रिम** का संस्कृत, हिन्दी में अनुवाद होना चाहिए।

शांतरक्षित की 'तत्त्व सिद्धि' संस्कृत में उपलब्ध नहीं थी। तिब्बती अनुवाद में हैं। तंज्यूर में संकलित है। काठमांडो से मैं एक पाण्डुलिपि ले आया। इस पर तिब्बती संस्थान, सारनाथ में काम हुआ। अब वह छपने जा रही है।

गेशे ला जानना चाहते हैं कि क्या भारत में अगर कोई तिब्बती मंदिर और विद्या केन्द्र बने तो भारत सरकार इसमें सहायता देगी?

मेरी अपनी समझ है कि भारत सरकार मंदिर के लिए सहायता नहीं देगी। हाँ, अगर कोई भूमि खरीद कर बनवाये तो रोकेगी भी नहीं। थोड़ी कठिनाई ज़रूर होगी, लेकिन मंदिर बन सकेगा।

गेशे ग्यल्शन दुबारा आने पर पहले लिखने को कहते हैं। अब तो दोस्त हैं। मुझे लगता है कि दुबारा आना कठिन है। क्योंकि यह तो हमारे परम्परागत भूगोल के अनुसार पाताल है। पृथ्वी से पाताल तक की यात्रा सहज नहीं है। मैं उन्हें अलबत्ता सारनाथ-वाराणसी आने का न्यौता देता हूँ।

लामा लोबजंग ने हवाई के लिए नेचुंग रिनपोछे को पत्र लिखा है। गेशे येशे थबगेस के पास वह पत्र था। वह वहाँ नहीं जाने वाले थे इसलिए यहाँ छोड़ गये हैं। गेशे ग्यल्शन वह पत्र मुझे देते हैं। रिनपोछे का पता, टेलीफोन नम्बर भी देते हैं। सुझाते हैं कि रात टेलीफोन करूँ और रिनपोछे के साथ तय करूँ।

* * *

'लॉस एंजेलस काउंटी म्यूजियम ऑव आर्ट' में इंडियन सेक्शन देखने के लिए 2.30 बजे समय ले रखा है। थोड़ी देर से वहाँ पहुँचने पर डॉ. रॉबर्ट ब्राउन मिलते हैं। उनका अपना क्षेत्र दक्षिण-पूर्व एशिया है। फिर भी भारत, नेपाल, तिब्बत की मूर्ति, थंका दिखाते हैं। जो प्रदर्शित है, वह भी, जो संग्रह में हैं वह भी। सुरक्षा की दृष्टि से इंडियन गैलरी की बहुत-सी मूर्तियाँ ढँकी हुई हैं। वहाँ कुछ काम हो रहा है।

लॉस एंजेलस में भारतीय, नेपाल, तिब्बती कला का इतना संग्रह है, इसका

अनुमान नहीं था। वैसे भारत, नेपाल और तिब्बत की कला से प्रत्यक्ष सम्पर्क होने के नाते यह कोई विशेष नहीं लगा।

डॉ. प्रतापादित्य पाल दक्षिण एशिया विभाग के क्यूरेटर हैं। नेपाल की कला पर दो खण्डों में 'दि आर्ट्स ऑव नेपाल' (1978) प्रकाशित कर चुके हैं। इन दिनों संग्रहालय में तिब्बती संग्रह का कैटलॉग तैयार कर रहे हैं। अगले वर्ष तैयार हो जाएगा। फिर भारत और नेपाल का कैटलॉग। इस संग्रह के कार्ड, स्लाइड म्यूजियम में उपलब्ध हैं।

नागार्जुन की एक प्रतिमा नालंदा के संग्रहालय में है। किन्तु उस पर प्रश्न चिह्न लगा है। जिज्ञासा है कि क्या कोई प्रतिमा नागार्जुन की इस संग्रह में है? या कोई थंका? जिससे उस प्रश्न चिह्न का निबटारा हो सके। डॉ. पाल का मत तो है कि नागार्जुन की प्रतिमा नहीं। नागराज की हो सकती है या बलराम की भी हो सकती है। प्रश्न चिह्न भी नहीं होना चाहिए।

नागार्जुन के चित्र के बारे में : एक थंका उनकी पुस्तक के खण्ड 2 में प्लेट 78 में है। उसकी पहचान 'शाक्य मुनि' और नागार्जुन के रूप में की गयी है। चित्र लगभग 1400 ई. का है। शंका है कि नागार्जुन और आर्यदेव लद्दाख में लिखते हैं। कहीं यह भी तो वैसा ही नहीं है। शाक्य मुनि कैसे कहते हैं? डॉ. पाल का कथन है कि बोधि वृक्ष है, इसलिए शाक्य मुनि हैं। यह स्पष्ट नहीं है।

नागार्जुन की प्रतिमा की पहचान का प्रश्न अनिर्णीत रहता है।

* * *

डॉ. राबर्ट ब्राउन के पास थाईलैण्ड का 'टूरिस्ट मैप' है। वह बैकांक से उत्तर चिआंङ माई और लामफुन जाने की दूरी, रास्ता और बस वग़ैरह के बारे में सूचना देते हैं। चिआंङ माइ में तीन बड़े विहार हैं। लामफुन कला सम्बन्धी महत्त्वपूर्ण स्थान है। एक जर्मन विद्वान वहाँ वर्षों से हैं। सभी उन्हें जानते हैं। वे कलाओं को जानते हैं। : डॉ. हांस पेंट। वहाँ 2-3 दिन या अधिक बिता सकता हूँ।

चियाङ माइ पर बर्मी प्रभाव भी है। उधर ताइ खाम्ती पर भी बर्मी प्रभाव रहा है। संभव है पहाड़-पहाड़ कोई प्रभाव, सम्बन्ध रहा हो। इसकी पहचान भी वहाँ जाकर हो सकती है। विस्कांसिन के चतुर्थ सम्मेलन में चियाङ माइ की एक महिला आयी

थीं। उन्होंने कुछ स्लाइड भी दिखायी थीं। भूल हुई जो उनसे चर्चा नहीं की। संभव है वह वहाँ हों।

डॉ. राबर्ट ब्राउन से ही लॉस एंजेलस में थाई विहार का पता चलता है। वह दूर नार्थ हॉलीवुड में है। 1979 में ही प्रारम्भ हुआ है। पूज्य फ्राथेप्सोपोन अध्यक्ष हैं। विहार का नाम पता है : वाट थाई ऑव लॉस एंजेलस, 12909 केंटारा स्ट्रीट, नॉर्थ हॉलीवुड, कैलिफोर्निया 91603।

कैलिफोर्निया में लगभग 60,000 थाई हैं। विहार में 19 भिक्षु हैं। अमरीकी भी वहाँ आते-जाते हैं। किन्तु उनकी शिक्षा की अभी व्यवस्था नहीं है—स्थान नहीं है।

धर्म प्रचार के लिए कोई समस्या नहीं है। अमरीका 'फ्री कंट्री' है।

युवा थाई भिक्षु डॉ. पी. मेधी सुअंगते के माध्यम से बात होती है। भंते अंग्रेजी नहीं जानते, पालि जानते हैं। पालि में मंगलसुत्त, रतनसुत्त वग़ैरह का समवेत पाठ कर रहे हैं। कण्ठस्थ है, जैसे भिक्षुओं को रहता है। मेरे पास सूत्र है, किन्तु कण्ठस्थ नहीं। यात्रा की स्वस्ति की कामना करते हैं।

ध्वनि के भेद से पालि होते हुए भी समझना कठिन है।

एक चीनी बौद्ध मंदिर का भी पता है। वहाँ एक चीनी भिक्षु हैं जो अंग्रेजी नहीं जानते। इशारे से बात करते हैं। दरवाज़ा खोल कर ऊपर ले जाते हैं, बैठते हैं। भगवान बुद्ध की ज़बर्दस्त प्रतिमा है, बैठने के आसन हैं, धूप-दीप है। किन्तु सिर्फ एक भिक्षु है। मैं अंगुली के इशारे से पूछता हूँ : एक हैं या दो? सिर्फ एक। वह चीनी जानते हैं, मैं नहीं जानता, इसलिए बात नहीं हो पाती।

'हाइवे' पर आते हैं। डॉ. क्वाक गाड़ी तेज चलाते हैं, किन्तु सावधान रहते हैं। लेन वग़ैरह बदलते समय अगल-बगल, आगे-पीछे झाँक लेते हैं। सीधे हरी बत्ती होने पर चल रहे हैं। उधर से एक काली युवती लालबत्ती होते हुए भी गाड़ी ले कर भिड़ा देती है। पहले से मैं कुछ और सोच रहा था। लेकिन जब भिड़ने-भिड़ने को हुई तो मैंने देखा। लगा कि अब तो भिड़ंत हो कर रहेगी, सो हुई। घुटनों में कार का धमाका हुआ किन्तु ज्यादा नहीं। बाहर गाड़ी में लाइट नहीं टूटी, बोनट उठ गया। डॉ. हुंग ने जैसे अभय मुद्रा में कहा कि चलो कुछ नहीं हुआ। दोनों बिना तकरार के अलग-अलग चल दिये।

बाद में देखा कि गाड़ी को नुकसान ज्यादा हुआ है। लगभग 300-400 डॉलर मरम्मत का लगेगा। उस गाड़ी का नम्बर वग़ैरह नहीं लिया। बीमा से यह रकम नहीं मिल पाएगी। क्योंकि दुर्घटना बीमा की रकम के लिए नम्बर जरूरी है। लेकिन यह तो कुछ नहीं हुआ, कुछ भी हो सकता था।

डॉ. हुंग क्वाक़ को लगता है कि उनकी पत्नी को चिन्ता होगी, सो है। वह कहती हैं कि जो भी गाड़ी चलाने का लाइसेंस लेता है, उसे जानना चाहिए कि दुर्घटना होने पर दूसरी गाड़ी का नम्बर वगैरह नोट करना है। उसके बिना बीमा कम्पनी से मरम्मत का पैसा नहीं मिलता, वह नाराज हैं। किन्तु डॉ. क्वाक़ समझते हैं कि हमने कोई पुण्य किया है जिससे इतना हो कर रह गया, कुछ और नहीं हुआ, शरीर पर चोट नहीं आयी; तो वह समझती हैं।

लौट कर एक स्टोर से कुछ फल, कुछ काग़ज, क़लम ख़रीदते हैं। वहाँ पास में चीनी बौद्ध मंदिर की तलाश करते हैं। मंदिर की जगह चीनी कुंग फू सेण्टर मिलता है। वहाँ शारीरिक व्यायाम और अंग चालन की चीनी पद्धति की शिक्षा हो रही है। उसके पर्चे में कहा गया है—अब कुंग फु का रहस्य यहाँ खुल गया है। इसमें है :

पाँच पारिवारिक स्टाइल का रहस्य
प्रहार करने की कला
परम्परागत चीनी हथियारों का प्रयोग
प्राणायाम
जड़ी-बूटी और परम्परागत चीनी दवा

जड़ी-बूटियों के बारे में जो सूचना है उसमें दमा, रक्तहीनता, आर्थराइटिस, अपिंडिसाइटिस से लगा कर स्त्री कष्ट (फीमेल ट्रबुल) तक की दवा का दावा है। प्रति पैकेट का दाम 5 डॉलर है।

लॉस एंजेलस, कैलिफोर्निया, 20 अगस्त

10.30 पर लॉस एंजेलस काउंटी म्यूजियम ऑव आर्ट के सुदूर पूर्वी कला विभाग के 'क्यूरेटर' के साथ भेंट निश्चित है। डॉ. क्वाक़ सुबह ही अस्पताल चले जाते हैं, इसलिए मुझे वहाँ बस से जाना है। लॉस एंजेलस में पड़ा रहा, या कार से गया-आया

इसलिए थोड़ी जड़ता है। जो निकलने से निकलेगी। बस से दो घंटा पहले निकलने से पहुँचना होगा अन्यथा काम पर जाने का समय है। बस पाने में विलम्ब हो सकता है। मैं 8.20 पर ही निकल पड़ा। श्रीमती मिंग क्वाक़ ने बस स्टाप तक कार से छोड़ दिया। जाने की बस का नम्बर बता दिया और लौटने का संकेत भी। हटिंग्टन ड्राइव और पाप्लर के नुक्कड़ पर उतर कर दाहिने चैपल है, उससे भी दाहिने। फिर तो समरसेट स्ट्रीट है। यह भी सहेज दिया कि अगर मैं भूल जाऊँ तो फ़ोन करूँ। वह आकर ले आएँगी। स्वस्ति भाव से ऐसे निकला जैसे पहली बार स्कूल जा रहा हूँ। या परीक्षा देने जा रहा हूँ।

बस नं. 92 में स्प्रिंग स्ट्रीट 7 तक पहुँचा। वहाँ बस ऑपरेटर ने बता दिया कि उतर कर बस नं. 83 ले लूँ। एक ही टिकट दोनों बसों में काम आता है। रिवाज है कि ऑपरेटर (यानी ड्राइवर) बस का टिकट भी जाँचता है। यात्री उसका और वह यात्री का अभिवादन और मंगल कामना भी करते हैं। बस में बूढ़े और अपंग लोगों के लिए दरवाज़े के पास प्रायः स्थान रहता है। स्त्रियों के लिए अलग-अलग स्थान सुरक्षित नहीं है। बस स्टॉप पर आने पर जैसे बस साँस छोड़ती है, दरवाजा खुलता है, यात्री उतर-चढ़ लेते हैं। फिर बस साँस खींचती है, और चल पड़ती है। सब दूर वायु का खेल है।

लॉस एंजेलस काउंटी म्यूजियम ऑव आर्ट, 5905 विलशायर बुलवर्ड पर स्थित है, मूलतः 1913 ई. में यह 'लॉस एंजेलस काउंटी म्यूजियम ऑव हिस्ट्री साइंस, एण्ड आर्ट' के अंग रूप में प्रारम्भ हुआ। म्यूजियम ऑव आर्ट 1961 तक स्वतंत्र संस्था नहीं बन सका था। उस समय तक लॉस एंजेलस में एक कला संग्रहालय की आवश्यकता इतने प्रबल रूप से अनुभव होने लगी कि नागरिकों ने 1 करोड़ 20 लाख डॉलर चन्दा इकट्ठा किया। इससे यह भवन तैयार हो सका। काउंटी ने ला ब्री टार के निकट पार्क में इसके लिए स्थान दिया और यह संग्रहालय 1 अप्रैल, 1965 से प्रारम्भ हुआ।

संग्रहालय का स्थायी संग्रह प्राग् ऐतिहासिक काल से लगा कर अब तक के कला रूपों का विस्तार बताता है। दर्शकों को मनुष्य की सृजनात्मकता का पूरा-पूरा परिचय देने की दृष्टि से समय-समय पर म्यूज़ियम में खास-खास प्रदर्शनी भी होती है। यह स्थायी संग्रह की पूरक रहती है। इन दिनों '60 की दहाई के 17 कलाकारों की प्रदर्शनी भी लगी हुई है।

एक फ़ॉर्म पर नाम, पता, उद्देश्य वग़ैरह बताने पर 'सिक्यूरिटी' का एक अफ़सर

अन्तर्गृह में ले जाता है। वहाँ दूसरी 'सिक्यूरिटी' है। वह फिर फ़ार्म भरवाता है। और एक चिह्न देता है। अब इस पर से संग्रहालय में विशिष्ट रूप से प्रवेश संभव है। कुमारी लोरिया आ कर सुदूर पूर्व विभाग के रिज़र्व संग्रह में पहुँचा देती हैं। इस संग्रह के क्यूरेटर श्री जार्ज कुयामा हैं, जापानी हैं।

प्रारम्भ में हाल में भेंट की गयी अमिदा (सम्भवतः अमिताभ) की एक कांस्य प्रतिमा दिखाते हैं। बारहवीं शताब्दी की जापानी कला का यह नमूना है। 'वितर्क मुद्रा' है–खड़ी भव्य मूर्ति है, संघाटी की सिलवटें वग़ैरह शोभा और सुन्दरतायुक्त हैं।

दूसरा एक रेशमी आधार पर मढ़ा थंका है, लटकाने वाला पट चित्र। यह बारहवीं सदी का चित्र, मूर्तिकला सम्बन्धी ग्रंथ का एक पृष्ठ है। यह शिंगोन गुह्य समाज का कागो काई मंडल है। मंडल में ब्रह्माण्ड और शिंगोन देवताओं को लिखा जाता है। **कोंगुबु बोसात्सु** यहाँ चित्रित हैं–पद्म के आसन पर स्थित हैं और प्रभा मंडल है। स्याही और रंग से चित्र लिखा गया है। विवरण में कहा गया है कि चीनी और संस्कृत लेख के आधार पर देवता की पहचान होती है। किन्तु अभिलेख चित्र में दीखता नहीं। संभव है, पोथी में रहा हो। अभिलेख से रंग और प्रतीक और अन्य नाम का भी पता चलता है। अन्य चित्रों की अपेक्षा यह एक परिपूर्ण काम है और पुष्ट लयात्मक रेखाओं और शोभायुक्त उभारों से युक्त है। देवता के सम्मुख वज्र भी चित्रित है। मंत्रनय का यह प्रतीक चित्र है।

एक और पटचित्र मंजु का है। क्या मंजुश्री जापान में मंजु के नाम से ही जाने जाते हैं? यह रंग और सुवर्ण से लिखित है। इसे चौहदवीं शताब्दी का बताया जाता है। विवरण में कहा गया है कि मंजु ध्यान और प्रज्ञा के बोधिसत्व हैं। प्रायः यह सिंह पर वज्र लिये हुए हैं, तलवार नहीं।

एक और चीज़ 'रिज़र्व' में देखने जैसी है। वह एक लकड़ी की काली मंजूषा में लकड़ी का ही एक शिल्प है–लकड़ी के एक टुकड़े से बना है–काले डिब्बे में काली आकृति–आदिम के निकट।

चीनी पुस्तक छापने का एक ठप्पा भी यहाँ है–स्पष्ट रूप से उकेरा हुआ जैसा लिथो का अभी भी होता है।

मैत्रेय पत्थर में हैं, 400 ई. के। यह बहुत-ही सुन्दर प्रतिमा है। समय ने उसे और भी सयानापन और पुरातन की गरिमा प्रदान की है। पत्थर में भी मुस्कान छिपाये

नहीं छिपती। पत्थर को इतना बोलता बनाना, या मुस्काता बनाना कैसे होता है? हाड़-मांस के शरीर पर भी ऐसी मुस्कान नहीं दिखती, जैसी पत्थर पर है।

लॉस एंजेलस का यह संग्रह बड़ा नहीं कहा जा सकता। एक तो यह देर से शुरू हुआ। दूसरे अब चीजें कम मिलती हैं और बहुत ज्यादा कीमत पर मिलती है। म्यूजियम के पास पैसे की कमी है। यह तो सब दूर रहती हैं। इस कारण अभी तक इस संग्रह का विवरण भी प्रकाशित नहीं है।

जापान यात्रा के पहले जापान का पूर्वाभास यहाँ मिलता है। तोक्यो और क्योतो राष्ट्रीय संग्रहालयों में और विहारों में तो इनका विराट रूप है, ऐसी सूचना है। जापान में बहुत देखने, सुनने-गुनने को है। रहस्य है, गुह्य है, वह देश, ऐसा लगता है।

लॉस एंजेलस–होनुलुलु (हवाई), 22 अगस्त

दोपहर के पहले 'लॉस एंजेलस काउंटी म्यूजियम ऑव आर्ट'। दोपहर के बाद 'म्यूजियम ऑव नेचुरल हिस्ट्री'। संग्रहालय में, प्राग इतिहास में, इतिहास में इतना जीना बस है। नहीं तो ज्यादा समय तहख़ाने में रह कर निकलने पर बाहर दिखता नहीं, चकाचौंध लगती है। खुला आकाश और हवा और सूरज और धूप ज्यादा लगती है। अँधेरा, सीलन और सँकरापन रास आने लगता है। पहर भर 'म्यूजियम' में बस है। अन्यथा मैं भी जैसे उसका एक अंग बन रहा हूँ।

लौटना क्या इतना आसान है? एक बस नं. 83 है। उधर गयी है। उससे आया हूँ। उल्टी दिशा में जाना है। दफ़्तर छूटा है। दिल्ली, कलकत्ता, बम्बई जैसी भीड़ बस में नहीं है। प्रायः हर अमरीकी के पास कार है। फिर भी यहाँ के हिसाब से भीड़ है। एकाध बस गुज़र जाने देता हूँ। उन्हें जल्दी है, मुझे कोई जल्दी नहीं। एक बस में बैठने की जगह है। ऑपरेटर को बोल दिया है कि कहाँ उतरना है। स्प्रिंग की सातवीं सड़क है। वहाँ से दूसरी बस नं. 92 मिलने वाली है। वहाँ वह उतार देता है।

अब किधर? 92 उत्तर जाती है। 92 दक्षिण जाती है। मुझे पता नहीं कि किधर जाना है? जहाँ पहुँचना है वह मालूम है। हटिंग्टन ड्राइव और पाप्लर के मोड़ पर उतरना है। लेकिन रास्ता किधर है? 92 जो उधर जा रही है? किधर से आया? सो स्मरण

नहीं। वह तो क्षण बीत गया। यह क्षण अब उपस्थित हुआ है। वह तो आने का था। यह जाने का समय है। तब मिलने का समय दिया हुआ था। उत्सुकता थी, जिज्ञासा थी। अब तो सिर्फ़ लौटना है। वहाँ भी कौन प्रतीक्षा में है? इसलिए जितना समय बाहर बीते उतना अच्छा है। यह सब सोच कर भूलता है। वरना भूलने से याद करने के फ़ायदे अधिक हैं। अगर व्यवहार हानि-लाभ का बही खाता है तो फिर भटकने में क्या है? सारा दिन बाहर-बाहर रह कर शरीर थक रहा है। समरसेट स्ट्रीट पर डेरा है, चाय है, बिस्तर है, बाथरूम है। निवृत्त हो कर, चाहे नहा-धोकर लेटा जा सकता है। सड़क पर क्या है?

बहुत याद करना चाहता हूँ कि किधर से आया? नहीं याद आता। जितने जन से पूछता हूँ, स्त्री-पुरुष, गोरे-काले-साँवरे उतनी बात। फिर 92 नम्बर भी है जो एक दिशा में जाती दीखती है। दूसरी दिशा में कहाँ रुकती है वह चौराहे पर सब दूर ढूँढ़ आया। पता नहीं चला। हार कर एक 92 नम्बर की बस मिली। बहुत करके विपरीत दिशा में जा रही है, यह भान है। फिर भी चढ़ गया। ऑपरेटर गोरी महिला है। ज्यों ही पूछता हूँ कि मुझे यहाँ जाना है तो जैसे उसे झटका लगता है। झटक कर कहती है, माफ़ कीजिए, मैं कुछ मदद नहीं कर सकती। थोड़ा अटपटा लगता है। शायद बुरा भी। वह गोरी है, मैं साँवरा इसलिए तो नहीं झटकार रही है। थोड़ी दूर चलने पर एक गोरी ही उससे पूछती है। तब वह खुलती है कि बस पर उसका यह पहला दिन है। उसे कुछ भी पता नहीं। इसलिए वह मदद नहीं कर सकती।

बस थोड़ी दूर चल चुकती है तभी लगने लगता है कि उन रास्तों से नहीं गुजर रही है जिनसे आते समय गुजरा था। स्मृति पक्की तो नहीं लेकिन इतनी कच्ची भी नहीं कि कुछ भी न याद हो। शायद यह नहीं है। अब तो रेल की पटरी, कारखाना, गोदाम, बस्ती वगैरह है। उस रास्ते पर पार्क था, खुशनुमा इमारतें थीं, दक्षिण कैलिफोर्निया विश्वविद्यालय का कुछ था। सो तो यह नहीं है।

एक बार अपने पर क्रोध आया। जान-बूझ कर उल्टी दिशा क्यों चला? फिर कलकत्ता की ट्राम का सफ़र याद आया। वह वसंत था। अब तो स्प्रिंग स्ट्रीट सड़क का नाम भर है। तब वसंत था, युवा था। ट्राम में यह नहीं बुझाता था कि बालीगंज झील की ओर जा रही है? या उधर से आ रही है तो भी बैठ लेता था। अगर गलत हुआ तो कभी-कभी चलती ट्राम से ही उतर जाता था। दूसरी चलती पर ही चढ़ जाता

था। कभी-कभी उल्टी दिशा में भी अन्त तक जाता। फिर, उधर से उतना सारा रास्ता तय कर आता था। और अच्छा लगता था। अब?

बस एक-एक कर खाली हो रही है। शाम हो रही है। लोग अपने-अपने घर पर जा चुके हैं। जिस बस्ती से गुज़र रही है वह काले अमरीकियों की है। वह झुंड में हैं। कहीं शराब की दुकान पर हंगामा किये हुए हैं। कहीं जेब में एक कंघी डाले भटक रहे हैं। साथ एक सयाना गोरा है। जब कोई उनमें से ऊट-पटाँग हरकत करता है तो वह मुझे देख कर मतलब भरी मुस्कान फेंकता है : देखा न? फिर एक तो विचित्र-सा जामा-जोड़ा पहने कुछ बकरा दाढ़ी बढ़ाये आया। शायद 'ब्लैक मुस्लिम' हो। उसे देखकर तो उससे जैसे नहीं रहा गया। 'ओ गॉड' कहके जैसे वह मूर्च्छित हो गया। हे ईश्वर! यह अमरीका को क्या हो गया है? क्या हो रहा है? अभी यही देखने को रह गया है? जैसा कुछ वह बिना बोले बोल रहा है।

फिर वह भी उतर गया। अब सिर्फ़ कुछ काली, कुछ गोरी स्त्रियाँ जो ऑपरेटर से बतिया रही हैं। स्त्री स्वभाव सब दूर एक जैसा है। उसमें काले-गोरे में भी उन्नीस-बीस का फर्क है। बेबात का बात, बतकही। (वैसे पुरुष भी कम नहीं। फिर भी।)

जब सब उतर गये तो महिला ऑपरेटर के पास गया। बोला, मैडम, लगता है, उल्टी दिशा में चला आया। मैंने शुरू में ही पूछा था। मैं लॉस एंजेलस में पहले दिन बस में बैठा। लगता है आपका भी यह पहला दिन है। इसलिए...।

ऑपरेटर को सहानुभूति है। कहती है कि ऐसा होना बहुत आसान है। आप उल्टी दिशा में आ गये हैं। उधर जाने वाली 92 नम्बर की बस ले लीजिए। वह रही। उसके लिए मुझे भाग कर जाना है। कहता हूँ कि इसमें ही भला हूँ। आप भी तो लौटेंगी तो साथ ही लौटूँगा। वह कहती है, मैं तो नयी हूँ, आपकी मदद नहीं कर सकती। वह ड्राइवर शायद आपकी मदद करे।

मैं वह जगह पहचानता हूँ। जब उसके पास आऊँगा तो पहचान लूँगा। दिशा ठीक रहे तो पहुँच जाऊँगा।

पड़ाव पर पहुँच कर वह सुस्ताती है। कहती है यह जगह अच्छी नहीं। पन्द्रह मिनट रुक कर लौटना है। कहीं चाय-शाय भी नहीं। उल्टे खतरा है। वापस लौटने के लिए एक टिकट और माँगता हूँ। वह कहती है कि टिकट नहीं खरीदना है। कहता हूँ कि आपको कष्ट दे रहा हूँ। वह कहती है, नहीं, आपकी मदद नहीं

कर पा रही हूँ।

तभी आगे बस छूटने जा रही है। वह कहती है, वह बस जा रही है। आप उसमें चले जाइए। एक तो जड़ता है, दूसरे लगता है कि वह टिकट माँगेगा। टिकट एक डॉलर का है। वह कहती है कि नहीं, टिकट नहीं माँगेगा। मेरे साथ लपक कर बस की ओर आती है। कहती है यह सज्जन ग़लत दिशा में आ गये हैं, तुम्हारे साथ लौटेंगे। वह राजी हैं। बस गुर्रा रही है, फुँफकारती है, दरवाजा खुलता है, मैं अन्दर बस साँस चढ़ाती है, दरवाजा भिड़ जाता है, बस चलती है। अब दूरी है। लेकिन दिशा ठीक है, इसलिए स्वस्ति है।

फिर अपरिचय-परिचय का वही दौर। 'इंडिया' से आया हूँ। बम्बई-रोमा-फ्रांकफुर्ट-बर्लिन-पारी-लंदन-न्यूयार्क-मैडिसन।...विस्कांसिन विश्वविद्यालय, मैडिसन में चौथे अंतर्राष्ट्रीय बौद्ध विद्या सम्मेलन में। 'हिमालय में बौद्ध परंपरा और परिवर्तन' पर एक निबंध प्रस्तुत किया। मैडिसन से मिनियापलिस-डुलुथ-मिनियापलिस-सां फ्रांसिस्को-बर्कले होकर लॉस एंजेलस आया। सुबह 'लॉस एंजेलस काउंटी म्यूजियम ऑव आर्ट' के सुदूर पूर्व कला विभाग में मेरी भेंट निश्चित थी, सो हुई। लौटते हुए...इत्यादि।

''इंडिया में किस भाग से?''

''उत्तर से (वाराणसी से) यह संसार की सबसे पुरानी जीवित नगरी है।''

''ऐसा? क्या यह नेपाल के नज़दीक है?''

''नेपाल वहाँ से जाते हैं। हिन्दुओं का हृदय है काशी। बौद्ध तीर्थ है वाराणसी।''

''भारत की दशा कैसी है?''

''अच्छी नहीं।''

''क्या हिन्दू कृत्रिम उपाय के संतति नियमन मानते हैं?''

'परम्परागत रूप से नहीं किन्तु अभी अपना रहे हैं।''

''जब तक संख्या कम नहीं होती, कुछ नहीं हो सकता। यहाँ भी कालों की दुर्दशा का यह कारण है, दिखाऊँगा। रास्ते में ही उनकी बस्ती है। इधर दिन में भी गुजरना खतरे से खाली नहीं। एक 67 साल का व्यक्ति कार से जा रहा था। गैस (पेट्रोल) खत्म हो गयी। वह कार छोड़ कर गैस लेने गया। गैस लेकर लौट रहा था। तीन छोकरों ने उसे घेरा, डॉलर लूटा और गैस छिड़क कर आग लगा दी। वह

दो-तिहाई जल गया। शायद अब तक मर गया होगा। यह 18-19 बरस के छोकरों ने किया।''

''देखिए यही है। सरकार ने इनके लिए मकान बना दिये हैं। यह कुछ करते-धरते नहीं। सिर्फ़ बच्चा पैदा करते हैं। धींगा-मस्ती करते हैं। वह देखिए शराब की दुकान है। वहाँ झुण्ड के झुण्ड हैं। घर के बाहर गँजे हुए हैं।''

अपने बचपन का विद्यापीठ रोड पर स्थित डोमखाना याद आने लगा। उससे ज्यादा भयावह, उग्र और आक्रामक।

''लेकिन सब धर्म के होते हुए इंडिया की यह हालत क्यों है?''

''यह धर्म के बावजूद है।'' (मेरी इच्छा होती है कि कह दूँ कि सब धर्मों से प्रबल मासिक धर्म है। लेकिन अपने पर जब्त लगाता हूँ क्योंकि और लोग, स्त्री-पुरुष भी बातचीत सुन रहे हैं।)

''हाँ, धर्म कौन मानता है। यहाँ अमरीका में, ईसाई धर्म है। 'गॉड' में, ईसा में, 'होली स्पिरिट' में विश्वास है। किन्तु आचरण कैसा है? 'टेन कमांडमेंट्स' है, दस शील—झूठ न बोलो, व्यभिचार न करो, आदि। कौन मानता है? कौन अपने पड़ोसी को अपने जैसा प्यार करता है? तो वहाँ भी वही?"

"धर्म क्या करे? संख्या इतनी है। 68 करोड़ आबादी है।"

"68 करोड़? सच? मैं तो 50-55 करोड़ ही जानता था।"

"हाल-हाल की, 1981 की जनगणना के अनुसार 68 करोड़।"

"फिर तो असंभव है। चीन ने कुछ तो किया है। कुछ तो आबादी पर रोक लगायी है। लेकिन क्या चीन सचमुच तिब्बत को हड़प गया है? क्या ग्रन्थों को नष्ट किया है? लोगों को खत्म किया है?"

"हाँ, किया तो है।"

"तो क्या दलाई लामा वहाँ गये तो उनको भी मार डालेगा?"

"चीन का कोई भरोसा नहीं।"

दलाई लामा को उसने टेलीविजन पर देखा है। क्या मैं उन्हें जानता हूँ?

मेरे सकारने पर वह थोड़ा चुप है, थोड़ा और निकट है।

"यहाँ तो मुझे 'प्रोटेस्टेन्ट' धर्म का बहुत प्रभाव नहीं दिखता। काम के लिए गौरव है। लेकिन वह 'प्रोटेस्टेन्ट' आचार कहाँ है? अभी तो धर्म भी व्यवसाय जैसा है।

अमरीका में ईसाई मत का क्या रह गया है?"

"शहर में नहीं है। लेकिन अगर आप शहर के बाहर, 'कंट्री' में, गाँव में जाएँगे तो वहाँ है। शहर में तो और, और, और की तलब है। यहाँ धर्म कहाँ है? शहर तो भौतिकता का केन्द्र है। शरीर के लिए, बाहर के लिए इतना खर्च करते हैं। खाने-पीने पर, ओढ़ने-पहिरने पर, प्रसाधन पर। लेकिन अन्दर के विकास के लिए हम क्या करते हैं, कितना करते हैं। कुछ भी नहीं। धर्म तो यहाँ जैसे व्यवसाय हो गये हैं। रविवार को टी.वी. पर आप अनेक कार्यक्रम देखेंगे। लेकिन उनका मर्म है कि और चन्दा दो ताकि वह ज़्यादा अच्छी तरह रह सकें, ज्यादा बड़ी कार हो, हवाई यात्रा हो, साज-सज्जा हो। इसमें धर्म कहाँ है? शहर में तो नहीं। आप दूर निकल जाते तो शायद कुछ पाते।"

"पता नहीं, दिल्ली से निकला रोम-फ्रांकफ़ुर्ट-बर्लिन पूर्वी और पश्चिमी फ्रांकफुर्ट-पारी-लंदन-न्यूयार्क हो कर आया। सब दूर लग रहा है कि सबसे अच्छे दिन बीत गये हैं, बुरे दिन आ रहे हैं। सब दूर अनुदारता है, तंगदिली है। होंठ भिंचे हुए हैं, मुस्कराते हुए नहीं, बरजते हुए। पता नहीं संसार का क्या होने वाला है?"

"संसार की दशा शोचनीय है। संसार में अब बड़े नेता नहीं हैं, समस्याएँ बड़ी हैं। नेता उस मुक़ाबले छोटे-छोटे हैं। हल क्या है? खोज जारी है।"

"कैलिफोर्निया में हर पश्चिमी-पूर्वी धर्म, सम्प्रदाय, पंथ के केन्द्र हैं। विचित्र-विचित्र प्रकार के पंथ चल रहे हैं। रोम के साम्राज्य के पतन के दिनों में भी अपने धर्म पर आस्था डिग गयी थी। विचित्र-विचित्र प्रकार के विश्वास प्रचलित थे। परिवार और समाज का ढाँचा टूट रहा था। उसी बीच बाहर से बर्बर चढ़ आये। रोम के साम्राज्य का पतन हुआ। अमरीका में भी अपने परम्परागत धर्म पर से विश्वास उठ गया है। विचित्र-विचित्र प्रकार के पंथ यहाँ हैं। परिवार और समाज टूट रहा है। पता नहीं क्या होने वाला है?"

"कहते हैं अपने अनुभव से सीखो। यह दूसरे नम्बर के महत्त्व की बात है। प्रथम महत्त्व की है दूसरे के अनुभव से सीखना। अपने अनुभव से सीखने से कितना सीखेंगे और तब तक तो नष्ट हो जाएँगे।"

फिर जानना चाहता है कि योग क्या हिन्दू चीज है?

"योग तो योग है। यह भारतीय देन है। योग को मानने वाले हिन्दू भी हैं।

बौद्ध, जैन इत्यादि लोग भी हैं।

"इधर योग, ज़ेन के आधार पर शिक्षा में कुछ प्रयोग अच्छे हो रहे हैं। उनके नतीजे अच्छे हैं। एक ऐसे बच्चों के समूह पर प्रयोग हुआ जिन्हें पढ़ाना उनके अध्यापकों के वश का नहीं था। उन्हें कुछ सस्वर पाठ के साथ, प्रति मिनट शब्द, फिर मौन, फिर शब्द, फिर मौन। इस तरह कुछ सिखाया तो उन्होंने और परंपरागत ढंग की शिक्षा वाले समूह से ज्यादा और जल्दी सीखा।"

अब तक बस लॉस एंजेलस के मध्य में आ गयी है। मैं बार-बार वह सूचना पढ़ रहा हूँ जिसमें कहा गया है कि 'फेडरल क़ानून के मुताबिक ऑपरेटर से बात करना मना है।' यह खतरनाक तो है ही। फिर वह जो सवारी चढ़ती है उसका अभिवादन करता जाता है, टिकट देखता है या देता है। सेंट वग़ैरह वह एक छेद में से झर्-झर्-झर् छोड़ते जाते हैं। वह टिकट देता जाता है। उसे अंदर डिब्बे में खड़-खड़ाकर करता जाता है। साथ ही वह सवारी के मुताबिक अभिवादन भी करता है। सवारी भी। युवतियों को देखकर वह जैसे अन्दर से खिल पड़ता है, युवतियाँ उसे देखकर। स्त्री पुरुष को और पुरुष स्त्री को जितना खींचता है, उतना कुछ और नहीं। वह सेंट पर भी ध्यान रखता है। अगर किसी ने कम छोड़ा है तो सर! सर! कहकर रखवा लेता है।

इतना सधा हुआ हाथ है कि यह सब करते हुए भीड़ भरी सड़क पर चला रहा है। और बात भी जारी है। जहाँ आना-जाना.ज्यादा है वहाँ बातचीत थम जाती है, टूटती नहीं!

इस बीच लॉस एंजेलस का सिटी हाल आता है। बताता है, यह इमारत पत्थर की है। भूकम्प से भय है इसलिए इसे छोड़ रहे हैं। यह सबसे पुराना लॉस एंजेलस है, लगभग 100 वर्ष का। पुराने चाल के मकान हैं। एक बग़ीचा है। लता-कुंज है। और 'प्लाजा' है। यह संयुक्त राज्य का पोस्ट ऑफ़िस है। जनरल अस्पताल है। दक्षिण कैलिफोर्निया विश्वविद्यालय के तहत है। इत्यादि।

लॉस एंजेलस की परिक्रमा भी हो रही है, पृथ्वी की भी। मैं उसे कहता भी हूँ कि यह मेरा सौभाग्य है कि मैं विपरीत दिशा में चला गया और तुम्हारा साथ हुआ। वह प्रीत है, कृतज्ञ है।

जैसे उस पर सरस्वती आ गयी हैं, या मंजुश्री।

पूछता है : "क्या नये लोग संन्यासी होते हैं?"

"नहीं। नये लोग संन्यासी नहीं होते। संन्यासियों के कई मठ उजाड़ हैं। कई तो अच्छी ज़िन्दगी भी जी सकते हैं; फिर भी नहीं होते। जो गेरुआ वस्त्र धारण करना है, जो अनुशासन है, वह पसन्द नहीं।"

"तब तो अगले 40-50 बरस में यह सब नष्ट हो जाएगा?"

"इन मठों, विहारों का गुज़ारा कैसे होता है?"

"पहले तो इनकी ज़मीन थी, ज़मींदारी थी। वह सरकार ने ले ली। अब उनकी दशा अच्छी नहीं। जिनका अमरीका में, पश्चिम में कुछ चल जाता है उनका वहाँ भी जमता है, अन्यथा कठिनाई है।"

"सरकार क्या इनके लिए कुछ करके नहीं देती?"

"धर्म-निरपेक्षता के नाम पर वह कुछ नहीं करती।"

"संस्कृति और धरोहर की रक्षा के लिए सरकार कर सकती है। आप जो कहते थे कि हिमालय जाते हैं वहाँ क्या रूप है? क्या पाण्डुलिपियाँ सुरक्षित हैं।"

"कहाँ सुरक्षित हैं? नष्ट हो रही हैं। या अमरीका में चोरी-छिपे आ रही हैं। एक बार जब उन पर से आस्था उठ जाती है तो उनकी रक्षा मुश्किल है। शायद लोगों को लगता है कि इनसे क्या होने वाला है? इतनी ग़रीबी है कि जो न्यूनतम ज़रूरत है आध्यात्मिक जीवन की वह भी नहीं, तो इन पोथी-पत्रा का क्या करें? शायद उन्हें लगता है कि पश्चिम के विज्ञान और टेक्नोलॉजी में कुछ है। वह इधर आशा से देख रहे हैं।"

वह इनकी व्यर्थता को देख रहा है। कहता है—"इधर ज्ञान का बहुत तेज़ी से विकास हुआ है। पिछले 25-30 साल में ज्ञान की खोज और संचय शायद पहले से दुगुना-तिगुना हुआ है। हम चन्द्रमा पर आदमी भेज सकते हैं। किन्तु पृथ्वी पर आदमी की समस्याओं को हल नहीं कर सकते। फिर वही शरीर वाली बात। शरीर के लिए, बाह्य के लिए इतना कुछ, किन्तु अन्तर के लिए क्या किया?"

जानना चाहता है कि सचमुच चित्त की शक्ति है? चित्त की शक्ति तो अपूर्व है। किन्तु उस शक्ति के लिए भी जो बल चाहिए, जो वीर्य चाहिए, जो एकान्त चाहिए वह पूरब में जैसे नहीं है। पश्चिम में समृद्धि से ऊब है, लेकिन शायद खोज भी है। यह आपकी जरूरत है। स्थिति है, शक्ति है। खोज शायद संभव है। वहाँ जैसे दिशा ही वाम है।

यात्रा अब समाप्ति पर है।

आपने कहा था कि आपने 'पेपर' प्रस्तुत किया था?

मैं उस पेपर के सारांश की प्रति देता हूँ। वह बस चलाते-चलाते भी देखता है कि मेरा नाम-पता नीचे सिरे पर है।

"क्या पूरा 'पेपर' अलग से प्रकाशित होगा?"

"पता नहीं। हो भी सकता है, नहीं भी।"

अब मैंने उसका नाम पूछा।

उसने बताया, हरमन।

मैंने हरमन हेस को पढ़ा है। सिद्धार्थ और कुछ और। वह सकुचता है।

"ओ! आपने पढ़ा है।"

निश्चय ही वह हरमन हेस नहीं। फिर भी नाम, मूल देश एक होने से वह उस प्रशंसा को जैसे अपनी ही मान रहा है; लजा रहा है।

मैंने कहा कि "मैं यहाँ से हवाई द्वीप होकर जापान जा रहा हूँ—तोक्यो, क्योतो वग़ैरह। जापान पूर्व का अकेला देश है जिसने आन्तरिक शान्ति के साथ भौतिक प्रगति की है। पता नहीं वहाँ कोई सही लोगों से भेंट हो पाएगी या नहीं। फिर भी मैं इसका मर्म समझना चाहता हूँ। और यह भी जानना चाहता हूँ कि दूसरे महायुद्ध के बाद अमरीकियों के क़ब्जे का वहाँ की परम्परा पर क्या असर पड़ा है?"

"जो काम आपने हिमालय में किया है वही जापान में भी करना है?"

"हाँ, प्रायः वही। काम तो एक है। देश, काल, पात्र की दृष्टि से रूप भिन्न-भिन्न।"

अब पाप्लर और हटिंग्टन ड्राइव का मोड़ आ गया है। नुक्कड़ पर गैस की दुकान है, एक फ़ोटोग्राफ़ी की और एक चैपल है, देवता का घर। यहीं मुझे उतरना है।

हरमन से विदा लेता हूँ। कहता हूँ "हरमन, मैं तुम्हें कभी नहीं भूलूँगा।"

ऐसा कहकर उतर पड़ा। मुड़ कर देखा। हरमन थोड़ा थमकर इधर देख रहा है, मैं उधर।

होनुलुलु, हवाई, 23 अगस्त

कग्यु थेग चेन लिङ

कग्यु थेग चेन लिङ एक ग़ैर-मुनाफ़ा, टैक्स मुक्त संगठन है। इसका काम तिब्बती बौद्ध धर्म की शिक्षा और अभ्यास की रक्षा करना है और उसे हवाई में जिज्ञासु जनों को उपलब्ध कराना है। कग्यु थेग चेन लिङ का अर्थ है : 'कर्ग्युत परम्परा का द्वीप'। यह बौद्ध धर्म केन्द्र श्रद्धेय कालू रिनपोछे द्वारा दिसम्बर, 1974 में स्थापित किया गया। रिनपोछे अनेक बड़े तिब्बती लामाओं के शिक्षक रहे हैं और सारे विश्व में फैले हज़ारों शिष्यों के भी।

दिसम्बर 1976 में कालू रिनपोछे ने अपने एक प्रधान शिष्य लामा कर्मा रिनचेन को हवाई भेजा। लामा रिंचेन तिब्बती धर्म केन्द्र में बैठते हैं। उन्हें अंग्रेज़ी में 'लामा-इन-रेजिडेंस' कहते हैं। तब से लामा रिनचेन ने सैकड़ों शिष्यों को तिब्बती बौद्ध धर्म के मूल अभ्यास सिखाए हैं—चित्त को समझने और शांत करने और दूसरों के दुख के प्रति करुणा पैदा करने के लिए उपाय करते हैं। लामा रिनचेन को हवाई की अनेक संस्थाओं ने भाषण देने के लिए आमंत्रित किया है, यथा, हवाई कमिटी फॉर द ह्यू मेनिटीज, यूनिवर्सिटी ऑव हवाई और वेस्टर्न साइकॉलॉजिकल एसोसिएशन। सम्प्रति, लामा प्रति सप्ताह दो क्लास लेते हैं, प्रतिदिन ध्यान और सप्ताहांत में 'वर्कशाप' और प्रति दो माह में एक बार 'रिट्रीट' का आयोजन करते हैं।

सदस्यता के बारे में : कग्यु थेन चेन लिङ के सदस्य निष्ठावान और उत्तरदायी व्यक्ति हैं। इनमें विश्वविद्यालय के विद्यार्थी, प्राध्यापक, व्यवसायी, स्त्रियाँ, पत्रकार, गृहिणियाँ, कलाकार, धंधों में लगे लोग, वास्तुशिल्पी और अन्य सम्मिलित हैं।

गत वर्ष कग्यु थेग चेन लिङ ने लगभग 30 कार्यक्रमों का आयोजन किया। अनेक दर्जन लोगों ने इनमें भाग लिया। धर्म सेंटर 2327 लिलोआ राइज होनुलुलु में अच्छी जगह पर है। फिर भी, केन्द्र की भावी गतिविधियों में दो बाधाएँ हैं। पहली बाधा यह है कि पड़ोस में और मकान हैं। रिहायशी। इस कारण ज़्यादा दिन की 'रिट्रीट' यहाँ संभव नहीं है। इसके लिए शान्त और एकान्त स्थान की अपेक्षा है। ऐसी 'रिट्रीट' से बहुत लाभ की सम्भावना है किन्तु उपयुक्त स्थान न होने से लामा इसे नहीं कर सकते।

दूसरी बाधा वर्तमान भवन के आकार की है। इसके मुख्य पूजा भवन में लगभग 25 व्यक्ति अच्छी तरह बैठ सकते हैं। यह एक बड़ी सीमा है, विशेषकर जब कोई लामा हवाई पधारते हैं। अगले वर्ष योजना है कि परम पावन कर्मापा, कग्यु सम्प्रदाय के प्रधान, श्रद्धेय कालू रिनपोछे और थ्रंगु रिनपोछे से उच्च शिक्षा प्राप्त करने के लिए आमंत्रित किया जाए।

इसके अतिरिक्त, लामा रिनचेन ने कहा है कि अगर 'रिट्रीट सेंटर' स्थापित हो जाता है तो हवाई तिब्बती सांस्कृतिक परंपरा के संरक्षण और पाश्चात्यों द्वारा गहन अनुसंधान का एक प्रमुख केन्द्र बन सकता है—तिब्बती चिकित्सा पद्धति, कला, संगीत, साहित्य वग़ैरह का। इन विद्याओं में पारंगत लामाओं को यहाँ आमंत्रित कर उनसे ज्ञान प्राप्त किया जा सकता है। इस प्रकार के तिब्बती अध्ययन संस्थान से हवाई में प्राचीन एशिया परम्परागत प्रज्ञा की एक और प्रत्यक्ष कड़ी जुड़ सकती है। 'ईस्ट-वेस्ट सेंटर' के विद्वानों और विद्यार्थियों और एशियाई अध्ययन, धर्म, दर्शन, मनोविज्ञान, कला, संगीत, पूर्व एशियाई भाषाओं और हवाई विश्वविद्यालय के अन्य विभागों को भी इस अतिरिक्त स्रोत से लाभ पहुँच सकता है।

अनुसंधान का एक दिलचस्प क्षेत्र तो यह हो सकता है कि तिब्बती बौद्ध परम्परा और स्थानीय हवाई हुना परम्परा में सृष्टि-विद्या और चित्त-विश्लेषण में जो साम्य है, उनको देखा जाए। लामा रिनचेन ने एक हुना गुरु, आंटी एम्मा द फ्राइज से चर्चा की है। इस चर्चा से भावी फलप्रद सहयोग की संभावना प्रगट हुई है।

इस प्रकार, तिब्बती रिट्रीट सेण्टर के होने पर अनेक प्रकार का विकास संभव है। इसके लिए एक उपयुक्त स्थान जरूरी है। या तो यह स्थान ख़रीद लिया जाए या उसका दीर्घकाल तक उपयोग होने की व्यवस्था हो तो विश्व को, विशेषकर हवाई को तिब्बती संस्कृति का निरन्तर लाभ प्राप्त हो सकेगा।

(यह विवरण लामा रिनचेन द्वारा दी गयी टाइप प्रति से प्राप्त है। इस पर 29 जनवरी, 1980 की तिथि दी गयी है।)

यह तो जैसी अमरीकी प्रथा है, एक कार्यक्रम अभिमुख ब्यौरा है। तिब्बती 'रिट्रीट सेंटर' हो तो अच्छा है। संभवतः वह हो भी सकता है। किन्तु अभी भी इस तिब्बती सेंटर में जो हो रहा है, वह कम महत्त्व का नहीं है।

मुझे हवाई प्रवास में 21-24 अगस्त, 1981 तक यहाँ रहने का सुअवसर प्राप्त

हुआ है। तीन रात मैं यहाँ बैठा। और, अगर तीन रात में कोई किसी स्थान को नहीं समझ सकता तो तीन जन्म में भी नहीं समझ सकता।

विशेषकर शनिवार, रविवार की जो पूजा प्रातः 9-10 तक होती है वह तो अपूर्व है, एक जबर्दस्त अनुभव है। प्रारम्भ में त्रिशरण या त्रिरत्न गायन या पूजा से प्रारम्भ करते हैं। तिब्बती मूल और अंग्रेज़ी में अनुवाद का पाठ करते हैं। फिर अवलोकितेश्वर के जैसे स्रोत पाठ होते हैं, उनकी ध्वनि मेरे अंतर में गूँज रही है। 'ओं मणि पद्मे हुं' की गूँज यहाँ होती है, जैसे भँवरा कानों में गुनगुना रहा है, और एक पर एक कम्प आ रहा है, मृदु और मंद किन्तु मर्मस्पर्शी। वह गूँज और वह मौन और वह मुखर मौन अनुभव ही किया जा सकता है।

फिर, यह हवाई में ध्यान का एक द्वीप है, लामा रिनचेन की साधना का यह जाग्रत केन्द्र है। इसमें एक भिक्षुणी-कमलशीला चोमो हैं जो धर्मशाला में रहकर आयी हैं। शून्यता पर उन्होंने शोध किया है। वह यहाँ की पूजा और योगक्षेम का जिस आनन्द से वहन कर रही हैं, वह अद्भुत है। आशा है वह यहाँ रह सकेंगी। दो युवक पैट्रिक और फ्रेड शांत चित्त और कर्मकुशल और योगस्थ हैं। इनके अलावा, जो स्त्री-पुरुष यहाँ पूजा में भाग लेने आये हैं, वे शांत हैं और समर्पित व्यक्ति हैं। हवाई द्वीप अपने वाइकिकी बीच के लिए प्रसिद्ध है। यहाँ संसार के सैलानी समुद्र तट पर प्रायः नग्न पड़े रहते हैं और तरह-तरह की क्रीड़ा करते हैं। हवाई द्वीप में साधना का एक अनुद्वीप है, यह एक अनुभव है। भव के अन्दर एक छोटा भव। द्वीप अन्दर अनुद्वीप। यह फूले-फले, यह एक अमरीकी या मानवीय इच्छा है। किन्तु मुझे भय है कि उपयुक्त आकार से ज्यादा बढ़ जाने पर यह नष्ट हो जाएगा, जैसे बेंत और बाँस फूलकर नष्ट हो जाता है शायद वैसे ही।

पुनश्च :–लामा रिनचेन से पता चला कि 'रिट्रीट' के लिए आधा एकड़ भूमि इस द्वीप पर नहीं 'बिग आइलैंड' में दान में मिल चुकी है। आधा एकड़ भूमि दूसरे द्वीप कवाई पर लामा रिनचेन को दान में मिली है। मैं उन्हें अति-विस्तार न करने की सलाह देता हूँ। अति-विस्तार से सत्-क्रिया नष्ट होती है। भाषा की कठिनाई है, या भाव की, सो पता नहीं। मेरी बात पकड़ते नहीं, शायद पकड़ना चाहते नहीं। जो हो। कहते हैं, हाँ वह सहज होना चाहिए, सो ठीक है।

होनुलुलु, हवाई, 23 अगस्त

करमा लेक्शे चोमो, मूल शरीर-पैट्रिशिया ज़ेन कैलेमन—जर्मन मूल की हैं। परिवार के नाम में ज़ेन। नाम से ही कम उम्र में ही ज़ेन बौद्ध धर्म में रुचि, 15 साल की उम्र में। फिर पढ़ना शुरू किया। बर्कले से बी.ए. और ईस्ट-वेस्ट सेंटर हवाई से पूर्वी-पश्चिमी दर्शन में एम.ए.। पश्चिमी दर्शन में रुचि नहीं है, पूर्वी दर्शन में है। 'फील्ड स्टडी' के लिए 6 महीना जापान, 6 महीना 'इंडिया'। शून्यता पर काम किया है, फिर धर्मशाला। 'स्टूडेंट विज़ा' की कठिनाई हुई, फिर भी आना-जाना। 1977 में भिक्षुणी बनीं—चार वर्ष हो गये। अभी-अभी धर्मशाला से लौटी हैं। अगर 'वीसा' मिला तो अगले साल 'इंडिया' आना चाहती हैं। उन्हें पसन्द हैं : चाय गरम, चपाती, दाल।

पैट्रिशिया ज़ेन कालमन धर्मशाला में अंग्रेजी पढ़ाती थीं। पहले उन्हें पढ़ाने की अनुमति नहीं मिली। डर यह था कि जो तिब्बती युवा लामा अंग्रेज़ी पढ़ेंगे वह शादी कर लेंगे। धर्मशाला लाइब्रेरी के पाँच अनुवादक ऐसे ही शादी करके चल दिये। उन पर जो खर्च हुआ, समय, धन, धर्म की जो शिक्षा मिली, वह सब नष्ट हो गया। इसलिए बरजते हैं। बाद में अनुमति मिली।

आपसी चर्चा में, अमरीकी युवा-युवतियों में, यह बात होती है :

प्रश्न है अंग्रेजी पढ़कर शादी क्यों करेंगे? अंग्रेजी पढ़कर उन्हें एक नयी दुनिया दीखती है। भोट भाषा में, गोनपा में ठीक से खाना नहीं है, स्वतंत्रता नहीं है और कठिन अभ्यास करना है। अंग्रेजी पढ़कर दुनिया देखने का अवसर है, अमरीकी पासपोर्ट है, सब तरह की मौज-मस्ती है। इसलिए चुनाव विकट है। अब कोई पहुँचा हुआ है। तो उसके लिए अंग्रेजी पढ़ने-न-पढ़ने में कोई फ़र्क नहीं पड़ता है।

टुल्कू अभी बीस साल का है। उसे पूर्व जन्मों के कर्म से संस्कार प्राप्त हुआ है। किन्तु लामा बनने के लिए उसे बहुत कुछ अर्जित करना है सो कठिन है। इसी बीच यह सब शुरू हो जाता है।

प्रश्न है कि अगर टुल्कू यानी अवतारी पुरुष इतनी आसानी से फिसल जाता है तो वह क्या चीज़ है?

पैट्रिशिया : मानुष देह की अपनी कमजोरियाँ हैं।

प्रश्न : लेकिन टुल्कू क्या साधारण मनुष्य है, वह तो विशिष्ट है।

पैट्रिशिया : फिर भी, वह आदमी है। और आदमी की अपनी मजबूरियाँ हैं। फिर, दलाईलामा जी ने एक बार कहा कि पचास प्रतिशत टुल्कू सही पहचाने जाते हैं। दलाईलामा, कर्मापा ...इनकी पहचान अनेक प्रकार से होती है। सभी टुल्कू इस तरह नहीं पहचाने जाते हैं। कोई-कोई यों भी पकड़ लिये जाते हैं।

प्रश्न : लेकिन शादी करने से क्या होता है? हो सकता है कि शादी करके भी वह करता हो। यह न करो, वह न करो, करने से वह ज्यादा उधर ढरकता है। अगर कर लेता है तो छूट जाता है।

पैट्रिशिया : नहीं, ऐसा नहीं है। अगर वह शादी करता है तो दूसरों का भला नहीं कर सकता। वह अपनी स्त्री, संतति, संपति के फेर में पड़ जाता है।

प्रश्न : औरों को ऐसा लग सकता है। वह अपना काम करता रह सकता है।

पैट्रिशिया : नहीं, शादी के बाद उसे कोई काम-धंधा ढूँढना पड़ता है। कई तो इसमें बहुत भटक जाते हैं। जब टुल्कू ऐसा करता है तो धर्म की बदनामी होती है। कई तो जैसे विक्षिप्त हो जाते हैं।

हाँ, अगर वह सचमुच असाधारण है तो कोई बात नहीं। तंत्र में शराब और मलमूत्र में कोई भेद नहीं। जो पाखाना खा सकता है, वह शराब भी पी सकता है। किन्तु गृहस्थ के लिए ऐसा नहीं है। फिर तंत्र में जो स्त्री दी जाती है वह साधारण स्त्री नहीं, डाकिनी होती है।

कर्मापा अंग्रेजी, हिंदी पढ़ने की छूट नहीं देते। रूमटेक में लामा के स्कूल में अंग्रेजी, हिंदी पढ़ाने के लिए मुफ़्त अध्यापक सरकार ने देने को कहा। रिनपोछे ने मना कर दिया। अंग्रेजी, हिंदी का क्या काम?

तिब्बती में जो शास्त्र है उसे पढ़ने के लिए बीच-पचीस-तीस बरस लगता है। अगर इसमें से वह पाँच-छः बरस अंग्रेजी पढ़ने में लगा देता है तो वह शास्त्र कब

पढ़ेगा? अभी भी जब कोई प्रश्न उपस्थित होता है तो जो तिब्बती मूल पढ़े हुए लामा हैं, गेशे हैं, उनसे ही पूछ सकते हैं। अंग्रेजी पढ़े समाधान नहीं कर पाते।

प्रश्न : दलाई लामा तो अंग्रेजी बोलते हैं।

पैट्रिशिया : दलाईलामा धर्म के गुरु हैं और राजा भी। उनकी जिम्मेदारी बड़ी है। वह तिब्बतियों के माता-पिता हैं, दोनों एक-साथ हैं, इसलिए वह करते हैं। अगर वह न होते तो पश्चिम में धर्म, चेनरेजी (अवलोकितेश्वर) आदि के बारे में न सुनते, न अभ्यास करते।

प्रश्न : ऐसे टुल्कू हैं जिन्होंने विवाह किया है। अमरीका में वह धर्म का बहुत काम कर रहे हैं। उनके बहुत अनुयायी हैं।

पैट्रिशिया : संख्या से धर्म नहीं जाना जाता। यह क्या पता कि टुल्कू की शादी न होती तो वह और भी क्या-क्या कर पाता। चरित्र पर, शील पर, समाधि पर, प्रज्ञा पर उसका क्या प्रभाव पड़ता? ऐसे तो असंख्य हैं, आकाश की तरह हैं जिन्होंने विवाह नहीं किया और धर्म किया। इनका अभी तय नहीं कि यह क्या कर रहे हैं। यह भी कहते हैं इसका परिणाम क्या है? परख करो। इससे ही मुक्त होंगे। सिगरेट पीओ, शराब पीओ, संभोग क्या है?

कहते हैं कि तिब्बत में एक रिनपोछे बहुत तपे। उनकी ख्याति दूर-दूर तक फैली। फिर एक समय आया जब उन्होंने विवाह कर लिया। इसका तिब्बत में बड़ा लोकोपवाद हुआ। दलाईलामा ने उनसे प्रमाण माँगा। उन्होंने एक भेड़ की सींग ली और उसे मोड़ कर एक आकृति बना कर दलाईलामा को भेज दिया। तो हर किसी के लिए नहीं है। उसने कुछ प्राप्त कर लिया है, तो वह जो भी करता है, पूजा है। लेकिन अभी वह बीस बरस का है, युवा है, बढ़ रहा है। इसमें ही अंग्रेजी पढ़ाई, तौर-तरीका आता है सो ठीक नहीं है।

तोक्यो, 27 अगस्त

सुबह तोक्यो नेशनल म्यूजियम श्रीमती यामानुची के साथ। होर्योजी मंदिर का संग्रह बृहस्पतिवार को खुला रहता है। संयोगवश आज बृहस्पतिवार है, सो देखने को मिला। जापानी परम्परगत कला, किमोनो, चीनी मिट्टी के बर्तन, कपड़ा, तलवार वगैरह मुख्य भवन में। पूर्वी संग्रह में मिस्र, चीन, कोरिया, दक्षिण एशिया, मध्य एशिया, दक्षिण-पूर्व एशिया और आस्ट्रेलिया का भी कुछ है। इसके लिए पर्याप्त समय नहीं है।

श्री पेमा ग्यल्पो के साथ दिन का भोजन किया–संतरे का रस, टमाटर सूप, सैंडविच, टमाटर-चीज, सलाद, कॉफ़ी और साथ-साथ वार्ता।

लाइब्रेरी में नाकामुरा हाजिमे की पुस्तकें देखीं। **कुकाई** पर एक ग्रंथ और **अण्डरस्टैंडिंग जापानीज बुद्धिज्म** पर एक अन्य ग्रंथ रात पढ़ने के लिए ले आया पर पढ़ना न हुआ।

शाम कमरे में ही फलाहार। कॉफी रूम में जाकर हल्का गरम दूध एक प्याला।

एक बार इच्छा हुई कि बाहर टहल आऊँ। लेकिन यों ही सड़क नापने से क्या? पीछे के बगीचे में टहलने लगा। वहाँ 'एंथ्रोपालॉजी' के किसी सम्मेलन के सिलसिले में कोई पार्टी थी। मैं उनसे अलग-थलग चंक्रमण कर रहा था। कुछ देर बाद किसी ने आकर हाथ जोड़कर नमस्कार किया। मैंने पहले तो सोचा कि कोई अमरीकी है जो मेरे धोती-कुर्ता पर जिज्ञासा करेगा। किन्तु उन्होंने कुरुक्षेत्र विश्वविद्यालय के प्राध्यापक डॉ. के. सी. यादव करके परिचय दिया। यहाँ एक वर्ष के लिए 'इंस्टीट्यूट फ़ार द स्टडी ऑव लैंग्वेजेज एण्ड कल्चर्स ऑव एशिया एण्ड अफ्रीका' में विजिटिंग प्रोफ़ेसर होकर आये हैं। मुझे अकेले टहलते देख इधर आये। कुछ पीने के लिए पूछा। 'बियर' तो चलेगा? नहीं चलेगा। तो संतरा-रस लाये। पीते रहे, बतियाते रहे कि प्राध्यापक नाकामुरा हैजी आये। यह प्रोफ़ेसर नाकामुरा हाजिमे से भिन्न हैं, अधेड़ हैं। कहते हैं, वह पुराने ढंग से काम करते हैं। यह नये ढंग से काम कर रहे हैं। हिन्दी बोलते हैं और भारतीय संस्कृति के मानने वालों में हैं। 'इंस्टीट्यूट फ़ार द स्टडी ऑव लैंग्वेजेज एण्ड कल्चर्स ऑव एशिया एण्ड अफ्रीका' में राजशास्त्र और भारतीय इतिहास के प्रोफ़ेसर हैं। कानपुर में तीन महीना रहकर मज़दूर आन्दोलन का अध्ययन कर आये हैं। काशी विद्यापीठ से परिचित हैं। अपना कार्ड देते हैं और मेरा माँगते हैं। मैं तो कार्डहीन, परिचयहीन ठहरा। उन्हीं के कार्ड के पीछे अपना नाम पता देवनागरी लिपि

में लिख देता हूँ।

बाहर टहल रहा था। सभी लोग जा चुके थे तो दरवाजे बन्द कर दिये गये। लगा, रात भर यहीं बीतेगी। उधर कमरे में सुख-शय्या सूनी रहेगी। बार-बार सभी दरवाजे खटखटा आया, न कोई दरवाजा खुला, न कोई बोला। उधर जहाँ डाइनिंग रूम, वहाँ थोड़ी देर खटखटाता रहा। फिर परीक्षा के लिए शीशे का दरवाजा खिसकाया तो रास्ता निकल आया।

श्री छुलट्रिम केसंग को फ़ोन किया, व्यस्त हैं। क्योतो या हामामात्सु में, कुछ करने में असमर्थ। मेरे सुखी रहने की मंगल कामना की। ऐसा लगता है कि वह अंग्रेजी, हिन्दी ठीक नहीं बोल पाते। शायद तिब्बती-जापानी में काम करते हों। अब?

प्रोफ़ेसर मिनरो कसाई से फ़ोन पर बात हुई। पहले भारतीय दूतावास ने उन्हें 3 सितम्बर की सूचना दी थी। फिर मेरा पत्र 25 अगस्त का मिला। वह प्रतीक्षा करते रहे। कल बाहर एक सम्मेलन में जा रहे हैं। सम्मेलन गाँव में हो रहा है। विषय है : 'आजकल के संसार की अनिश्चितता'। आमतौर पर ऐसे विषयों पर चर्चा तोक्यो में होती है। यह गाँव में हो रही है।

प्रोफ़ेसर दोइ को फ़ोन किया। उन्होंने हिन्दी में बात की। कल अपराह्न 3 बजे इंटरनेशनल हाउस ऑव जापान में वह स्वयं आएँगे। मुझे उनके घर जाना चाहिए। किन्तु यहाँ के रास्तों से परिचित नहीं हूँ इसलिए प्रोफ़ेसर दोइ ने खुद ही कहा कि वह आएँगे। भटकने से बच गया।

इस यात्रा में ख़ास फोटो नहीं ले रहा हूँ। अगर फ़ोटो खींचता हूँ तो सुबह से रात तक फ़ोटो ही खींचता रहता—नयी-नयी दुनिया, अनजाने रास्ते, चेहरे, चीजें। फिर कोई बोध नहीं हो पाता। सिर्फ़ छवि का आँकना होता और आँखें थक जातीं।

हाँ, औरों के लिए मनोरंजन का सामान होता, कुछ शिक्षा का भी, परिचय का आधार भी। फिर भी, पता नहीं क्यों इच्छा हुई।

आज बेमन से कैमरा में एक नयी फिल्म डाली। एक तो कुछ गड़बड़ हो गयी। दूसरी बहुत देर बाद जाकर लगी। इच्छा नहीं होती तो शायद ऐसे ही देर और गड़बड़ होती है।

शहर में, तोक्यो में, समुद्र में तूफ़ान आया है। तेज हवा है। रूमनेई में हवा स्त्रियों की लट और अधोवस्त्र उड़ा-उड़ा रही है, मेरा धोती-कुर्ता भी। यह तो हवा प्रिया

जैसा आचरण कर रही है। और उनके साथ?

तोक्यो, 28 अगस्त

कोकुसाइ बुंका काइकन ('इंटरनेशनल हाउस ऑव जापान'), तोक्यो, अपराह्न 3-4 बजे। प्रोफ़ेसर क्यूया दोई, तोक्यो यूनिवर्सिटी ऑव फारेन स्टडीज, तोक्यो से भेंट वार्ता :

प्रोफेसर के. दोई—आजकल तो सब लोग दिल्ली चले जा रहे हैं। बनारस का क्या हाल है?

—भीड़ बढ़ रही है। इसलिए अवकाश कम रहा है।

प्रोफ़ेसर दोई—साहित्यिक पत्रिकाएँ मिलती नहीं।

जापानी भाषा में र, ल में भेद नहीं प, फ में भेद नहीं। चाय नहीं कह सकते। इसी क्रम में ध्यान, चान, ज़ेन बना होगा। महाप्राण ध्वनियों का उच्चारण नहीं।

अन्य भाषाओं में पहले बोलते हैं, फिर लिपि में लिखते हैं। जापानी पहले लिपि में पूरा वाक्य जैसे देख लेता है। तब बोलता है। इसलिए प्रायः विदेशी भाषा पढ़ ठीक लेता है, बोलता नहीं, मौन पाठ करता है। बौद्ध सूत्रों का पाठ ही बोल कर करता है।

60-70 प्रतिशत बौद्ध हैं, 60-70 प्रतिशत शिंतो। जापानी बहुत भेद नहीं करता। मेजी काल के पहले एक ही मंदिर में शिंतो देव और बौद्ध एक साथ रहते थे। मेजी काल के बाद अलग-अलग रखते हैं। फिर भी लोग बहुत भेद नहीं करते। लड़के-लड़कियाँ धर्म का भेद कम करते हैं। शादी होती है तो जिंजा (शिंतो मंदिर) जाते हैं। मृत्यु हुई तो बौद्ध श्रमण बुलाते हैं। किन्तु कुछ खास जानते नहीं। ईसाई पर्व भी, क्रिसमस धूमधाम से मनाते हैं। और बुद्ध-जयन्ती भी। जून-जुलाई में शिन्तो देवता का रथ निकालते हैं, जगह-जगह बैठाते हैं। पहले कृषि और ऋतु से पर्व जुड़े हुए हैं।

राजा और धर्म भी जुड़े हुए हैं। आधुनिक काल में, विशेषकर द्वितीय महायुद्ध के बाद दोनों का अलगाव हुआ है। पर लोक में दोनों अभी भी जुड़े हुए हैं। जैसे मेजी मंदिर। मेजी तो राजा है पर उसका भी मंदिर है। ऐसे ही शायद मन्त्री का भी। वह भी जैसे देवता है। जापान में सद्धर्म पुण्डरीक सूत्र का पाठ करते हैं। सद्धर्म

पुण्डरीक सूत्र में भी पहला कारण है, दूसरा फल या, मार्ग, फल इत्यादि मानने की परम्परा है। संस्कृत मूल में यह परम्परा लुप्त हो गयी है। यहाँ जानना चाहते हैं कि संस्कृत में कैसे पढ़ते हैं?

चीनी तिब्बती भाषा में नाम का भी अनुवाद कर देते हैं। जैसे अश्वघोष का घोड़ा और घोष कर देंगे। जापानी में नाम का अनुवाद नहीं करेंगे किन्तु उच्चारण करने में अश्वघोष नहीं कह पाएँगे...कहेंगे। ऐसे ही गौतम बुद्ध को...कहेंगे।

फिर भी यह परम्परा भारत में शुरू हुई। चीन, कोरिया होकर जापान पहुँची। यहाँ सुरक्षित है। कोई-कोई तो इसे शुद्ध बौद्ध धर्म भी नहीं कहेंगे। शुद्ध क्या होता है?

आजकल ज़ेन को फिर से बढ़ावा मिल रहा है। बड़ी-बड़ी कम्पनियाँ अपने कर्मचारियों और अफसरों को मंदिर भेजती हैं। 2-3 सप्ताह मंदिर में रखकर उन्हें ज़ेन की शिक्षा दिलाती हैं। विश्वविद्यालय की पढ़ाई में तो वे अनुपस्थित रह सकते हैं, काम नहीं कर सकते। कम्पनी में तो ऐसे नहीं चलेगा। पलटन में भेजकर लाने से तो मास्टर के पास भेजना आसान है।

श्रमण पूजा-पाठ तो अपने परम्परागत वेश में करता है। जब बाहर निकलता है तो सूट पहनता है, टाई लगाता है। कभी-कभी पहचान के लिए सिर्फ़ एक पट्टी लगा लेता है, कभी-कभी वह पट्टी किसी पैसे वाले को दे देता है। मरने के बाद पैसा लेकर कोई नाम देता है। अगर कम पैसा मिला तो कमतर नाम, अगर ज़्यादा पैसा मिला तो श्रेष्ठ। अर्थ किसी का दास नहीं, अर्थ के सभी दास हैं। जो जितने बड़े मंदिर का है वह उतना बड़ा दास है।

जापान में जो बौद्ध धर्म पढ़ते हैं वह जापानी, चीनी, संस्कृत, तिब्बती, कोरियाई सभी भाषाएँ सीख लेते हैं। इससे उन्हें बहुत-सी जानकारी रहती है।

कोकुसाइ बुका काइकान
(इंटरनेशनल हाउस ऑव जापान), तोक्यो

तोक्यो, 28 अगस्त

जापान में सब दूर युवक-युवतियाँ दिखते हैं। बूढ़े कहाँ हैं? वह कहाँ रहते हैं?

* * *

बोधि धर्म भारत से चीन जो धर्म लाये वह चीन में चान, और जापान में ज़ेन कहा जाने लगा। मूल में वह ध्यान है। यह कोई अलग धर्म नहीं, बौद्ध धर्म है। ध्यान तो उसकी पद्धति है। ध्यान से चीनी में चान, जापानी में ज़ेन हो गया। पहचान के लिए नाम है।

बोधि धर्म के चित्र ढूँढ़ता हूँ। ज़ेन मंदिरों में वे हैं। लेकिन उतने प्रमुख नहीं हैं। बल्कि बोधिसत्व अनेक हैं। बोधि धर्म को ढूँढ़ते-ढूँढ़ते मेरी शकल भी बोधि धर्म जैसी हो गयी है।

ओसाका, 2 सितम्बर

श्री किकुओ उरयु : भाई, पिता, दादा, परदादा आठ पुश्त से शिन्तो पुरोहित रहे हैं। इसलिए शिन्तो के बारे में जानते हैं। किन्तु जापानी धर्म में बहुत कम रुचि लेते हैं। शिन्तो धर्म नहीं है। शिन्तो व्यक्ति के लिए नहीं, समूह के लिए है। गाँव में पूरे गाँव का शिन्तो जिंजा (मंदिर) होता है। पुजारी वंश परम्परा से होता है। किसी को भी रोग, शोक हुआ वह पूजा करता है। छोटे-छोटे स्वार्थ के लिए—मैं धनी हो जाऊँ, मेरा परिवार सुखी हो, वगैरह। शिन्तो पुरोहित ठक्-ठक्-ठक् कर पूजा करा देता है। किन्तु वह अकेले को उपदेश नहीं करता। जब कोई पर्व होता है या मेला तो सबको उपदेश देता है।

शिन्तो सभी जापानी धर्म का आधार है।

बड़े भाई स्कूल में अध्यापक हैं और पुरोहिती भी करते हैं।

श्री किकुओ उर्‌यु अपने परिवार में अकेले ईसाई हैं। प्रोटेस्टेंट, रोमन कैथलिक दोनों (?) हैं। शायद प्रोटेस्टेंट थोड़ा अधिक हैं। श्री किकुओ के ईसाई होने से कोई समस्या नहीं है। द्वितीय महायुद्ध के बाद जापान में धर्म के मानने में स्वतंत्रता है। परिवार में भी कोई समस्या नहीं है : 'नो प्राब्लम'। भाई हैं, माता हैं, लेकिन धर्म के मामले में बहुत कट्टर नहीं हैं। जापान में यों भी कट्टर नहीं हैं। क्रिसमस वगैरह धूमधाम से मनाते हैं।

मैंने 'फ्रंट डेस्क' पर खड़ी लड़की से पूछा, तुम ईसाई हो? नहीं। बुद्धिस्ट? नहीं।

शिन्तो? नहीं। मैं धर्म-वर्म नहीं मानती।

आजकल की नयी पीढ़ी का यह रुख लगता है।

वैसे शादी के लिए तो मंदिर जाते हैं। मृत्यु के संस्कार करते हैं। यंगमेंस क्रिश्चियन एसोसिएशन (वाइ. एम. सी. ए.) ओसाका में भी 'वेडिंग' का एक पैम्फलेट है। इसमें ईसाई विवाह पद्धति सचित्र बतायी गयी है—आकर्षक है, जापानी भाषा में है। एक छोटा पैम्फलेट वाई. एम. सी. ए. के बारे में है।

द्वितीय महायुद्ध के पहले परिवार का जापान में जोर रहा है। हर परिवार का अपना चिह्न होता है। वह इसे किमोनो पर लगाता है, घर के ऊपर भी। किको ओ उरूयु के परिवार का भी चिह्न है। सादा, लेकिन अब वह इसे नहीं लगाते। बड़े भाई? वह भी नहीं। आजकल युवक इस प्रकार के काम में रुचि नहीं लेते।

कोकसाई बुंका काइकान, तोक्यो, 28 अगस्त

जापान में 'सिस्टम' का बड़ा ज़ोर है, व्यक्ति उसके लिए अपने को होम कर सकता है। अगर 'व्यवस्था' ठीक चलती रहे तो नैतिक-अनैतिक का बहुत चक्कर नहीं है। 'सिस्टम' नहीं बिगड़ना चाहिए। कभी अगर कोई भ्रष्टाचार का मामला आया तो छोटे की निष्ठा बड़े के प्रति है, छोटे कर्मचारी की बड़े अफ़सर के प्रति, पत्नी की पति के प्रति इत्यादि। वह झूठ भी नहीं बोल सकता और सच बोलकर अपनी निष्ठा भी नहीं खो सकता तो वह आत्महत्या कर लेता है। अभी भी जब कोई भ्रष्टाचार का मामला खुलता है तो 2-4 आत्महत्या कर लेते हैं।

आयु का बड़ा मान है। जो अभी-अभी पास होकर निकला है, वह कम वेतन पाता है। वैसे भी वेतन यहाँ के जीवन-मान को देखते हुए यूरोप आदि से कम है। वह यह जानता है लेकिन उसके लिए हड़ताल वग़ैरह नहीं करता। बस कम है, इतना उसे मानकर चलना है।

अगर कहीं किसी बैठक में छोटे-बड़े साथ जाते हैं तो अगर बड़े ने कह दिया है कि इतना-इतना तुम बोलना, तभी छोटा बोलता है, नहीं तो चुप रहता है। ज्यादा करके चुप। अगर कुछ पूछिए तो फुसफुसाकर पूछ लेता है, अगर बड़ा कहता है तो बोलता है।

कोई वार्ता होती है तो कोई एक बोलता है, सब नहीं। अगर लाभ दिखता है तो तुरन्त हस्ताक्षर कर लेता है, नहीं तो बड़ी नम्रता से कहता है कि मुझे तो अधिकार नहीं, अपने 'बॉस' से समझना है, इत्यादि...तो समझिए कि वह टाल रहा है।

नम्रता में तो जापानी से बढ़कर कोई नहीं। बारंबार झुक-झुक कर आपका अभिवादन, सत्कार, धन्यवाद करता है। लेकिन जब मरने-मारने पर उतर आता है तो उससे बढ़कर क्रूर भी कोई नहीं।

जैसे उसे जल्दी नहीं। तोक्यो इतना बड़ा शहर है। इतनी कार हैं, 'सब वे' है, ट्रेन है, बस है, हवाई जहाज है, लेकिन शोर नहीं। कार का जैसे कोई हॉर्न बजाता नहीं। अपनी-अपनी गली में चलते हैं। मान बैठे हैं कि कुछ नहीं हो सकता, तो बस चुपचाप खड़े रहते हैं।

नयी पीढ़ी में कुछ तनाव हैं किन्तु जितना औद्योगीकरण हुआ है, जितनी समृद्धि है, उतने में तो कहीं और वह पागल हो जाता, सो नहीं है। पुरानी पीढ़ी में तो जैसे कोई जल्दबाजी है ही नहीं।

चाय पीने का भी एक संस्कार होता है। चाय सुखायी हरी पत्ती की पीते हैं। बिना दूध या बिना नीबू वगैरह के। कहते हैं कि यह गुणकारक है।

स्नान को भी जैसे पूजा की तरह करते हैं। घरों में पहले फुहारे से जैसे नहा-धोकर टब में 15-20 मिनट बैठकर थकान मिटा लेते हैं। अब घर छोटे हो रहे हैं। सभी घरों में टब नहीं हैं, तो 'पब्लिक बाथ' है। वहाँ पहले 'शावर' ले लेते हैं। खूब अच्छी तरह देह धो-पोंछ लेते हैं। सब वस्त्र छोड़ देते हैं। सिर्फ़ एक तौलिया देते हैं। उसे लेकर नंगे एक बड़े गरम पानी के टब में बैठ जाते हैं। एक ही टब में 25-30 भी बैठते हैं। तौलिया से भाप जैसी लेते हैं, गप-शप, राय-मशविरा करते हैं, बड़े-बड़े मसले हल करते हैं। या उठाते हैं। 50 साल पहले स्त्री-पुरुष एक ही टब में बैठते थे। अब अलग-अलग। एक ही इमारत में ऊपर-नीचे या अगल-बगल।

सफ़ाई तो इनकी बेजोड़ है। इनके आगे लगता है कि हम गंदे हैं। शायद श्रेष्ठता और स्वच्छता का सम्बन्ध है; गरीबी और गंदगी का।

चिल्लाते रहते हैं कि कोई 'बिजनेस' नहीं लेकिन मालूम हुआ 2 लाख गाड़ियाँ ज़्यादा बेच लीं। अभी इनकी वृद्धि की दर में गिरावट नहीं है। पेट्रोल की कमी नहीं है। कमी किस चीज की है? बिजली कभी एक मिनट के लिए भी जाती है? पानी

कभी बन्द होता है? दूध कभी कम पड़ता है?

नयी पीढ़ी पुरानी से कुछ ज्यादा लम्बी तगड़ी हो रही है, लड़कियाँ और भी। पहले ये चावल-मछली खाते थे। मछली सबको नहीं मिलती। अब मांस खाते हैं, दूध, मक्खन, पनीर, ब्रेड खाते हैं। अच्छा खाना खाते-पीते हैं। सम्पन्न हैं तो स्वस्थ और सुन्दर हो रहे हैं।

शाकाहारी के लिए कठिनाई है। शाकाहारी हैं तो मछली तो खाते ही होंगे! फिर भी चल जाता है। मुझे इसकी वजह से कठिनाई नहीं है—फल का रस है, फल सेंडविच, चीज और दूध है। महँगा है, लेकिन है।

जापानी किसी विदेशी को जापान में घुसने नहीं देते। कोरियाई 6 लाख हैं, लेकिन विदेशी हैं। जापानी स्त्री से शादी करके भी जापानी नहीं बन सकते। फिर तो दोनों को कहते हैं जाओ। सिर्फ़ किसी जापानी के आश्रित बनकर कोई आ सकते हैं। 'वीसा' प्रत्येक दो वर्ष में नया करते हैं। कोई शिकायत हुई तो वापस भेजते हैं। और फिर चाहे तो वीसा दे सकते हैं। अगर ज़्यादा गड़बड़ी की तो पाँच साल के लिए 'ब्लैक लिस्ट' में डाल देते हैं, 'वीसा' नहीं देते। सबसे कठिन 'इम्मिग्रेशन' कानून जापान के हैं। जापान एक द्वीप समूह है। अपने-अपने द्वीप में यह ग़ैर-जापानी को प्रवेश नहीं देते। मानते हैं कि जापान की रीति-भाँति जापानी ही जानता है, अन्य नहीं। उसे आने दें तो वह जापानी रीति-भाँति जानेगा नहीं, नष्ट करेगा। इसलिए वह शुरू से ही कठोर बनकर यह बखेड़ा पालते नहीं।

फिर भी विदेशियों का बहुत ख़याल करते हैं। लड़के-लड़कियाँ अत्यन्त आधुनिक हो रहे हैं, पहनावे में, चाल-चलन में, स्त्री-पुरुष सम्बन्ध वग़ैरह में। फिर भी सामाजिक ढाँचा बनाये रखते हैं—घर में, कारखाने में, विश्वविद्यालय में, सब दूर।

चीन के लिए इनमें आदर है, गुरु मानते हैं। भारत के लिए पुरानी पीढ़ी में। बौद्ध धर्म के चलते आदर रहा है। पर नयी में कोई खास नहीं, बौद्ध धर्म के लिए नहीं, किसी भी धर्म के लिए नहीं। बस कर्मकांड करते हैं, अर्थ नहीं जानते।

तोक्यो–क्योतो, 29 अगस्त

रैन-बसेरा–207 हिगाशियामां यूथ होस्टल, क्योतो

सुबह जल्दी नहा-धोकर निवृत्त हो जाता हूँ। लुंगी और बंडी भी धोकर मशीन में सुखा ली। अब कुछ भी गंदा नहीं। क्योतो तीर्थ है। वहाँ निर्मल होकर जाना है, मल नहीं बिखेरना।

श्री पेमा ग्यल्पो ग्यारी से फ़ोन पर विदा ली।

प्रोफ़ेसर नाकामुरा हाजिमे को फ़ोन किया। बड़े प्रेम से उन्होंने उत्तर दिया। कल रात देर से नगोया से लौटे थे, भारतीय विद्या सम्बन्धी सम्मेलन में होकर। फ़ोन करने के लिए बहुत आभार मान रहे थे और अफ़सोस ज़ाहिर कर रहे थे कि कई दिनों तक बाहर रहना पड़ा, इसलिए भेंट न हो सकी।

मैंने पूछा कि आजकल क्या कर रहे हैं? बताया कि **थेर गाथा, थेरी गाथा** का अनुवाद पूरा कर चुके हैं। शीघ्र प्रकाशित होने जा रहा है। 'न्यायबिन्दु' पर काम कर रहे हैं। प्रारम्भिक बौद्ध न्याय पर एक ग्रन्थ लिख रहे हैं। फिर बहुत से लोग मिलने के लिए समय माँगते हैं, आते हैं, लेख माँगते हैं, लिखते हैं, भाषण के लिए बुलाते हैं। बोले मैं तो संन्यासी हूँ। अनेक वर्ष यूरोप-अमरीका में रहा। मद्रास विश्वविद्यालय में अरविन्द स्मृति व्याख्यान दिया जो प्रकाशित हो रहा है। प्रति मुद्रण भेजने का वचन दिया। बोले, मैं बहुत व्यस्त रहता हूँ, 'रिटायर' हो गया हूँ। मैंने कहा कि 'रिटायर' होकर आप इतना काम कर रहे हैं, उतना कोई काम करते हुए कहाँ करता है?

मेरे अध्ययन-क्षेत्र के बारे में पूछा। समाज-विज्ञान और बौद्ध अध्ययन का सम्बन्ध अप्रत्यक्ष रूप से तो है, प्रत्यक्ष रूप से नहीं। इसलिए मैं इसके लिए एक बाहरी आदमी हूँ, फिर भी हूँ। कोई विद्यार्थी भारत में समाज-शास्त्र और बौद्ध अध्ययन के लिए गया हुआ है। प्रोफ़ेसर नाकामुरा हाज़िमे ने कहा कि उसे मेरे पास भेज देंगे। मैं उसे परम्परागत बौद्ध विद्वानों और समाजशास्त्रियों से मिला दूँगा।

अन्त में बोले कि टेलीफ़ोन पर भी कई काम की बातें हो गयी हैं। वार्ता फलप्रद रही है। मैंने कहा कि अपने निबन्ध का सारांश भेजूँगा। उन्होंने कहा कि मेरा पता सम्हालकर रखेंगे और अपने निबन्ध वग़ैरह भेजते रहेंगे। मैंने शुरू में ही उनके ग्रंथों का, विशेषकर 'वेज ऑफ़ थिंकिंग ऑफ ईस्टर्न पीपुल', का ज़िक्र किया। इस बीच मैंने पुस्तकालय में उनके सभी ग्रंथ और अनेक शोध-निबन्ध पलट लिए थे। भूमिकाएँ पढ़ डाली थीं। इसलिए अपरिचित नहीं था। कैलीफोर्निया विश्वविद्यालय, बर्कले में प्रवास करते समय पत्र भी लिखा था। चलते समय पत्र

बोधि धर्म, क्योतो संग्रहालय, जापान

के साथ निबन्ध का सारांश भेजा और प्रोफ़ेसर मिनरो कसाई को और डॉ. लक्ष्मीधर मालवीय को भी।

अब क्योतो के लिए तैयार हूँ। कोकसाई वुंका काइकान (इंटरनेशनल हाउस ऑव जापान) से विदा ले चुका हूँ। अन्तिम बार जलपान भी कर चुका और 'अरिगतो' कह चुका हूँ।

एक प्रश्न है। मैंने क्योतो-ओसाका का कार्यक्रम बनाया है। बुधवार 2 सितम्बर को एक उड़ान ओसाका से है। उसमें स्थान भी करा लिया है। और आगे हांगकांग बैंकाक से भी। किन्तु एक सूटकेस नरीटा हवाई अड्डे पर 'एयर इंडिया' के दफ़्तर में छोड़ आया था। उस रात हवाई अड्डे पर कोई नहीं मिला। मैंने पत्र लिखा था। पहले कार्यक्रम बदल

चुका था। नरीटा हवाई अड्डा तोक्यो का अंतर्राष्ट्रीय हवाई अड्डा अवश्य है किन्तु 35 मील दूर है। आवागमन का साधन है, 'सब वे' वेनो से मिलने वाली है—तोक्यो से वेनो, वेनो से नरीटा। कठिन नहीं पर भाषा की कठिनाई है।

फिर, पेमा ग्यल्पो ग्यारी ने अपने बड़े भाई के लिए दो सूट एक पिट्ठू बैग में रखकर दे दिया है। एक ट्रांजिस्टर-टेप रिकॉर्डर तिब्बती संस्कृति केन्द्र की ओर से भेंट किया है। यह तो बोझ हो गया। यह सब और सूटकेस लेकर तो चलना नहीं हो सकता। 'एयर इंडिया' तोक्यो से आग्रह किया कि मेरा सूटकेस तोक्यो से हांगकांग भेज दें, मैं वहाँ ले लूँगा। स्वयं ओसाका से उड़ान भरूँगा। तोक्यो दफ़्तर

बोधि धर्म, क्योतो संग्रहालय, जापान

कब्र, क्योतो

इसमें कुछ करने में असमर्थ है। नरीटा एयरपोर्ट का दफ़्तर कुछ बोलता नहीं, शनिवार है और संभवतः छुट्टी है। एक उड़ान आज है।

'एयर इंडिया' तोक्यो से एक पता, टेलीफ़ोन नम्बर मिलता है। असाही कम्पनी का, जो अलग से सामान भेजती है। उस पते पर फ़ोन करके मालूम करता हूँ। यह पैलेस होटल में है। तोक्यो स्टेशन से सात मिनट पैदल की दूरी पर है। वह अंग्रेजी जानता है। उससे मोटा-मोटी रेट पूछता हूँ। यह मुझे कम ही, 3,500 येन सुनाई पड़ता है। फिर तो यह कुछ भी नहीं, बोझ उतर जाएगा, मुक्त घूम सकूँगा। वहाँ जाता हूँ।

क्योतो, 31 अगस्त

यशाका, जिंजा, क्योतो का प्रसिद्ध शिन्तो मंदिर है। इसका विवरण **'ए शॉर्ट हिस्ट्री ऑफ़ यशाका श्राइन'** (क्योतो, 1978) में है।

बायीं ओर काठ के खम्भों पर टिका मण्डप है। इसके अन्दर बाहर काठ की दीवारों पर परम्परागत जापानी चित्र हैं—प्रायः घोड़ा, घुड़सवार, मछली पर सवार। घोड़े और घुड़सवारों को देखकर हुसैन याद आते हैं। रंग प्रायः काले, लाल, सफ़ेद—आदिम रंग, लिखावट। इन चित्रों को नष्ट होने के पहले सुरक्षित करना जरूरी है। पता नहीं इनका रंगीन चित्र भी लिया गया है? बहुत करके अपेक्षित हैं।

जापानी मन्दिर का प्रांगण, क्योतो

* * *

केनिङ जी मंदिर, जापानी में पर्चा है, अंग्रेजी में नहीं। जापानी किमोनो के बिना मंदिर में प्रवेश नहीं। सोमवार है। इक्का-दुक्का नर-नारी आ-जा रहे हैं। मुख्य मंदिर बन्द है। सामने एक छोटा-सा शिंतो मंदिर है। उसमें एक युवती कुछ पाठ कर रही है। पुजारी : ठक् ठक् ठक्। मंत्र जाप।

जापान में दोनों की पूजा करते हैं, बुद्ध की और ठक् ठक् ठक्—शिंतो की भी। इसमें उन्हें कोई असंगति नहीं दिखती।

* * *

नानज़ेन जी मंदिर : रिनजाई ज़ेन मंदिर है। विवरण के लिए देखिए : **'इनफॉर्मेशन एबाउट नानज़ेन-जी'** (स्थापित 1291 ई.)

यहाँ पहुँचने के लिए दो कुमारी कन्याओं ने इतने मनोयोग और कुशलता से नक़्शा बनाया, रास्ता बताया। इच्छा न थी। यों ही पूछ बैठा था। फिर भी जब इतना कुछ किया तो क्योतो की ट्रेन में बैठा। एक स्टेशन-संजो पर बदल कर कग्यते उतरा। वहाँ से पाँव पैदल नानज़ेन जी मंदिर। यहाँ ज़ेन साधना होती है। अहाते में चीड़ और शायद कपूर का बड़ा वन है। चट्टानों और वृक्षों का और आकाश का बग़ीचा है। ज़ेन उपवन।

ऊपर क़ब्र है। पहले तो हिचक हुई। मरणानुस्मृति करना ठीक है। सो स्मृति हो आयी। एक स्मारक है। उस पर का फूल सूख गया है। किसी ने पानी नहीं दिया, न मोमबत्ती जलायी, मकड़ी ने जाला बना डाला। शायद इसके पीछे कोई नहीं। जाला साफ़ किया। एक फ़ोटो ली।

यूरोप-अमरीका में फ़ोटो लेने की इच्छा न हुई, या इतनी नहीं कि उसके लिए कष्ट करूँ। लगा कि सारा दिन फ़ोटो खींचते-खींचते आँख दुख जाएगी। फिर यूरोप-अमरीका उतना अपरिचित नहीं लगा। जैसे देखी हुई फिल्म देख रहा हूँ। हाँ, शरीर से नहीं देखा था, सो शरीर से देखा।

जापान में भी तोक्यो में कैमरा नहीं उठाया। क्योतो में न जाने क्यों इच्छा हुई। जापान तो रहस्यमय है। इसके प्रतीक धर्म, भाषा, लिपि, चित्र-स्थापत्य और सौंदर्य और सबके ऊपर स्त्री-पुरुष। शायद मैं कभी भी इन्हें न समझ सकूँगा। शिंतो यहाँ मूल

है। बुद्ध, कन्फ्यूशियस वग़ैरह का प्रभाव है और भाषा, लिपि वग़ैरह पर चीन का। इधर यूरोप-अमरीका का। खाना खाते-खाते एक जर्मन महिला ने कहा कि जापान तो बहुत कुछ यूरोप जैसा हो रहा है। दौड़ यहाँ भी शुरू हो गयी है। अभी वह उन्माद नहीं है। इस दौड़ के पीछे-पीछे वह भी आता ही है। यूरोप-अमरीका की तरह स्त्री स्वतन्त्र तो है, स्वच्छन्द हो रही है पर अभी पूरी तरह नहीं। जाँघिया, बनियान पहनती भी है और शर्माती भी है और उसे नीचे-नीचे तानती जाती है। वैसा नहीं जैसी कि होनुलुलु में है। वह शायद अमरीका में भी नहीं। होनुलुलु में तो सैर-सपाटे

चित्र लिपि, क्योतो

मन्दिर शिखर, क्योतो

की जगह ठहरी, बहरी अलंग। क्योतो तो घर है, संस्कृति है।

यहाँ एक फ़िल्म खींची। धोने दे दी। दूसरी लगवा ली, फ्यूजी स्याह सफ़ेद। आजकल रंगीन फिल्म छोड़कर यह मिलती नहीं। कोई खरीदता नहीं और दाम में भी कोई फ़र्क़ नहीं। लेकिन मेरे लिए रंगीन फिल्म पर काम करना कठिन है। अभिरुचि केन्द्र में रंगीन का कुछ नहीं हो सकता। चटपट इसे भी खतम कर निकालकर रख लूँगा और हो सका तो धुलवा भी लूँगा। सब सामान का, कैमरा, फ़िल्म समेत 'एक्स रे' कर देते हैं। दुखी कर देते हैं।—सब किया-कराया मेट देते हैं। शायद इसलिए भी फ़ोटो खींचने की इच्छा न हुई और शायद इसलिए भी कि कला को उकसावा तो सौन्दर्य से मिलता है। इच्छा तो उसकी कुमारी-शक्ति है। यूरोप-अमरीका में कुमारी नहीं। जापान में अभी भी कुमारी है?

हांगकांग, 4 सितम्बर

भंते सिक साउ चिन (अध्यक्ष, बौद्ध भिक्षु संघ, हांगकांग) से भेंटवार्ता :

हांगकांग चीन का अंग है किन्तु अंग्रेज का उपनिवेश। चीन भी दो हैं। इस

प्रकार हांगकांग एक विशेष क्षेत्र है। हांगकांग में बौद्ध धर्म संघ, 1950 में स्थापित हुआ। 1958 से भंते सिक साउ चिन इसके अध्यक्ष हैं। संघ पुराना है किन्तु हांगकांग एक द्वीप है। इससे बड़ा काम नहीं हो सकता। इसलिए भंते ने श्रीलंका से प्रार्थना की। वहाँ प्रथम विश्व बौद्ध संघ काउंसिल की बैठक हुई। श्रीलंका के भिक्षु अध्यक्ष हुए। दूसरा सम्मेलन वियतनाम में हुआ। अब उस संघ के अध्यक्ष मंत्री दोनों नहीं रहे। इसलिए संघ का कोई नेता नहीं। तीसरा सम्मेलन ताइवान ताइपे में 1 दिसम्बर, 1981 से होने जा रहा है। प्रत्येक देश से 5 भिक्षु प्रतिनिधि होंगे। भिक्षु अच्छे शील, आचरण सम्पन्न होने चाहिए। भारत में बौद्ध धर्म का उदय हुआ है। इसलिए भारत के भिक्षु का विशेष स्थान है। वह आएँ। उन्हें अच्छा पद भी दिया जा सकता है। ताइपे आने-जाने का मार्ग-व्यय उन्हें स्वयं वहन करना पड़ेगा। ताइपे पहुँचने पर सम्मेलन उनके आवास-भोजन आदि की सारी व्यवस्था करेगा। अगर सम्मेलन के बाद यहाँ रहना चाहें तो उसका भी इंतज़ाम सम्मेलन की ओर से हो सकेगा। भंते चाहते हैं कि मैं उन पाँच भिक्षुओं के लिए चीनी भाषा में आमन्त्रण पत्र लेता जाऊँ।

मैं इसे स्वीकार करता हूँ। दो अशुभ बताता हूँ : 1. भारत में तिब्बत से जुड़े भिक्षु ताइवान जाना बहुत अच्छा नहीं मानते, 2. भिक्षु के लिए ताइवान आने-जाने का मार्ग-व्यय वहन करना कठिन हो सकता है। फिर भी, मैं भिक्षु ज्ञान जगत् से इस बाबत बात करूँगा। वह अखिल भारतीय भिक्षु संघ के महामंत्री या अध्यक्ष हैं। बोध गया टेम्पुल मैनेजमेंट कमेटी के सेक्रेटरी हैं। भंते कहते हैं कि यह बौद्ध संघ का काम है। इसमें राजनीति नहीं है और न आनी चाहिए। भारत से बौद्ध धर्म फैला है, इसलिए वह चाहते हैं कि भारत के (इंदो) भिक्षु इसमें भाग लें। मैं यह निमंत्रण उन तक पहुँचा दूँ, सो मुझे सहर्ष स्वीकार है।

भंते सिक साइ चिन का जन्म उत्तर-पूर्व चीन में 1919 में हुआ। वैसे वह चीन के शान-तुङ प्रदेश के वासी रहे हैं। बचपन में अनेक रोग, 11 वर्ष में विहार को दान, भिक्षु बनने के लिए। उपसम्पदा उत्तर-पूर्व चीन के मंदिर में हुई। अध्ययन बौद्ध संस्था में चीनी तेंदाई सम्प्रदाय में। तेंदाई का मूल संद्धर्म पुण्डरीक सूत्र है। 1947 में चीनी कम्युनिस्टों ने चीनी बौद्ध मंदिरों को नष्ट कर दिया। उस समय हांगकांग आये, खाली हाथ। प्रतिज्ञा की कि चीनी बौद्ध धर्म को पुनरुज्जीवित करेंगे। बौद्ध धर्म को सारी दुनिया में फैलाएँगे। कैसे करें? पहले, एक बड़ा मंदिर बनाएँगे, दूसरे,

बौद्ध स्कूल, सामाजिक स्कूल और तीसरे, समाज कल्याण के काम।

बड़ा मंदिर बौद्ध धर्म के प्रचार का आधार है। बौद्ध धर्म के प्रसार के लिए शिक्षा का प्रसार जरूरी है। चीन में भी सामाजिक शिक्षा का काम उन्होंने किया है। अब उन्हें शिक्षा का 48 वर्ष का अनुभव है--चार लाख विद्यार्थियों को शिक्षित किया है। विद्यार्थी सारी दुनिया में फैले हैं। हांगकांग में किंडरगार्टन से बुद्धिस्ट रिचर्स इंस्टिट्यूट तक।

भारत से चीन बौद्ध धर्म आया। तबसे भिक्षु धर्म का प्रचार करते रहे हैं। किन्तु सामाजिक शिक्षा देने वालों में भंते प्रथम हैं। बौद्ध विहार इंस्टिट्यूट ताइवान में है भिक्षु के शिक्षण के लिए। इस 'इंस्टिटयूट' को बढ़ाना चाहते हैं। पहले, शोध संस्थान। उनको यूनिवर्सिटी की पी-एच.डी. डिग्री होनी चाहिए। 'इंस्टिट्यूट' उनको छात्रवृत्ति देता है। दूसरी आवश्यकता, एम. ए. सेकेण्ड क्लास डिग्री होनी चाहिए। उन्हें इंस्टिट्यूट में वृत्ति मिलती है। तृतीय, बी.ए. डिग्री।

सेकेण्डरी स्कूल—प्रथम वर्षीय कोर्स कॉलेज में। इनके आवास, भोजन का व्यय 'इंस्टिट्यूट' वहन करता है। यह भिक्षु-भिक्षुणियों के लिए है।

हांगकांग में अस्पताल है, वृद्धों, अपंगों के लिए 'होम' है। हांगकांग ब्रिटिश कालोनी है। इसलिए यहाँ बौद्ध काम आसान नहीं है। शासन ईसाई है—प्रोटेस्टेंट, रोमन कैथोलिक। शुरू में जो कठिनाइयाँ रही हैं उन्हें दूर कर दिया है। अब समानता है। जैसे भिक्षु पहले शिक्षा में प्रिंसिपल, सुपरवाइजर नहीं हो सकते थे। प्रश्न उठा कि समान योग्यता वाले हैं तो क्यों नहीं बन सकते? अब बन सकते हैं।

हांगकांग में चीन के बौद्ध धर्म का सबसे निम्न रूप है। (1) यह ब्रिटिश कॉलोनी है। उनका धर्म प्रोटेस्टेंट ईसाई धर्म है। (2) ब्रिटिश स्कूलों के स्नातक हांगकांग सरकार में हैं। (3) अगर माता-पिता बौद्ध हैं तो भी शिक्षा के कारण लड़के-लड़कियाँ ईसाई हो जाते हैं। इसलिए परिवार में भी कलह होता है। भिक्षु सिकसाइ चिन् को लगा कि बौद्ध तो अधेड़ हैं, बूढ़े होते जाते हैं और लड़के-लड़कियाँ ईसाई। तो उन्होंने बच्चों की शिक्षा का काम शुरू किया। किंडरगार्टन है—नर्सरी से। 21 वर्षों से भंते ने शिक्षा का काम हांगकांग में किया है। गत वर्ष यहाँ का स्नातक पूरे हांगकांग में प्रथम आया है। अब उनके विद्यार्थी भी सरकार, दफ़्तर में हैं। इसलिए उनका दृष्टिकोण बदल गया है।

भंते सिक साइ चिन से भेंट वार्ता। मिउ फाट बुद्धिस्ट मानेस्टरी लि., न्यू

टेरीटरीज, हांगकांग, 4 सितम्बर, 1981, पूर्वाह्न।
(दुभाषिया : श्री सिक साउ चि)

हांगकांग, 4 सितम्बर

भेंटवार्ता के बाद भंते सिक साइ चिन लड़कियों का सेकेंडरी स्कूल दिखाने ले गये। मंदिर से बाहर जाने के पहले मैत्रेय को प्रणाम किया। स्कूल के प्रिंसिपल मिले। स्कूल में लड़कियों की संख्या, 1,300 है। अध्यापक लगभग 50। दो खण्ड हैं : पहला 1-5 तक। दूसरा मैट्रिकुलेशन तक। परीक्षा हांगकांग यूनिवर्सिटी द्वारा होती है। सामान्य शिक्षा के साथ-साथ भौतिकी, रसायनशास्त्र, जीवशास्त्र की शिक्षा की भी व्यवस्था है। उसके लिए प्रयोगशालाएँ हैं। रसायनशास्त्र की प्रयोगशाला के निकट हाइड्रोक्लोरिक एसिड की वह गंध है जो विज्ञान के अध्ययन के दिनों से मेरी स्मृति में है।

विद्यालय भवन के निचले खण्ड में एक बड़ा हाल है। इनमें भगवान् बुद्ध (सारिपुत्र, मौद्गलयान सहित) की प्रतिमा है। विषयों की शिक्षा के साथ-साथ धर्म की शिक्षा भी थोड़ी देते हैं। कुछ लड़कियाँ इसमें रुचि लेती हैं। ज़बर्दस्ती तो किसी को धर्म की शिक्षा नहीं दे सकते। सरकार इसमें आपत्ति नहीं करती। नैतिक शिक्षा में क्या आपत्ति हो सकती है? धर्म की शिक्षा सांप्रदायिक न होकर नैतिक प्रकार की होती है।

हांगकांग सरकार स्कूल को सहायता देती है। स्कूल के अध्यापकों को वेतन सरकार देती है।

पाक विज्ञान की भी कक्षा है। लड़कियाँ कुछ पका रही हैं। जिसे सम्भवतः उनकी 'बहन जी' अन्त में खा जाने वाली हैं। फिर भी, यह शिक्षा बहुत उपयोगी है। साथ ही सिलाई-कढ़ाई के काम की शिक्षा की भी व्यवस्था है। वह कक्षा अभी नहीं चल रही है। उसमें गणित की कक्षा हो रही है। संगीत की शिक्षा भी यहाँ दी जाती है। शिक्षा का माध्यम चीनी भाषा है।

स्कूल में प्रवेश करते ही वह सब 'शील्ड' 'ट्राफी' 'कप' वगैरह सजाये हुए जो स्कूल की लड़कियों ने जीते हैं, अनेक हैं। मैंने अपने स्कूल के लिए 'ट्राफी' जीती

है। स्कूल के दिन याद आते हैं। वह क्यों अच्छे लगते हैं? जो आने वाले हैं, वह क्यों सताते हैं?

क्या मैं बूढ़ा हो रहा हूँ? शरीर तो हो रहा है। अंग-प्रत्यंग पर उसका असर दीख रहा है। नैनन की वह ज्योति नहीं है, चश्मा लगा है। फिर भी वह पहले जैसी आँख नहीं। दाँत कुछ दिनों के और मेहमान हैं। दाँत का खाँचा लगा तो एक और दौर शुरू होगा। शरीर में पहले जैसी लोच नहीं। सन्तुलन कभी-कभी गड़बड़ा जाता है। लम्बा, तगड़ा शरीर रहा है। 'यूथ होस्टल' में ऊपर शय्या है, सीढ़ी है, उस पर से चढ़ते-उतरते कैसा तो लगता है। सोये-सोये सब अंग दुखता है। सिर से पाँव तक, पाँव से सिर तक। कुछ भी पहले जैसा नहीं है। वह भी नहीं। वह कस नहीं है। पहले जैसा इन्द्रिय क्षोभ भी नहीं। और पहले जैसा उस पर नियंत्रण भी नहीं। एक बदलता हुआ सन्तुलन है–कस-बस का। उसके साथ जीना है, सो बस है, सो ही सुख है, शान्ति है। अन्यथा मृत्यु है।

* * *

हांगकांग अपने नैषध चरित के लिए प्रसिद्ध है। खुले खजाने स्त्री-पुरुषों की मालिश, स्नान वग़ैरह का विज्ञापन है। निशा निमंत्रण। शरीर का तनाव शिथिल होने की गारंटी है। इसकी विशेषज्ञता यहाँ प्राप्त है। हांगकांग का यह आकर्षण है। मेरे लिए तो विकर्षण। चाहे नाम का ही सही, कृष्णनाथ हूँ। तो कहाँ भोग की यह नयी-नयी रीति-भाँति, कहाँ वह मधुबन की रीति, प्रीति, परम रीति। इस नयी रीति का परिचय नहीं, सिर्फ़ आहट है। इस आहट से भी भय उपजता है।

हवाई अड्डे पर कोई नहीं आया। वहाँ एक सज्जन मिलते हैं। भारतीय हैं। घड़ियों, इलैक्ट्रॉनिक सामानों और नवीनताओं का आयात-निर्यात का धंधा करते हैं, भले मानस हैं–मेरी मदद करते हैं, सामान सहेजते हैं, टेलीफ़ोन करते हैं और टैक्सी तक छोड़ आते हैं। ठहरने की जगह बताते हैं। कहते हैं वह गेस्ट हाउस है, 'हॉलिडे इन' के क़रीब है। वहाँ कमरे सस्ते मिल जाते हैं। उनमें से एक का चीनी लिपि में लिखा हुआ पता देते हैं : 'प्रिंसेज'। उसके लिए चलता भी हूँ। रास्ते में लगता है। कि पता नहीं 'प्रिंसेज' क्या चीज है? राजकुमारियाँ तो क्या होंगी? सिर्फ़ नाम : 'प्रिंसेज' है। लेकिन हांगकांग के बारे में जो सुना है, उससे डर लगता है। वैसे कोई

क्या कर सकता है? अगर शील पर आरूढ़ रहूँ तो उसका दूसरे पर भी असर पड़ता है। लेकिन इसमें शक्ति का अपव्यय है। विपरीत स्थान में जाने से क्या लाभ? 'बुल इन ए चाइना शाप' का मुहावरा पढ़ा है। चीनी नफ़ासत की दुकान में सांड घुस जाए तो कैसा? राजकुमारी के लिए राजकुमार ठीक, मेरे सरीखा ठीक नहीं। उसके लिए भी नहीं, मेरे लिए भी नहीं। लेकिन रास्ता क्या है? रात 11 बज रहे हैं। यह समय वैसे भी कहीं पहुँचने का नहीं है।

ख़याल आता है कि 'यंगमेंस क्रिश्चियन एसोसिएशन' (वाइ. एम. सी. ए.) का होस्टल यहाँ भी होगा। सारी दुनिया में है। ओसाका में मैं इसमें सुखपूर्वक रह चुका हूँ। इसका दावा है : 'होम अवे फ्रॉम होम' : घर से दूर घर। तो जहाँ वह है, रे मन! तू वहाँ चल। वह घर नहीं है। घर में सुविधा है, लेकिन सम्बन्ध है, बंधन है, स्मृति है। यह तो सराय है। फिर भी उनसे विदा लेते हुए ओसाका में क्यों आँख भर आती हैं? क्या हर विदाई मृत्यु है? और अगर मृत्यु है, तो आँख क्यों भर आती हैं?

तो टैक्सी को 'वाइ एम सी ए' मोड़ने को कहता हूँ। रात हो चुकी है। नीचे एक अधेड़ से ईसाई सज्जन हैं। पूछते हैं, मैं सदस्य हूँ।—नहीं, सिर्फ रैन बसेरा चाहता हूँ। शायद कमरा नहीं हो। क्या डार्मिटरी में सो सकेंगे?—रात बिताएँगे तो ऊपर 'रिसेप्शन' पर पूछिए। रिसेप्शन पर युवक हैं। धोती-कुर्ता और ग़ैर पश्चिमी वेश-भूषा उसे रास नहीं आती। फिर भी, सभ्यता ने उसे इतना नपुंसक बना दिया है कि वह सीधे मना भी नहीं करता लेकिन अशिष्टता बरतता है। 70 हांगकांग डॉलर में लगभग (14 अमरीकी डॉलर=लगभग 125 रु.) में एक कमरा देता है। कम-से-कम मन से त्यज दिया है। इसलिए एक रात को जो भी भाड़ा हो, देना है। पूछता हूँ, दूध मिल सकता है। उसे दूध पीने वाला यह शरीर और भी विचित्र लगता है। पूछता है, वह क्या चीज है। मैं 'मिल्क' दुहराता हूँ। वह विचित्र प्रकार से, शायद अमरीकी, शायद अंग्रेज चाल से जीभ को मोड़कर 'मिल्क' कहता है। एक युवती पास है। मैं उसकी ओर देखता हूँ। वह मेरी मदद करती है। ठेठ अमरीकी ढंग से 'मिल्क' कहती है। जब तक बात समझ में आती है तब तक, दूध दूध है। एक प्रकार से 'मिल्क' या दूसरी प्रकार से कहने में क्या फ़र्क है? फिर भी उसे पसन्द नहीं है। वैसे भी रात 11 से ऊपर हो चुकी है। 'कैफ़ेटेरिया' और 'रेस्त्रां' सब बन्द हो चुके हैं। लेकिन किस प्रकार वह कहता है कि बेहतर हो आप बाहर कहीं तलाशें, वह मुझे अच्छा नहीं

लगता। वैसे बहुत अभिनन्दन की अपेक्षा नहीं। लेकिन ईसाई से जाने क्यों सेवा की अपेक्षा होती है। या मेरे मन में ही सब दूर सत्कार हो, स्नेह हो, राग हो, ऐसा राग-चरित शेष है। बार-बार ठोकर खाकर भी राग नहीं जाता, नये-नये रूप रूपाकार लेकर आता है। फिर उसे ठेस लगती है, वह करकता है और फिर वह आ जाता है।

कमरे की चाबी लेकर चलता हूँ। कमरा नं. 302 है। जाहिर है यह तीसरी मंजिल पर है। लेकिन तीसरी मंजिल कहाँ है? रास्ता कहाँ है?

एक बात सब दूर देखी। जो जहाँ बैठता है वह मान बैठता है कि सबको यह मालूम है। बाहर से आने वाले की क्या मुसीबत है? भूगोल से वह कितना अपरिचित है। यह उसे सहसा नहीं समझ में आता। मैं जानता हूँ तो वह भी जानता है, मैं-मैं का विस्तार है। 'दूसरे' जहन्नुम में जाएँ, न भी हो तो दूसरा दूसरा ही है। यह उसकी बला है, वह जाने। तो कमरा नं. 302 कहाँ है? वह युवक शायद सोचता है कि यह तो मुझे मालूम ही है, होना चाहिए या हो जाएगा।

अब थोड़ा सख़्त पड़ता हूँ। मेरा तेज प्रगट होता है। क्रोध की हल्की-हल्की रेखा आकृति पर और वाणी में आती है। इसके आगे उसका अविनय झड़ जाता है। नम्र बनता है : वह 'एलिवेटर' है। वैसे सीढ़ी भी हैं। आप 'एलिवेटर' इस्तेमाल कीजिए। तीसरी मंजिल पर 302 नं. का कमरा आपको मिलेगा। वह आपका है।

कमरा उस तरह 'तैयार' नहीं है जैसा 'वाइ एम सी ए' का होता है। या यह हांगकांग है, एशिया में है। इसमें सफाई का वह रूप नहीं है जो यूरोप, अमरीका और जापान में है। वैसे जापान भी एशिया में है किन्तु वह जैसे श्रेष्ठ जनों की पंगत में प्रवेश कर गया है। कोई मिस—ठहरी हुई थी। उनके लिए कोई संदेसा है। एक कोई और है। वह फ़र्श पर बिखरा पड़ा है। वह नहीं है। एक बिस्तर जरूर तैयार किया हुआ है। हो सकता है दो में से एक ही इस्तेमाल हुआ है। दूसरा ठीक-ठाक है। चादर और ओढ़ने को वह बिस्तर के साथ कस देते हैं—थोड़ी-सी जगह बनाकर बस उसमें घुस जाते हैं। प्रायः नंगे सोते हैं। इसलिए कहीं से भी हवा जाने की गुंजाइश नहीं रखते। बिस्तर में भी इस तरह कसे-कसे सोना मुझे रास नहीं आता। ओढ़ने में भी बंधन नहीं, खुलापन पसन्द है तो मैं उसे अपनी तरह से ढीला-ढाला बना लेता हूँ। तोक्यो में तो कोकसाइ बुंका काइकान (इंटरनेशनल हाउस ऑव जापान) एक रात के बाद में वह एक ओर की चादर, कम्बल नहीं दबाती थी। इससे गुंजाइश थी। इसी मारे

अब तक 'स्लीपिंग बैग' नहीं लिया। उसमें अपने को बंद कर लेना जैसा गर्भ में पड़ जाना है। साँप की दाड़ में पड़ना ठीक, वहाँ पड़ना नहीं।

हवाई अड्डे पर रात 9 से 11 बजे तक जो साँसत रही है, वह नयी नहीं है। मैंने खुद उसे न्यौता है, इसलिए कोई गिला नहीं। फिर भी कण्ठ सूख रहा है। फ्लास्क में पानी भी थोड़ा है। शायद मिस—का जूठा, सो नहीं पीता। गिलास गरम पानी से धोता हूँ और ठण्डा पानी पीता हूँ। सिर से पाँव तक पसीना है। बनियान भीग गयी है। अपनी ही देह की गंध आ रही है। अब वह दिन नहीं रहे जब पसीना गुलाब था। उनका पसीना, या उनको मेरा पसीना, गुलाब लगता हो, पसीना अपन को तो हमेशा पसीना ही लगा, गुलाब नहीं—इसलिए उनके साथ सोना नहीं। बिस्तर भी महकेगा। इस बीच बारह बज रहा है। आधी रात का समय है। मुझे तो इतनी रात गये नहाने में कुछ अटपटा नहीं है। लेकिन सारा होटल सोया हुआ है। इसमें दूसरे की नींद में खलल पड़ जाता है। रात में पानी की छप्-छप् और देह की थप्-थप् से किसी की नींद जा सकती है, और नहाता भी दिव्य रूप से हूँ। उसमें कोई किफ़ायत नहीं। शायद और चीजों में कंजूसी की हद तक किफ़ायत करता हूँ, खाने में भी थोड़ा खाकर तृप्त रहता हूँ। और भोग तो सिर्फ इशारे-इशारे से करके भी तृप्त हूँ, या न करके भी। किन्तु स्नान में मैं भरपूर स्नान करता हूँ। दूर-दूर तक मेरे नहाती देह का वृत्त फैलता है। पश्चिम में 'बाथरूम' का भिगाना बुरा है। वह सूखता नहीं, इसलिए उधर प्लास्टिक का पर्दा रहता है। भरसक तो उस पर्दे में ही नहाता हूँ, लेकिन फिर भी कुछ छलक जाता है। जो हो, सो हो। आहार-व्यवहार में लज्जा जो छोड़ता है वह सुखी रहता है। अब इतना भी दूसरे का ख़याल क्या करना कि अपने रात-भर सो न पाना। फिर कमरे के साथ जुड़ा बाथरूम नहीं है, छोर पर है—ज़नाना-मर्दाना। अवकाश है। इसलिए इतना खलल भी नहीं पड़ने वाला है। जो हो स्नान करता हूँ। अंग-प्रत्यंग डूबता हूँ तो पार हो जाता हूँ। देह अब ताज़ी है और गंध भी।

देह भी गजब का यंत्र है। इतने दिनों में रोज लगता है कि अब वह थकान नहीं जाने वाली। अब तो यह बाँह जैसे टूटी, यह पाँव थका, यह घुटना चूर रहा है। बहुत चला, अब नहीं चलेगा। लेकिन रात सोता हूँ, सवेरे उठता हूँ, तो फिर ताज़ा हो जाता हूँ। फिर चलता हूँ। फिर थकता हूँ—फिर ताज़ा, टटका हूँ।

* * *

हांगकांग एक द्वीप है। असल में एक द्वीप समूह है। काइ ताक हवाई अड्डा, हांगकांग का अन्तर्राष्ट्रीय हवाई अड्डा है। किन्तु वह कौलुन प्रायद्वीप पर है। वह संभवतः चीन की मुख्य भूमि से जुड़ा हुआ है। 30 वर्षों के अलगाव के बाद अब चीन जाया जा सकता है। अनेक कम्पनियाँ ऐसे पर्यटन की व्यवस्था कर रही हैं। 'ग्रे लाइन' उनमें से एक है। एक दिन का भी 'टूर' है। चीन की मुख्य भूमि के शुभ चुन नामक नगर में आपको ले जायेंगे। हांगकांग से सुबह 7-45 और कौलुन से 8 बजे चल कर कुल लगभग 9 घण्टे में यह यात्रा हो सकेगी। दोपहर का खाना खाकर आप शहर की सड़कों पर घूम सकेंगे। या पार्कों में विश्राम कर सकेंगे, और जो भी मिले उनसे बोल-बतिया सकेंगे। सोमवार-शनिवार का भाड़ा 220 हांगकांग डालर है, छुट्टी के दिन 240 हांगकांग डालर। अगर दो दिन पहले ही 'टूर' बुक कराया है तो 20 हांगकांग डालर वीसा के लिए अतिरिक्त। इस तरह लगभग 45 अमरीकी डालर में चीन की मुख्य भूमि जा सकते हैं। कहीं यह भी देखा कि 3 दिन में केंटन और शायद सात दिन में बीजिंग (पेकिंग) का भी टूर हो सकता है। इस प्रकार सैलानी की तरह तो आना जाना नहीं है। भारतीय हाइकमीशन के सांस्कृतिक सचिव की भी सूचना है कि यहाँ से 'विज़ा' मिलता है। लेकिन इसमें कई हफ्ता, महीना लग जाता है। दिल्ली से पहले से व्यवस्था हो तो आयोजन हो सकता है। अगर हो सकता है तो पहले मैं ल्हासा और टशील्हुन्पो जाना चाहूँगा। वहाँ गोनपा, ग्रन्थ, थंका, पूजा की सामग्री, जो शेष है, नहीं है, देखना चाहूँगा।

इस देखने का कोई अन्त है?

सूरदास जन्मांध थे या नहीं, उसमें संशय है। लेकिन मृत्यु के समय तो थे ही। उन्होंने जो मरते-मरते लिखा है वह है : खंजन नयन रूप रस माते—। आगे-पीछे की पंक्ति मुझे याद नहीं। किन्तु सूरदास के पंछी जैसे नयन रूपरस से माते हुए हैं। वह मरने जा रहे हैं। कृष्ण गोपियों के रूपरस का इतना बखान कर चुके हैं। भ्रमर की तरह रस ले चुके हैं, छक चुके हैं, और छका चुके हैं। फिर भी मरते-मरते कहते हैं 'खंजन नयन रूप रस माते।' क्या अन्त समय तक यह नयन रूपरस माते रहने वाले हैं? इसकी भी, रूप-रस की भी मर्यादा हो, इच्छा-परिणाम हो। इस भ्रमण की इच्छा की

भी कोई हद हो। बेहद हो रही है। या बेहद होने में ही पार होना है?

हांगकांग सुख-समृद्धि का द्वीप है। चीन का अंग है। ब्रिटिश कालोनी है। शायद चीन ने भी ब्रिटेन को इसका बन्दोबस्त करने को छोड़ रखा है। अंग्रेज व्यापारी क़ौम है। विदेशी व्यापार का, समुद्री और अब हवाई, इसका उसे अनुभव है। टेलीफोन और संचार वगैरह का काम यह ठीक करता है। ब्रिटेन का उपनिवेश है। यह एक चुभती रग है और चीन की प्रभुताई के लिए एक चुनौती है। लेकिन चीनी जाति व्यवहार कुशल जाति है। हांगकांग से विदेशी व्यापार की बड़ी कमाई है। हांगकांग की समृद्धि, इसकी अट्टालिका, रोशनी, चमक, विदेशी व्यापार से है। यह विदेशी व्यापार गोरी जाति के सम्पर्क से है। इसलिए शासन ब्रिटिश है, डालर अमरीकी है, सामान वैसे सारी दुनिया का है, लेकिन खास कर जापानी है, किस्म-किस्म का कैमरा है, इलेक्ट्रोनिक सामान हैं, घड़ियाँ हैं, नवीनाएँ हैं। किस्म-किस्म की चीज़ें हैं। हांगकांग 'डयूटी फ्री' पोर्ट है, हथियार के लिए पाबन्दी के अतिरिक्त कोई चीज़ लाने-ले-जाने में कोई महसूल नहीं। इसलिए सारी दुनिया के देश और व्यापारी यहाँ अपना माल बेचना चाहते हैं। कभी-कभी तो अपने देश में जो क़ीमत है, बल्कि लागत है, उससे भी कम क़ीमत पर बेचते हैं। इससे बाज़ार में हैं। खरीदना-बेचना हो तब तो माया है, तब तो कुछ नहीं दीखता। मुझे न खरीदना है, न बेचना है तो इसकी हर चीज़ देख रहा हूँ। हर गंध ले रहा हूँ। और खरीदने वालों की नज़र देख रहा हूँ—उनका लालच, उनकी तृष्णा, उनकी तृप्ति-अतृप्ति। इसका कोई अन्त नहीं। मृत्युपर्यन्त आप रोज़ खरीदते हैं, इतना धन हो कि सारा हांगकांग खरीद लें, सारी पृथ्वी पर जितनी चीज़ें, जितनी सुगंध, जितनी स्त्रियाँ (या स्त्री के लिए जितने पुरुष) भोग लें तो भी बस नहीं। इसलिए हे मन! तू जहाँ विहार है, वहाँ चल और वहीं विहार कर।

वस्तुओं और वासनाओं की गलियों से अनछुआ पार होता हूँ। और नये क्षेत्र, नये क्षितिज में बसता हूँ। यही कामना करता हूँ कि इसी प्रकार नित नूतन क्षितिज देखता रहूँ। कहीं रुकूँ नहीं, कहीं बुझूँ नहीं, कहीं बँधूँ नहीं। सकूँगा या नहीं, सो पता नहीं।

मिउ फाट बुद्धिस्ट मानेस्टरी लि.
'न्यू टेरिटरीज'
हांगकांग

हांगकांग, 5 सितम्बर

भंते सिक साई चुन मंदिर दिखाते हैं : बाहर कछुआ है। कूर्म की आयु दीर्घ है। इसी प्रकार बौद्ध धर्म भी दीर्घायु है। इधर-उधर हाथी है। हाथी पशुओं में श्रेष्ठ है, सबसे बड़ा है। इसी प्रकार बौद्ध धर्म धर्मों में श्रेष्ठ है। फिर दो सिंह हैं। सिंह पशुओं का राजा है। बौद्ध धर्म धर्मों का राजा है। सो सिंहनाद हो। वह चीनी ड्रेगन है। नाग। चीनी इसे राजा मानते हैं। उन दिव्य नागों का यह प्रतीक है। यह सुखावती है।

ऊपर लुम्बिनी है। सिद्धार्थ का जन्म हुआ है। माया देवी को ऐसे लिखा है जैसे कि कोई चीनी कलाकार एक सुन्दर भारतीय स्त्री लिखे। उस पर कुछ-कुछ अंग्रेज युवती की भी छाया है। शायद श्रेष्ठता का वह पैमाना रहा है। साड़ी, पोलका वगैरह पहन कर वह भली लगती है, सिद्धार्थ की माता। फिर बोधगया। सारनाथ है। वहाँ पाँच भिक्षु तो हैं, लेकिन मुद्रा धर्मचक्र प्रवर्तन की नहीं है। ध्यानमुद्रा है। मैं उसे बतलाता हूँ तो भंते जैसे कहते हैं, हाँ है। तो क्या फ़र्क़ पड़ता है? वैसे बौद्ध विश्व में सारनाथ प्रसिद्ध धर्मचक्र प्रवर्तन के लिए है। इसलिए मुद्रा यहाँ ध्यान की न होकर धर्मचक्र प्रवर्तन की होना संगत है। लेकिन सचमुच इससे क्या फ़र्क़ पड़ता है? यह तो हो ही सकता है कि धर्मचक्र प्रवर्तन के पहले या बाद तथागत ने ध्यान किया हो। यह मूर्ति तो सिर्फ़ प्रतीक है। अगर चीनी भिक्षु, भिक्षुणी, उपासक-उपासिकाओं का इससे काम चलता है, व्यवहार चलता है, तो बस है। इसमें आलोचक बुद्धि का क्या काम है? फिर भी मेरा अभ्यास नहीं जाता। कठिनाई से छूटता है या फिर मिथ्या को हटाना जरूरी काम है। सिर्फ प्रिय सत्य बोलना कार्य नहीं। किसी-न-किसी को अप्रिय सत्य बोलना जरूरी है। सुभाषित है कि अप्रिय सत्य का वक्ता और श्रोता दुर्लभ है। ठीक है, लेकिन यह दुर्लभ काम भी करना है।

पलट कर देखता हूँ तो लगता है कि ताइवान वाला प्रकरण न उठाता तो क्या हर्ज था। यह सही है कि भारत में भिक्षु ताइवान से सम्बन्ध जोड़ने से कतराते हैं। ताइवान के बौद्ध बार-बार उन्हें न्योता देते हैं। शायद पैसे का भी संकेत देते हैं। लेकिन तिब्बती भिक्षु वहाँ जाना पसन्द नहीं करते। जो जाते हैं, सुना है, परम दलाईलामा उन्हें दर्शन नहीं देते। इसके पीछे क्या है? मैं नहीं जानता। शायद दोनों चीन तिब्बत के लिए समान हैं। ताइवान भी तिब्बत को चीन का अंग मानता है। कम्युनिस्ट चीन

तो उसे निगल ही गया है, लेकिन पचा नहीं पा रहा है। फिर भी शायद तिब्बती बन्धु सोचते हैं कि कम्युनिस्ट चीन तो मुख्य भूमि है। उसका ही क़ब्जा है। ताइवान तो द्वीप है। ताइवान से सम्बन्ध रखने से क्या लाभ? वैसे शत्रु का शत्रु मित्र होता है। किन्तु तिब्बत की शायद ऐसी कूटनीति खेलने की हैसियत नहीं है, इसलिए तिब्बत के लिए तो समझ में आता है।

किन्तु भारत के लिए? उसमें भी बौद्ध भिक्षु के लिए ताइवान जाने में अटक कहाँ है? भारत सरकार के लिए फिर भी हो सकती है। वह कम्युनिस्ट चीन से अपना सम्बन्ध ठीक करना चाहती है। 21 वर्षों बाद कम्युनिस्ट चीन के विदेश मन्त्री ने भारत की जुलाई, 1981 में यात्रा की। अमरीका में किसी ने कहा कि अब कैलाश-मानसरोवर जाने की भारतीयों को अनुमति मिल गयी है। और शायद तिब्बत में और दूर भी। भारत-कम्युनिस्ट चीन का दूत सम्बन्ध है। हवाई यात्रा, व्यापार संस्कृति वग़ैरह का समझौता हो गया है, या शीघ्र होने वाला है। भारत-ताइवान का सरकारी सम्बन्ध नहीं है। ताइवान 'दो चीन' की नीति नहीं मानता। वह तो सिर्फ़ अपने को चीन मानता है। जो कम्युनिस्ट चीन से सम्बन्ध रखता है, उसका ताइवान से सम्बन्ध नहीं रह सकता।

भिक्षु संघ पर उस देश की राजनीति का असर पड़ता है। भिक्षु इतनी राजनीतिक समझ तो रखता है कि सरकार को उसे वाम नहीं बनाना है, अनुकूल रखना है। उसके बिना व्यवहार नहीं चलता। किन्तु सिद्धान्त में, भिक्षु का अपना घर नहीं, सारा संसार उसका घर है। जहाँ से भी उसे निमन्त्रण मिले, पापी से भी, पुण्यात्मा से भी, वह वहाँ जा सकता है। फिर कम्युनिस्ट चीन में तो धर्म के लिए स्थान नहीं रहा है। अब कुछ शिथिलता आ रही है। लेकिन कम्युनिज्म और बुद्धिज्म में कोई समझौता नहीं होने वाला है। बौद्ध दृष्टि से मार्क्सवाद मिथ्या दृष्टि है। मार्क्सवाद दृष्टि से बौद्ध दृष्टि मिथ्या दृष्टि है। कहीं से कोई एक टुकड़ा यहाँ का, एक टुकड़ा वहाँ का लेकर उसे एक-दूसरे का पूरक बनाने से नहीं चलेगा। दोनों का समग्र दृष्टि का दावा है और यह एक-दूसरे को खारिज करता है। जैसा चीन में हुआ, जैसा वियतनाम में है, बर्मा में हुआ है, जैसा सब दूर एशिया में हुआ है। ऐसी दशा में चीन में सद्धर्म मानने वालों ने उसे हांगकांग या ताइवान में बचा कर रखा है। मंदिर बनाया है, शिक्षा है, धर्म है और अगर वह समृद्ध भी है तो क्या इस कारण

अस्पृश्य है? क्या चीन की मुख्य भूमि पवित्र भूमि है? फिर तो जितने लिङ हैं, द्वीप हैं, सब अपवित्र हैं। बौद्ध दृष्टि में, कोई जाति या भाषा या भूमि पवित्र-अपवित्र नहीं। इसलिए ताइवान अपवित्र नहीं।

बल्कि कम्युनिस्ट चीन की तुलना में तो ताइवान बौद्ध भिक्षु संघ के निकट है। पहले में तो हाल-हाल तक बौद्ध धर्म के लिए स्थान नहीं है। वहाँ धर्म को, मंदिर को, ग्रन्थ को नष्ट किया है। भिक्षु का जबर्दस्ती वेश छुड़वाया। काम पर लगाया। अपमानित किया। उस चीन के मुकाबले, ताइवान में भिक्षु धर्म, संघ के लिए स्थान है, सुरक्षा है। ऐसा द्वीप है जिसे कम्युनिज्म की बाढ़ डुबा नहीं सकी। इसलिए भारतीय बौद्ध भिक्षु को वहाँ जाने में तो क्या आपत्ति हो सकती है? यह समझ में नहीं आता। अगर मुझे जाना होता तो मैं जाता। लेकिन निमन्त्रण पाँच भिक्षुओं के लिए है। मैं भिक्षु नहीं, इसलिए मेरे लिए नहीं।

यह सब अब सोचने से क्या लाभ? उस समय तो भंते सिक साइ चिन से जैसे छूटते ही कह दिया कि भारतीय भिक्षु ताइवान जाना पसन्द नहीं करते। यह सुनते ही जैसे भंते का चेहरा बुझ गया। चीनी भाषा में लिखा निमन्त्रण उन्होंने रख दिया—धीरे-धीरे। उन्होंने इतना कहा कि यह तो धर्म का काम है। इसमें राजनीति आड़े नहीं आनी चाहिए। बौद्ध धर्म भारत में शुरू हुआ इसलिए हम भारत से अपेक्षा करते हैं, भिक्षु संघ से अपेक्षा करते हैं। मैंने तुरन्त यह भी जोड़ा कि मैं नहीं कहता कि राजनीति इसमें आये, बहुत करके आयेगी नहीं। संभव है अखिल भारतीय भिक्षु संघ इस निमन्त्रण को प्रसन्नतापूर्वक स्वीकार करे। किन्तु अशुभ देख कर चलना अच्छा है। शुभ विहारी बनना अच्छा नहीं। इसलिए मैंने यह शुरू में ही स्पष्ट कर दिया।

अब सोचता हूँ कि सब खोल कर बताना क्या जरूरी है? कहते समय भी दुविधा थी। 'जहाँ दुविधा हो वहाँ न करो' का नियम है। सो क्यों नहीं पालन किया? प्रत्यंचा से छूटा तीर और जिह्वा से निकला वचन खाली नहीं जाता और वापस नहीं आता। तो बाण जैसा लगा, बींध गया। भंते का वह प्रथम उत्साह नहीं रहा।

फिर यह भी सोचता हूँ कि इतना कह देना अच्छा हुआ। गुरु, वैद्य, मन्त्री और मित्र को कड़ुवा लगने पर भी जो औषधि है वैसा वचन कहना नीति है। शायद इसकी तासीर गर्म न हो, बल्कि ठण्डी हो। भंते को भी अति उत्साह न हो, अशुभ विहार हो तो अति खेद भी न हो।

चीनी भोजन एक अनुभव है : एक गोल मेज है। उसमें एक घूमती हुई छोटी गोलाई। बीच वाले वृत्त पर खाने का सामान बड़ी प्लेट में रखा हुआ है। बाहर वाले वृत्त पर अपना-अपना पात्र है। 'चाप स्टिक' है। एक चीनी मिट्टी का ही गहरा चम्मच है। कसोरे में चावल भर कर देते हैं। मेरी चिन्ता है कि जो पदार्थ है मैं उनके पद, अर्थ नहीं जानता। जान कर मांस मछली नहीं खाना चाहता। सो सिक साउ चि को धीरे से याद दिलाता हूँ, कि मैं शाकाहारी हूँ। पनीर, मटर है—मटर-पनीर नहीं, पनीर-मटर, मशरूम है, साग है, शायद अरुई है, चीनी नुडुल। सब बीच के वृत्त में घूम रहा है। भिक्षु भोजन प्रारम्भ हुआ और वार्ता भी। खाते जाते हैं। बात करते जाते हैं। और अपनी-अपनी खंपाची से ही बीच की तश्तरियों से पनीर या मशरूम या साग निकालते जाते हैं। जूठा का विचार नहीं है, मुझे भी नहीं। तद्वत होने का अभ्यास है। यूरोप के लोगों को यूरोप में गर्मी लगती है तो मुझे भी लगने लगती है, जबकि तापक्रम के हिसाब से शायद हमारे यहाँ का गुलाबी जाड़ा हो। चावल का दूसरा दौर भी होता है। फिर वही घूमती हुई सब्जी। मैं इस बार नुडुल लेता हूँ—दिल्ली में, रोम में खाया है। किन्तु चीनी खाना चीनी रसोई में कुछ और ही चीज है। 'चाप स्टिक' से नहीं चलता तो मेरे लिए काँटा-चम्मच भी है, अच्छी, सुनहरी किस्म का। जैसे-जैसे भोजन होता है, वैसे-वैसे वार्ता का वेग भी। एक क्षण ऐसा आता है जब सिक साउ चि संकेत करते हैं कि मैं उठ सकता हूँ। किन्तु मुझे चीनी भाषा सुनना अच्छा लगता है। जैसे बिना आयाम ध्वनि, अर्थ, अर्थछाया निकल रही है। शब्दार्थ जानना जरूरी नहीं है, भाव समझ में आता है। और संसार तो भाव का भूखा है—शब्द, अर्थ और व्याकरण का नहीं।

बीच-बीच में 'इन्दो' आता है जो 'इंडिया' के लिए है। करीब-करीब जिस अर्थ में 'हिन्दू' के लिए रहा होगा—हिन्दू धर्म या जाति के लिए नहीं। कभी संघ आता है, कभी ताइवान, तो कड़ी जुड़ती है—सिलसिला है।

हांगकांग, 5 सितम्बर

कल रात सोने के पहले सिक साउ चि सूचित करते हैं कि कल सुबह 9 बजे निकलेंगे और बौद्ध मंदिर और संस्थाएँ देखेंगे। मैं सुबह ही नहा-निबट कर तैयार हूँ। दूसरे भंते नौ बजने में पाँच मिनट हैं, तभी दरवाजा खटखटाते हैं। उत्तर चीन

के वासी हैं। 6 वर्ष की अवस्था में प्रव्रजित हुए। अब अवस्था 70 के लगभग है। किन्तु सिक साउ चि कहाँ हैं? उनके बिना बातचीत कैसे हो सकती है? निज भाषा में व्यवहार ठीक है लेकिन अगर सभी निज-निज भाषा पकड़ कर बैठ जाएँ तो भी व्यवहार नहीं चल सकता। भाषा तो व्यवहार है, उसमें परमार्थ मूल्य देखना, चाहे चलाने में या हटाने में या बातचीत में, ठीक नहीं। भाषा मात्र व्यवहार है सो अभी अंग्रेजी से चल रहा है, कहीं 'अंग्रेजी हटाओ' चलेगा, कहीं अंग्रेजी। अगर यह घपला है तो संसार भी घपला है। संसार तो ऐसे ही चलता है, ऋत-अनऋत से। शंकराचार्य तो ऋत-अनऋत के मैथुन से कह गये हैं वह आचार्य हैं, कह सकते हैं। मैं कहूँगा तो तरह-तरह का अर्थ-अनर्थ लगाया जा सकता है।

* * *

सुबह थोड़ी-थोड़ी बूँदाबाँदी हो रही है। आकाश बादल से घिरा हुआ है, धुंध से भी। ऋतु कौन-सी है? वर्षा विगत शरद ऋतु आ गयी है। वर्षा का महीना मई-जून है। फिर तो कभी तूफान आता है तो बारिश होती है। बहुत तेज बारिश नहीं होती, लेकिन यह ऋतु सन्धि है। इसमें जब-तब तेज़ वर्षा होती है, जैसी उस दिन हो रही थी जब कोउलून से 'न्यू टेरिटेरीज' आ रहा था। यों अब शरद ऋतु आ रही है। आज बादल है। अन्यथा हांगकांग, और स्वच्छ जल की खाड़ी, (क्लीयर वाटर वे) और द्वीप और पहाड़ दूर-दूर तक साफ़ दीखते हैं। दुर्भाग्य है कि बारिश है, इसलिए साफ़ नहीं दिख रहा। किन्तु इस कुहासे, धुंध का अपना रंग है, आब है, रहस्य है। जो न दिखता है, न छिपता है, ऐसा लाज भरा सौन्दर्य है।

* * *

कुन चुङ बौद्ध मंदिर चीन की सीमा से लगभग 2 मील दूर है। भूमि से जुड़ा हुआ। नदी, पुल, चीन की मुख्य भूमि, रेलवे स्टेशन, रेल जो चीन जाती है।

दूर पहाड़ी, रम्य, चीड़ किन्तु वह गंध नहीं। शायद दृष्टि ने उसे घोल दिया। तपे तो वह गंध आये जो पहाड़ की कुमारी देह से आती है। काम-गंध हीन, जो लिसा से आती है, जो हवा में तिरती है, सो नहीं है।

मंदिर में : शाक्य मुनि, भैषज्य गुरु, अमिताभ की मूर्तियाँ, 16 आर्यों के चित्र दीवार पर उकेरे हुए।

अलमारी में चीनी भाषा और लिपि में त्रिपिटक है। अन्य बौद्ध ग्रन्थ भी हैं। चित्र ताज़ा लिखे हुए हैं। मूर्तियाँ, चीन की प्रसिद्ध लालटेननुमा बत्तियाँ, चित्र लिखित-सी हैं, ताज़ा टटका। मंदिर का अनावरण 30 नवम्बर, 1980 को हुआ है। इसलिए एक बरस से भी कम का है। साथ में (1) वृद्धा और (2) अपंग स्त्रियों के घर हैं, आश्रम हैं, वानप्रस्थ आश्रम हैं। यह आश्रम हांगकांग बुद्धिस्ट संघ की देख-रेख में चल रहे हैं और मंदिर के अन्तर्गत हैं। चीन में जरूरत नहीं थी। बूढ़े-बूढ़ियों को अलग रखने की जरूरत पड़ रही है तो जरा दुख है, कह कर बौद्ध निवृत्त नहीं हो लेते। उस दुख को दूर करने का उपाय भी कर रहे हैं। शायद चीनी बौद्ध परम्परा में पहली बार इस तरह के अपंग, वृद्ध की सेवा का काम हांगकांग में हो रहा है।

'हांगकांग कुन चुङ टेम्पुल' शीर्षक चीनी भाषा में प्रकाशित पुस्तिका में इस बाबत विवरण है। मंदिर की स्थापना का श्रेय भंते काक क्वांग को है। मंदिर में तेंदई बौद्ध सम्प्रदाय के 44वें गुरु पो चिङ की स्मृति में कक्ष है। स्तूप है, अस्थि शेष है, विवरण पुस्तिका माँगने पर भिक्षुणी एक तौलिया, एक शीशा, एक चाभी का गुच्छा जिस पर अवलोकितेश्वर लिखे हुए हैं, एक चित्रित काठ की डंडी भेंट करती है। यह भेंट तो भिक्षु को शोभती है।

* * *

यह 'न्यू टेरिटरीज' हांगकांग है। सब दूर सड़क चौड़ी की जा रही है। पुरानी सड़कें नये यातायात के लिए काफ़ी नहीं हैं। पहाड़ी काट कर सड़क निकाल रहे हैं या चौड़ी कर रहे हैं। शायद एक बड़ी पहाड़ी का माथा भाँग कर 'न्यू टेरिटरीज' के लिए रास्ता निकला। क्रम जारी है। हांगकांग-चीन की मुख्य भूमि की सीमा पर भी सड़कें चौड़ी की जा रही हैं ताकि आना-जाना सुकर हो।

नई-नई कई मंजिली इमारतें बन रही हैं। एक साल बाद भी कोई आये तो पहचान नहीं सकेगा—मैं तो कभी भी नहीं।

पहाड़ काट रहे हैं। उसकी मिट्टी, चट्टान से समुद्र पाट रहे हैं। इस तरह एक उपाय से दो जमीन बना रहे हैं। हांगकांग द्वीप है। भूमि की कमी है। जनसंख्या आव्रजन से बढ़ रही है। धन कमाने की इच्छा और संभावना हांगकांग की ओर खींच रही है। लाभ और लोभ जैसे-जैसे पुरता है वैसे-वैसे और बढ़ता है, सो बढ़ रहा है।

इसलिए भूमि की जरूरत है। किन्तु इसमें पृथ्वी और समुद्र का सन्तुलन बिगड़ रहा है। पहाड़ की भी अपनी ज़रूरत है। पानी और हवा और आकाश को यह थामे हुए हैं। वह जब नहीं रहा तो पानी को कौन रोकेगा? यह नयी इमारतें नहीं रोक सकेंगी। समुद्र पट रहा है। लेकिन चारों ओर से जल समुद्र की खाड़ी में आ रहा है। वह जल कहाँ समायेगा? भय है कि आगामी वर्षों में यह या तो बड़ी बाढ़ लायेगा या भूकम्प। हांगकांग को जल-प्रलय या भूकम्प का भय है।

ऐसा हो, यह मेरी इच्छा नहीं। लेकिन जब पर्वत काटा जायेगा, समुद्र पाटा जायेगा तो वह होने पर वह होता है, यह प्रतीत्यसमुत्पाद सब दूर लगता है। यह हेतु राज है। इस पर लक्ष्मी का वश नहीं। इसलिए यह भय है—जल-प्रलय या भूचाल।

पर्वतों पर से यों भी वन का सफ़ाया हो रहा है। वन-वनस्पति की अच्छी सम्पदा हांगकांग की रही है। किन्तु अभी तो सारी भूमि या तो औद्योगिक बस्ती या दुकान या मकान हो रही है। गाँव है लेकिन खेती नहीं। भूमि को उद्योग-व्यवसाय हड़प रहा है। आयात करते हैं। ज़्यादा करके चीन की मुख्य भूमि से अनाज मँगाते हैं। आस्ट्रेलिया, द.पू. एशिया वग़ैरह से भी अन्न का आयात करते हैं। अन्न के मामले में आत्मनिर्भर रहें, यह विचार छोड़ चुके हैं। औद्योगिक माल तैयार कर रहे हैं। या बस आयात-निर्यात कर रहे हैं। इस कमाई से अन्न, मांस, दूध, वस्त्र, घड़ी, बिजली के उपकरण, कैमरा, सौन्दर्य प्रसाधन, कार वग़ैरह सारी दुनिया से आयात कर रहे हैं। हांगकांग का दावा है कि जो कुछ संसार में है, सो यहाँ है। गनीमत है यह नहीं जोड़ते कि जो यहाँ नहीं है, सो संसार में कहीं नहीं है।

जापानी माल दुकानों की खिड़कियों पर ज़्यादा दिखता है। किन्तु अन्दर-अन्दर चीनी व्यापार बढ़ा है। प्रायः 70 फीसदी माल चीन से आता है। शेष 30 फीसदी संसार के अन्य भाग से—जापान से, अमरीका से, ब्रिटेन से, जर्मनी से और शेष संसार से। यह स्वाभाविक भी है। हांगकांग चीन की भूमि है, मुख्य भूमि से जुड़ा हुआ है। सीधी रेल, सड़क है। आबादी 50 लाख के लगभग है। इसमें से 40 लाख जनसंख्या चीनी है, शायद अधिक। अंग्रेज यहाँ नाममात्र को है पर सरकार के शीर्ष पदों पर है। शेष तो स्थानीय आबादी है। ब्रिटिश उपनिवेश है लेकिन कानून में भी अंग्रेजी-चीनी का मेल जैसा, अन्यथा चल नहीं सकता। जैसे अगर स्कूल में बौद्ध मूर्तियाँ हों या कक्ष हों तो अंग्रेज रोक नहीं सकता।

वैसे प्रोटेस्टेंट, रोमन कैथोलिक दोनों यहाँ सक्रिय हैं, विशेषकर शिक्षा के क्षेत्र में, किंडरगार्टन से यूनिवर्सिटी तक।

हांगकांग यूनिवर्सिटी में शिक्षा का माध्यम अंग्रेजी है। चाइनीज यूनिवर्सिटी ऑव हांगकांग एक पूरी पहाड़ी पर बसी हुई है। खाड़ी का जल उस पहाड़ी का पाँव पखार रहा है। चाइनीज यूनिवर्सिटी में भी चीनी और अंग्रेज़ी दोनों हैं। विज्ञान वग़ैरह में प्रायः अंग्रेजी, चीनी भाषा, संस्कृति, इतिहास में। बौद्ध स्कूल, कॉलेज में यों भी प्रायः अंग्रेजी माध्यम है। इतिहास में चीनी इतिहास चीनी भाषा के माध्यम से, विश्व इतिहास अंग्रेजी भाषा के माध्यम से पढ़ाते हैं। सार्वजनिक व्यवहार में चीनी प्रयोग में है। प्रायः अखबार चीनी भाषा में हैं। टेलीफोन करने पर चीनी ध्वनियाँ आती हैं। अंग्रेजी उच्चारण भी चीनी ढंग का है—अंग्रेजी होते हुए भी जल्दी पकड़ में नहीं आता। अंग्रेजी से अंग्रेजी दुभाषिया की जरूरत होती है। नामपट अंग्रेजी, चीनी दोनों भाषा, लिपि में हैं। हांगकांग में विदेशी पूँजी पर रोक नहीं है, बल्कि स्वागत है। ब्रिटिश पूँजी तो है ही, अमरीकी, जापानी, जर्मन, फ्रांसीसी वग़ैरह पूँजी यहाँ लग रही है। तकनीकी ज्ञान का भी आयात हो रहा है।

विदेशी पूँजी के साथ विदेशी रहन-सहन का भी आयात हो रहा है। कपड़ा तो सब अंग्रेजी अमरीकी हो गया है। पैंट, सूट, टाई तो संभ्रान्त जन की पोशाक है—जीन, शर्ट या बनियाइन, युवा-युवतियों की, और वह जाँघिया भी जो हवाई द्वीप में दिखता है या जिसे अमेरिका में सैलानी युवतियाँ पहनती हैं। इससे जाँघों की सीवनी तक आगे दिखती है। पीछे तेलुगु वर्णमाला का 'घ'। किन्तु थोड़ा फर्क है। नजर मिलने पर नजर नीची करती हैं। और इसे थोड़ा नीचे सरकाती हैं, या चाहती हैं। यह लाज भी कितने दिन की मेहमान है? जब क़ौम का वस्त्र बदलता है, तौर-तरीका बदलता है तो मिज़ाज बदल जाता है। या, चित्त बदलता है तो बाहर भी बदल जाता है। लगता है चित्त में पश्चिम बसा हुआ है। है भी आकर्षक, मोहक। किन्तु पश्चिम में हालीवुड में, जहाँ फिल्म से यह वह फ़ैशन निकल रहा है, वहाँ इस बाहर-बाहर-बाहर की दौड़ से ऊब है। कुछ अन्दर की तलाश है। जहाँ अन्दर की खोज रही है, अन्तर्दृष्टि रही है, वहाँ अब बाहर की ओर चित्त भाग रहा है—बाहर को खोल रहा है और उसे सँवार-निखार-उघार रहा है। उस पर ध्यान है। संसार शायद ऐसा ही दो-रसा है—बाहर-भीतर।

* * *

एक खाड़ी है। हरित-नील पर्वत हैं। कटान है। जल जैसे पर्वत शिखर में प्रवेश कर गया है। या जैसे पृथ्वी की योनि है। कुछ ढँकी-ढँकी, कुछ खुली-खुली। उसके किनारे-किनारे रास्ता है। इस पर 'विला' हैं—हांगकांग के रईसों के बंगले और बगीचे हैं। इन्हें खरीदने पर रोक नहीं। सिर्फ अंग्रेज खरीद सकते हों, ऐसा नहीं। जिसके पास डॉलर हो, वह खरीद सकता है। हांगकांग में डॉलर सर्वप्रभुता संपन्न है। प्रभु है। वस्तुएँ और वासनाएँ सब खरीदी-बेची जा सकती हैं।

इनसे गुजर कर इस खाड़ी का पूरा विस्तार दिखता है। एक के बाद एक पाँच पर्वत श्रेणियाँ दिखती हैं—हरी, कम गाढ़ी नीली, कम नीली-नीली रेखा जैसी, उनकी भौंहों की रेख जैसी। वहाँ एक पर्वत शिखर पर चाय शान बौद्ध मंदिर है पुराना। शायद वह 20 वर्ष से अधिक का है। वैसे अन्य पर्वत श्रेणियों पर भी अन्य मंदिर हैं, अनेक हैं। शहर में इनके दफ्तर हैं। मंदिर दूर-दूर हैं।

मंदिर में गत भंते तान हुटू का अस्थि अवशेष है, स्मृति का स्तूप ऊपर है। अस्थि का अवशेष मंदिर में श्रद्धापूर्वक रखा हुआ है। वर्तमान भंते सिक पाओ देंग इसे दर्शन के लिए लाते हैं। यह दुर्लभ है। हर अस्थि समूह के साथ, उसे बढ़ा कर देखने वाला शीशा है। छोटी-छोटी अस्थियाँ, कोई समुद्री हरा, कोई फिरोजी, कोई केशरिया हो गयी हैं। जल कर हड्डियों के इतने रंग, रूप रूपाकार होते हैं, यह पहली बार देखा।

चीन में शव को दफ़नाते भी हैं, जलाते भी हैं। बौद्ध तो प्रायः जलाते हैं, लेकिन दफ़नाते भी हैं। यह अस्थियाँ तो भस्म होने के बाद की हैं।

मंदिर में ही दोपहर का भोजन है। एक मेज पर हम चार जन हैं—एक भिक्षु, एक श्रामणेर, एक ट्रैक्सी ड्राइवर, एक मैं। ट्रैक्सी ड्राइवर जैसे एक जाति का है तो सबमें शरीक है—पूजा-पाठ में, भेंट में, भोजन में, बातचीत में तो कुछ ज्यादा ही।

पूरब में बातचीत में बहुत शक्ति-समय का अपव्यय होता है। पश्चिम में इतनी फ़िजूल बात नहीं है। आर्य मौन है। जापान में तो आर्य मौन जैसे मूर्त रूप में है। किन्तु चीन में, कम-से-कम हांगकांग में जो चीन है, उसमें तो श्रामणेर भी, ड्राइवर भी सब गप में डूबे हुए हैं, जैसे सबसे बड़ा उद्योग गपबाजी है। इसका भी कला की तरह विकास हुआ है—गाड़ी चलाते हुए, खाते हुए। खाना तो इसका अपूर्व अवसर है। यहाँ

मंदिर में अन्य परिवार के लोग भी हैं। लगता है, ये विशेष पूजा के लिए आये हुए हैं और सम्पन्न हैं। पूजा के बाद उनका भोजन भी यहीं है। मंदिर का भण्डारा बड़ा है। खाने की टेबुल-मेज भी प्रशस्त है। सब टेबुल भरा हुआ है। चावल एक जगह से आता है। अपना-अपना सकोरा भर जाता है। पहले टमाटर का सूप जैसा आता है—पश्चिमी चाल का नहीं—टमाटर, प्याज, आलू वग़ैरह का रसा है। वह छोटी-छोटी प्याली में पाते हैं। फिर सब्जी आती है। एक चीज ऊपर, जैसे मैदा में तल कर लाते हैं। खूब सिंकी हुई रहती है और अन्दर सब्जी वग़ैरह है। फिर जैसे मशरूम आता है। अपने यहाँ तो इसका नाम भी ऐसा है कि सुन कर अच्छा नहीं लगता—कुकुरमुत्ता। किन्तु यह एक उत्तम सब्जी है। कभी-कभी तो यह कलेजी की तरह दिखती है, रसेदार जैसी बनाते हैं, परसते हैं। अपनी-अपनी खंपाची से उसे पकड़-पकड़ कर अपने-अपने सकोरे में डालते हैं, खाते हैं। चाय आदि, मध्य और अन्त में पीते हैं। चाय की पत्ती सुखा लेते हैं। कभी तो उसको चमेली के फूलों के साथ वास लेते हैं। ऐसी सुवासित चाय सीधे पीते हैं, न दूध, न चीनी, हल्की गर्म चाय, 'च्छा' जैसा बोलते हैं।

अनेक प्रकार के व्यंजन एक-एक कर लाते हैं। आग्रह करते हैं कि सबमें से कुछ चखें। नुडुल तो खाना ही है। यह मशरूम दूसरी तरह पका है। सिर्फ तला हुआ है, रसा नहीं है। यह फली के साथ है, वगैरह। भोजन नमकीन है, और मांस-मछली नहीं, लेकिन पकाने का ढंग वैसा ही है, जैसे कि मांस खाने वाली जाति में कटहल की सब्जी भी या बेसन भी मांस जैसा पकाते हैं, वैसे ही सब्जी भी मछली जैसी पकती है। किन्तु यह बड़ी बात है कि भिक्षु चीन में मांस नहीं खाता। अन्यथा मज्झिम् निकाय के उस सूत्र वचन के आधार पर कि देखा न हो, सुना न हो, शंका न हो कि उसके लिए पका है तो मांस खाया जा सकता है, संसार में बौद्ध भिक्षु भी, कितना मांस-भक्षण दिन-प्रतिदिन करते हैं।

भोजन सुस्वादु है, सुपाच्य है और पौष्टिक भी है। किन्तु अन्त में मीठा नहीं। शायद कुमारजीव ने अपने अनुवादों में यह नहीं लिखा कि आर्य अन्त में मिष्ठान्न खाते हैं!

* * *

मंदिर के निकट एक नया मंदिर बन रहा है। शाक्य मुनि की मूर्ति आ गयी है। खंभा तैयार है। रंग-रोगन हो रहा है। लाल खंभा है, नक़्क़ाशी है। कारीगर नीली जीन, या हाफ़ पैंट, जूता मोजा पहने हुए हैं। गर्मी है इसलिए ऊपर कुछ नहीं। अपना काम करते जाते हैं। शाक्य-मुनि भूमि स्पर्श मुद्रा में हैं। चीन तो यों भी भूमि स्पर्श से विरत नहीं। धर्म में भी आकाश गमन नहीं करते।

मंदिर से बौद्ध ने मिंग प्राइमरी स्कूल देखने जाते हैं। ने मिंग का अर्थ है : अन्तर्दृष्टि। यह स्कूल 1966 में बना। आज शनिवार है, इसलिए आधे दिन का स्कूल है। इस समय अवकाश है। फिर भी भंते चाभी मँगा कर स्कूल खुलवाते हैं, दिखाते हैं, उसके पहले 'कोक' पीते हैं। जैसे जब कुछ बन रहा हो, उस समय जो भाई-चारा और उमंग होती है, सो है। स्थापित नहीं है, क्रम में है।

* * *

हांगकांग बुद्धिस्ट हास्पिटल का भूमि-शोधन 1956 में हुआ—शिलान्यास 1969 में और उद्घाटन 1971 ई. में। सात मंजिला अस्पताल है। एक 'ग्राउंड फ्लोर' और बेसमेंट। हांगकांग बुद्धिस्ट संघ एसोसिएशन ने यह अस्पताल बनवाया, चलाया। अब इसे सरकारी अनुदान मिलता है। चिकित्सा पद्धति एलोपैथिक है, मैडिसीन, सर्जरी वग़ैरह सब कुछ। एक कक्ष होमियोपैथी के लिए भी है। किन्तु पराम्परागत चीनी चिकित्सा पद्धति के लिए नहीं। शायद हांगकांग सरकार का नियम है कि वह अनुदान उसी अस्पताल को देगी, जिसमें पश्चिमी चिकित्सा पद्धति हो। यह भी हो सकता है कि अब लोगों को स्वयं ही एलोपैथी में विश्वास हो, परम्परागत चीनी चिकित्सा पद्धति में नहीं।

* * *

हांगकांग बुद्धिस्ट कॉलेज 1969 में प्रारम्भ हुआ। प्रिंसिपल की सूचना है कि सेकेंडरी स्कूल में 2,900 विद्यार्थी, 59 अध्यापक हैं। कॉलेज में 400 विद्यार्थी, 66 प्राध्यापक हैं। कॉलेज में 'आर्ट्स, कामर्स एंड बिजनेस एडमिनिस्ट्रेशन' और इंजीनियरिंग संकाय है। आर्ट्स फैकल्टी के अन्तर्गत बौद्ध अध्ययन एवं दर्शन का विभाग है। इसमें भारतीय बौद्ध धर्म, दर्शन, अन्य भारतीय दर्शन, चीन बौद्ध धर्म दर्शन और पाश्चात्य दर्शन का अध्ययन होता है।

कॉलेज का प्रारम्भ से उद्देश्य : 'चीनी और पश्चिमी विद्या का आदान-प्रदान, और

चीनी संस्कृति का प्रकाश, और समाज को ज्ञान और कौशल दिलाने में सहायता करना' रहा है।

अब तक कॉलेज के विद्यार्थियों में से 46 एम.ए. हो चुके हैं, 5 पी-एच.डी. निकल चुके हैं। इनमें से दो बौद्ध अध्ययन में हैं और शेष साहित्य, चिकित्सा, दर्शन में। विद्यार्थी उच्च शिक्षा के लिए ब्रिटेन, अमरीका, फ्रांस, जापान जा रहे हैं।

* * *

बुद्धिस्ट रिसर्च इन्स्टीट्यूट में एक व्याख्यान होने जा रहा है। भंते सिक साइ चिन वक्ता, विषय का परिचय करा रहे हैं। बल, वीर्ययुक्त भाषण करते हैं। भाषण रोक कर हमारा सत्कार करते हैं और उचित आसन देते हैं।

वक्ता एक सम्पन्न चीनी युवक है। वे चान के अपने अनुभव बता रहे हैं। सफेद बोर्ड पर मार्कर से चीनी अक्षर लिखते हैं, मिटाते हैं, लिखते हैं, चाय पीते हैं। कुछ उससे उदाहरण देते हैं। एक शीशे को निकाल कर उसे भी दिखाते हैं, फिर अपना चेहरा देखते हैं और दूसरों को उनका चेहरा दिखाते हैं। बोलते जाते हैं। कुछ युवक जम्हाई लेते हैं, कुछ नोट भी करते हैं, इस तरह प्रायः डेढ़ घण्टे का व्याख्यान देते हैं।

मेरी इच्छा होती है कि बोर्ड पर से सभी अक्षर मिटा दूँ, सिर्फ सादा कोरा बोर्ड रहने दूँ, और कहूँ कि यह चान है। या फिर यह चीनी चाय चान है। पत्ती तो भारत जैसी है। मूल बौद्ध धर्म भारत का है। चीन में उसे अपने रंग और गंध से वासित किया है और समृद्ध किया है तो यह चाय चान है।

भाषण के बाद भी वह कुछ लिख कर लाये हैं। उस पर भंते सिक साइ चिन से चर्चा करते हैं। भंते धैर्यपूर्वक, उनके प्रश्नों का, शंकाओं का समाधान करते हैं। उनकी पत्नी, बच्चे भी हैं। सभी साथ चाय पीते हैं। एक नहीं अनेक बार चाय का गिलास भरा जाता है, खाली होता है।

* * *

कोवलुन से हांगकांग 'न्यू टेरिटरीज' लौटते हुए शाम हो गयी है। हांगकांग की कई मंजिला इमारतों में रोशनी है, जैसे दीवाली है, दीप जल रहा है। खाड़ी में समुद्री पोत हैं–तेज रोशनी है, क्रेन है, आयात-निर्यात की गंध है, और व्यापार में बसने वाली लक्ष्मी की भी। सन्ध्या की नीलिमा-कालिमा में भी लक्ष्मी उजागर है। हांगकांग की

फ्रा अफैमानी, मुआड. बोरान, थाईलैण्ड

आकृति उभर रही है। पृष्ठभूमि में अँधेरा है, उजाला है, प्रभास्वर। किन्तु वह अन्तर का नहीं, अर्थ का है।

लौटते हुए चर्चा होती है। जिज्ञासा है कि क्या चीन का चान कोई अलग धर्म है या बौद्ध धर्म ही है? चान तो सिर्फ पद्धति है, ध्यान का अपभ्रंश। भंते का उत्तर है : चान कोई अलग धर्म नहीं। धर्म तो बौद्ध धर्म ही है। चान ध्यान की पद्धति है, सर्वश्रेष्ठ पद्धति है।

चान का उद्देश्य तत्क्षण जो है, यथाभूत का दर्शन करा देना है।

भंते सिक साय चिन जोर दे कर कहते हैं और अपनी तर्जनी मेरी भौंहों के बीच तान देते हैं। अगर जो है, जान लें, तो तत्क्षण बोधि प्राप्त होती है। अँगुली तनी हुई है। एक क्षण के लिए भौंहों के बीच चुनचुनाहट होती है, फिर जैसे घुमटा आता है, और फिर जैसे भक् से प्रकाश हो जाता है।

हम दोनों एक-दूसरे को देखते हैं, ठठा कर हँसते हैं। क्या यह 'चान' है?

मिउ फाट बुद्धिस्ट मानेस्टरी लि.
'न्यू टेरिटरीज'
हांगकांग

बैंकाक, 7 सितम्बर

'यूनेस्को' के एशिया के समाज विज्ञान सलाहकार डॉक्टर योगेश अटल की सूचना है : थाई राजा ने अपने पुरोहित को कहा कि थाई भाषा के लिए लिपि बनाओ। पुरोहित उड़िया था। उसने स्वभावतः उड़िया स्वर-व्यंजन के अनुसार लिपि बना दी। किन्तु पूरी-पूरी भारतीय लिपि भी राजा को पसन्द न थी। शायद इससे अपनी निजी पहचान खोती थी। उधर चीन का प्रभाव भी था, तो कुछ चीनी वर्णमाला के रूपों को भी शामिल कर लिपि बनायी। थाई प्रशासन और विज्ञान वग़ैरह का काम अपनी भाषा और लिपि में करते हैं।

थाई देश थोड़े समय द्वितीय महायुद्ध में जापान के अधीन रहा, किन्तु पूरे इतिहास में वह कभी किसी का गुलाम नहीं रहा। अंग्रेजों और फ्रांसीसियों को राम चतुर्थ-पंचम ने व्यापारिक रियासतें दीं—बर्मा की सीमा पर ब्रिटेन को, कम्पूचिया, लाओस, वियतनाम वग़ैरह की ओर फ्रांस को। यह छूट व्यापारिक थी। बैंकाक तक सीमित थी। फिर किसी एक को एकाधिकार नहीं करने दिया। रियासतें जो दीं तो अमरीकियों, चीनियों, जापानियों वग़ैरह को भी दीं। एक को दूसरे के मुकाबले इस्तेमाल किया और अपनी स्वतंत्रता बनाये रखी। राजा राम चतुर्थ और पंचम इस नीति के सर्जक और पोषक रहे हैं।

भारतीय प्रभाव खमेर काल में रहा है। हिन्दू देव परिवार यहाँ उपस्थित है। ब्रह्मा की पूजा परम्परागत रीति से होती है। गणेश जी विराजमान हैं। हनुमान अनेक स्थानों पर हैं, इत्यादि। थेरवाद बौद्ध प्रभाव व्यापक है। थेरवादी काल में शिव, विष्णु वग़ैरह दिखाये जाते हैं, भगवान बुद्ध का प्रवचन सुन रहे हैं या कुछ बजा रहे हैं।

थेरवादी और बौद्ध धर्म का गहरा प्रभाव है। लगभग 95 प्रतिशत जनसंख्या बौद्ध है। बौद्ध धर्म थाईलैण्ड का राष्ट्रीय धर्म है। महाराजा राम प्रथम से लगा कर आज कल के राम नवम तक बौद्ध धर्म को राज्य का संरक्षण रहा है। जनतंत्र की स्थापना पर संविधान में बौद्ध धर्म को राष्ट्रधर्म माना है। लिखित है, राजा बौद्ध ही होगा। वैसे वह अन्य धर्मावलम्बियों का भी पोषक होगा। यह एक विशेष स्थिति है राष्ट्रीय धर्म होने के नाते सरकारी तौर पर बौद्ध धर्म, विहार, स्कूल, कॉलेज, यूनिवर्सिटी संस्थाओं को सहायता प्राप्त होती है। थाई सरकार शिक्षा मन्त्रालय के अन्तर्गत एक विभाग, 'डिपार्टमेंट ऑफ रिलिजस अफेयर्स' इस काम को भी देखता

फ्रा अफैमानी

है। वैसे यह विभाग मुसलमान, ईसाई, हिन्दू, सिक्ख वग़ैरह को भी स्थान देता है लेकिन जनसंख्या का 90-95 प्रतिशत बौद्ध है, इसलिए उसका स्थान विशेष है।

थाई देश में परम्परा और आधुनिकता में अन्तर्विरोध हो, ऐसा आमतौर पर नहीं दिखता। थाई एक साथ परम्परागत बौद्ध हैं और आधुनिक भी। आधुनिकता का जोर बैंकाक और अन्य शहरों में, जैसे चियाङ माइ में ज़्यादा है और गाँवों में परम्परागत जीवन शैली ज्यादा। थाईलैण्ड मूलरूप से एक खेतिहर देश है। अभी भी धान, रबर, साबूदाना वग़ैरह इसके प्रमुख निर्यात हैं। धान की एक नकदी फसल होने से गाँव में बहुतेरे परिवर्तन आये हैं। मुद्रा की अर्थव्यवस्था का जोर गाँव में भी हुआ है, किन्तु थाई उभयवादी हैं। अंग्रेजी-अमरीकी तौर-तरीका, भाषा-भूषा वग़ैरह तेज़ी से अपनाते हैं, किन्तु थाई छोड़ते नहीं। बाजार में, दफ्तर में, काम-काज में पतलून, स्कर्ट वग़ैरह पहनते हैं। पर्व और उत्सव में परम्परागत थाई वेश, लुंगी जैसी सरोंग और ऊपर जंपर जैसा। परम्परागत रूप से वह घर में बुन लेते हैं। वैसे अब तो जैसे शेष दुनिया में, वैसै थाईलैण्ड में टेरीलिन, टेरिकाट वग़ैरह का फैशन है।

जब तक भौतिकवादी दृष्टि आध्यात्मिक पर हावी नहीं होती तब तक तो वैसे भी कोई कठिनाई नहीं है। अगर चित्त प्रधान है और उसकी शांति और शुद्धि है तो धन कितना भी आये-जाये। किन्तु जब बाह्य प्रधान हो जाये, जैसा पश्चिमी प्रभाव से होता है तो कठिनाई होती है। किन्तु थाई बुद्धिजीवी पश्चिम की विफलता को देख रहा है, आर्थिक और अन्य। इस कारण भी उसका रुझान बौद्ध परम्परा के संशोधन की ओर है। फिर ध्यान वग़ैरह से उसे राहत मिलती है।

थाई सरकार के शिक्षा मंत्रालय के तत्त्वावधान में पाँच विषयों में बौद्ध परम्परागत ज्ञान और आधुनिक ज्ञान में सामंजस्य बैठाने की समिति नियुक्त की गयी है। ये विषय हैं—शिक्षा, राजशास्त्र, समाजशास्त्र, अर्थशास्त्र और मनोविज्ञान। शिक्षा समिति तो विशेष रूप से सक्रिय है। राजशास्त्र और अर्थशास्त्र की समिति को यह काम कठिन मालूम पड़ता है। उनका कहना है कि भगवान बुद्ध ने निर्वाण की शिक्षा दी है, उस पर से राजशास्त्र, अर्थशास्त्र जैसे विषय निकालना कठिन है।

भारतीय भाषा, लिपि, धर्म, संस्कृति का व्यापक और गहरा प्रभाव एशिया में है। 'नमस्कार' का एशिया है। जैसी नम्रता से थाई स्त्री, पुरुष नमस्कार करते हैं, या चीनी और जापानी, वह तो अब भारतीयों को इनसे सीखनी है। इस पर से एक पक्ष

यह है कि यह है तो किन्तु इस पर बल देना ठीक नीति नहीं। इसकी प्रतिक्रिया होती है। दूसरा पक्ष है कि जो है, सो है, उससे डरना क्या? ज़्यादा जोरदार ढंग से भारतीयपन को उभारना चाहिए। सिर्फ 30-35 राज-परिवारों और राज-पुरुषों तक सांस्कृतिक कूटनीति को सीमित न रख कर सामान्य जन तक उसे ले जाना चाहिए। वह तो भाषा, लिपि, धर्म वग़ैरह के आधार पर ही हो सकता है, सरकारी स्तर पर नहीं।

* * *

बैंकाक—थाई भाषा में बंकाक। बंक—बाहर छोटा शहर। विदेशी उच्चारण बैंकाक। अब महानगर है : 50-60 लाख की आबादी।

चाउ पिया के दोनों ओर। पहले एक ओर... दूसरी ओर बंकाक। अब दोनों ही बंकाक।

चाउ पिया में मोटर बोट, आर-पार के लिए। दोनों तटों पर दूर-दूर जाने के लिए चाउ पिया एक साधन, संचार, एक्सप्रेस नाव, बहुत तेज़, 200-300 यात्रियों को ढोती है। चाउ पिया शिव पिया है? तो जितने चाउ हैं क्या सब शिव हैं? भाषा और संस्कृति का एक संस्कृत ही उद्गम नहीं, और भी है।

फ्रा अफैमानी शिल्प के सामने

चियाङ माइ, थाईलैण्ड, 11 सितम्बर

चियाङ माइ, लम्पुन चियाङ राइ सात-आठ-दस जिले हैं। यहाँ ठण्ड होती है; बंकाक में नहीं। थाई भाषा में इसे फाक् निआ—पश्चिमी तिब्बत बोलते हैं।

फाक = भाग

निआ = ऊपरी। या उत्तर प्रदेश

चियाङ माइ में पेशावर के लोग बहुत हैं। पेशावरी एक आया, दूसरे को लाया, अपने भाई, चाचा को लाया। फिर इनके लड़के हो गये। चियाङ माइ में सभी पेशावरी एक-दूसरे के रिश्तेदार हैं। स्यामी रुक्सो बोलते हैं, जंजीर के टुकड़े हैं।

मुख्य आहार चावल है जो पकाने पर सख्त हो जाता है। खाओ नेव, खाओ चाउ, दूसरे किस्म का होता है जैसा चावल भारत में खाते हैं। दाल की मिठाई बनाते हैं, दाल खाते नहीं। सूअर पालते हैं। दो-तीन समय उसे अच्छा-अच्छा खाना खिलाते हैं, फिर खा जाते हैं। एक-एक घर में 20-25 सूअर पालते हैं, जैसे 'भारत' में बकरा। एक तरह का व्यापार करते हैं।

'हरि ओम'—'बैजू बावरा' फिल्म लगी है। बंकाक में हिन्दी फिल्म बहुत आती थीं पर अब कम आती हैं। टैक्स बहुत लगा दिया। स्यामी को बढ़ावा है। स्यामी फिल्म बनने लगी हैं।

चियाङ माइ, 12 सितम्बर

सरदार जगतसिंह सिक्ख हैं, नामधारी। 'इंडिया स्टोर' के ये मालिक हैं और पुरातन के प्रेमी।

क्राइसी खोजी हैं, विद्वान हैं और थाई भाषा लिखते पूरा वर्ण हैं, पढ़ते कम हैं, आधा पढ़ते हैं। पुराने तो भगवान का भजन करते हैं। नौजवान लड़के-लड़कियाँ 10-11 बजे तक टेलीविज़न देखते हैं। वह कहाँ भगवान को याद करें। कहते हैं अभी खाने-पीने के दिन हैं, बूढ़े होंगे तो मंदिर जायेंगे। मंदिर कम जाते हैं और गुरुद्वारा भी कम जाते हैं।

पहले तो यह था कौन यहाँ रहना है? देश जायेंगे। 1947 के बाद यहीं रहने लगे और शादी भी यहीं करने लगे। ज़मीन-जायदाद भी यहीं कर ली। चियाङ माइ

में पहले आदमी कम थे, जंगल था। जहाँ यूनिवर्सिटी है, वहाँ जंगल था। लेकिन डाकू नहीं थे। रोटी ले जाते, खाते-पीते, नहाते-धोते थे। अब लोगों को लालच हो गया है। 'टूर' में आते हैं। उनका कैमरा, घड़ी, ट्रैवलर्स चैक, पासपोर्ट वग़ैरह छीन लेते हैं।

घर में पैसा कम देते हैं। बाहर खाते-पीते, मौज करते हैं और क़र्ज़ कर लेते हैं। यह बढ़ेगा तो देश कैसे बढ़ेगा?

पहले 'इंडिया' का कपड़ा आता था। अब जापान के मुकाबले में कोई नहीं। सारी दुनिया में जापान नं. 1 है। अमरीका में भी गाड़ियाँ जापान की, थाईलैण्ड में भी, और कपड़ा भी।

पहले जापान से माल आता था। अब यहाँ कम्पनी हो गयी है। उसी कम्पनी का माल यहाँ बनने लगा।

चियाङ माइ, 13 सितम्बर

लुम्फुन में, चियाङ माइ में, शायद सारे थाई प्रदेश में स्त्री बौद्ध स्तूप, चेदि (चैत्य) को छू नहीं सकती और उसके अन्तरवृत्त में नहीं जा सकती।

भिक्षु का स्पर्श या चीवर का स्पर्श भी न हो, यह तो समझ में आता है। किन्तु बुद्ध, स्तूप, चेदि का स्पर्श न कर सकें, या परिक्रमा न कर सकें, यह नहीं समझ में आता। प्रत्तेत थाई में यह मान कर चलना पड़ता है।

* * *

भारत मूल के लोग थाई लड़की नहीं लेते। आपस में विवाह करते हैं। थाई में खप नहीं पाते। लड़के-लड़की भी भारतीय शक्ल के होते हैं।

चीनी थाई से विवाह करते हैं, इतना मिल-जुल गये हैं कि फ़र्क़ कठिन है। बड़ा व्यापार, हार्डवेयर, कार वग़ैरह का चीनियों के हाथ में। भारतीय कपड़े का और सूद का व्यापार करते हैं और 100 रु. एक हफ्ते में 120 रु. हो सकते हैं।

थाई आज की फ़िक्र करते हैं, मज़ा करते हैं, कल का कल देखा जायेगा। क़र्ज लेते हैं। टेलीविज़न, कार, मोटरसाइकिल क़र्ज़ पर लेते हैं। इतनी बचत नहीं करते कि कभी एक साथ खरीद सकें। इसलिए 'हायर पर्चेज' क़िस्त पर खरीदने की प्रणाली प्रचलित है।

फ्रा अफैमानी

कपड़ा बंकाक से **क्रेडिट** पर लाते हैं। उस पर ब्याज नहीं। जो कुछ मुनाफ़ा हो, बेच कर फिर **क्रेडिट** चुकता करते हैं। इस बीच सूद पर भी लगाते हैं। जब से युगांडा वग़ैरह से निकाले गये हैं, चालाक हो गये हैं, दिल्ली में भी मकान बना लिये हैं। पैसा वहाँ जमा किया है, यहाँ मकान है, व्यापार है। हो सकता है अगले दस बरस में यह आवाज़ उठे कि 'इंडिया' वापस जाओ, तो चले जायेंगे। शरणार्थी नहीं होंगे। पैसा है, मकान है, दिल्ली में पंजाबी बिरादरी है।

राजा को मानते हैं। आजकल महाराज राम नवम का राज है। इनके काल में सियाम से थाईलैण्ड नाम हुआ। नीति भी ऐसी हुई कि प्रत्तेत थाई समृद्ध है। आस-पास के देश ऐसे नहीं हैं। बर्मा, लाओस, कम्बोडिया, वियतनाम युद्ध से जर्जर हैं। खाने के मोहताज हैं। प्रत्तेत थाई में खाने की गरीबी नहीं है। थाई खाता-पीता, मज़ा करता है, खुशदिल है। राजा को इतना मानते हैं कि कम्युनिज्म नहीं आया। राजा भी कहते हैं कि गरीब भी आखिर थाई हैं और उनका भी हिस्सा है। उन्हें पूरा-पूरा नहीं तो कुछ तो दो, नहीं तो कम्युनिज्म आ जायेगा। फिर थाई तबाह होगा। धनी तो यहाँ से चले जायेंगे। व्यापार नहीं कर सकेंगे। राजा दो महीना उत्तर में चियाङ माइ में, रहते हैं और दो महीने उत्तर-पूर्व में, दो महीने दक्षिण में, 6 महीना बंकाक में। इन दिनों वे दक्षिण प्रत्तेत थाई में हैं, राजभवन हैं, गाँवों में जाते हैं। उनके साथ डॉक्टर होते हैं, दवा देते हैं और तबीयत ज्यादा खराब हो तो बंकाक भेज देते हैं, हेलिकॉप्टर है।

राजा को लोग इतना मानते हैं कि जब वह चलते हैं तो रूमाल रख देते हैं या उत्तरीय। अगर उस पर राजा के पाँव पड़ गये तो उसको जतन से रखते हैं।

राजमाता भी बहुत घूमती हैं। राजकुमार उतना लोकप्रिय नहीं है जितना राजा या राजकुमारी। राजकुमारी कई भाषाएँ जानती हैं, हँसमुख हैं। इन्हें संस्कृत पढ़ाने के लिए दिल्ली विश्वविद्यालय से डॉ. सत्यव्रत शास्त्री आये हुए हैं।

डॉक्टर सम्तानी के यहाँ रहते हुए थाइ, पालि, संस्कृत में सादृश्य पर एक सेमिनार किया था। बौद्ध धर्म अपनाने के कारण पालि के शब्द हैं, खमेर के कारण हिन्दू प्रभाव है तो संस्कृत के शब्द हैं। किन्तु इनसे मुग्ध होने का कारण नहीं। ध्वनि का ढाँचा भिन्न है। सुनने पर पालि भाषा भी समझ में नहीं आती। थाइ जाति का जो भी मूल हो, चीनी या वियतनामी पर थाइ प्रभाव स्पष्ट है। सियाम या स्याम तो विदेशी लोग इन्हें कहते रहे हैं। ये खुद तो अपने को एक किस्म का थाइ ही मानते

हैं। थाइ का अर्थ 'स्वतंत्र' है। कौन-सा अर्थ पहले आया, कौन बाद में आया, यह शास्त्रियों के विवाद का विषय है।

प्राचीन स्मारक, थाईलैण्ड के सामने लेखक (बाएँ)

* * *

प्रत्तेत थाई के आस-पास के देश कम्युनिस्ट हो गये हैं। यहाँ भी कम्युनिस्टों को चीन की मदद है। लेकिन कम्युनिस्ट पार्टी यहाँ निषिद्ध है। राजा की लोकप्रियता के साथ-साथ बौद्ध धर्म भी इसका एक कारण है। बौद्ध जानते हैं कि कम्युनिज्म आयेगा तो बुद्ध शासन नहीं रहेगा, इसलिए वह कम्युनिज्म के विरोधी हैं। राजा और धर्म की मिली शक्ति कम्युनिज्म के विरुद्ध है। आन्तरिक कारण से तो यहाँ कम्युनिज्म का आना कठिन है पर बाह्म हस्तक्षेप से आ सकता है।

थाई परम्परागत बौद्ध और आधुनिक एक साथ हैं। प्रायः इनमें अद्वय देखते हैं और कहीं-कहीं द्वन्द्व है। जैसे-जो बहुत पीते हैं वह सुरा-मद्यपान से विरत रहने के शील को भंग करते हैं या काम मिथ्याचार में जो लिप्त हैं, वह भी शील भंग करते हैं। एक तरुण भिक्षु ने कहा कि लड़कियाँ स्कर्ट पहनती हैं। यहाँ मंदिर में स्त्रियाँ पाँव पीछे मोड़ कर बैठती हैं। जब वह ऐसा करती हैं तो उनकी 'स्कर्ट' जाँघों पर चढ़ जाती है या और भी ऊपर। तो...। वैसे सामान्य रूप से बौद्ध परम्परा और आधुनिकता की टक्कर जैसा नहीं है। परिवर्तन है, लेकिन परम्परा भी।

भिक्षु के लिए आदर है। उसका स्थान सदा ऊँचा है। श्रामणेर भी उपासक, उपासिका, अनागरिकता से ऊँचा स्थान पाता है। विपस्सना में उसके टहलने का स्थान भी ऊँचा रखा जाता है, यह मान्य है। दान भी बहुत मिलता है। भक्ति है। चान दोंग अगर बुलायें तो उपासक-उपासिका रविवार या काम के दिन आते हैं। कितना देते हैं?

राजा के साथ-साथ जनतंत्र के होने पर भी बौद्ध धर्म राष्ट्रीय धर्म है। यह 95 प्रतिशत का धर्म है। लगभग 4 प्रतिशत दक्षिण में इस्लाम को मानने वाले हैं, शायद मलय प्रभाव के चलते। शेष 1 प्रतिशत में ईसाई, हिन्दू, सिक्ख वग़ैरह हैं। 100 वर्ष के ईसाई प्रयत्न के बावजूद ईसाई यहाँ नाममात्र को हैं। सम्भवतः इसका कारण यह है कि वह पहले से बौद्ध हैं या बौद्ध प्रभाव में हैं।

वैसे बौद्ध धर्म पर भी यहाँ स्थानीय रंग गहरा है। भूत-प्रेत तो बहुत हैं। कहते हैं, थाई सिनेमा में आधा तो भूत-प्रेत है। भिक्षु भी गण्डा-ताबीज देते हैं और मानते हैं कि भगवान बुद्ध का तावीज है तो गोली लगने पर भी कुछ नहीं होगा—वे सब मर गये, सिर्फ वह बचा, उसने बुद्ध भगवान् की ताबीज जो पहनी थी!

उत्तर थाईलैण्ड में बर्मा का प्रभाव है। कभी बर्मा का राज भी यहाँ रहा। बौद्ध विहार और मूर्तियाँ बर्मी प्रकार की हैं। चियाङ माइ संग्रहालय में एक पूरा कक्ष बौद्ध कला का है। सीमा के जिलों पर यह प्रभाव और भी देखा जा सकता है।

चीनी प्रभाव गहरा है। भाषा-ध्वनि, खाने की टेबुल, बर्तन, खाद्य पदार्थ, पंखा, गिनती का ढंग, व्यापार वग़ैरह पर चीनी प्रभाव है। धर्म भारत का है। यहाँ कभी ब्राह्मण धर्म भी रहा है। राजा फसल की बुआई के समय ब्राह्मण बुलाते हैं। वह जनेऊ पहनता है। कहते हैं कि उसके बीज बोने से फसल अच्छी होती है। अन्धविश्वास बहुत है।

गरुड़, ब्रह्मा, गणेश वग़ैरह का हिन्दू देव परिवार है। रामायण का यहाँ बड़ा प्रचार है। यहाँ उसमें और भी चरित्र जोड़ लिये गये हैं। रामायण देखने जैसा है।

* * *

लान्ना लिपि, भाषा में त्रिपिटक है। मुअङमाङ विहार में दीर्घनिकाय, मज्झिम निकाय, संयुक्त निकाय, अंगुत्तर निकाय, अभिधम्मपिटक, विनयपिटक हैं। यह मूल पालि त्रिपिटक है या इसमें कुछ जोड़ा या घटाया गया है, यह जाँचने जैसा है।

बंकाक, 16 सितम्बर

थाईलैण्ड की शिल्प कला

स्कल्पूचर ऑव थाईलैण्ड (नेशनल म्यूजियम, फाइन आर्ट्स डिपार्टमेंट, बैंकाक) की सूचना है : थाईलैण्ड का शिल्प धर्मों से जुड़ा हुआ है, विशेषकर बौद्ध और ब्राह्मण धर्म से।

कला की विभिन्न शैलियों का इस प्रकार वर्गीकरण किया गया है :

द्वारावती (मोन) कला (6वीं-11वीं शताब्दी)—द्वारावती शिल्प भारत से प्रभावित है, विशेषकर गुप्त, उत्तर गुप्त, और पालवंश की कला के प्रभाव से। बड़ी संख्या में बुद्ध और बोधिसत्व प्रतिमाएँ मध्य-उत्तर-पूर्व और उत्तर थाईलैण्ड में पायी गयी हैं। कला की यह शैली प्राचीन मोन संस्कृति का अंग मानी जाती है।

बौद्ध विहार के द्वार पर लेखक (दाएँ)

सिरि विजय या दक्षिणी कला (8वीं-13वीं शताब्दी)—थाईलैण्ड के दक्षिणी भाग, विशेषकर सुरत थानी प्रान्त के चेय और नकोन सिरि थमराट प्रान्त में अनेक शिल्प पाये गये हैं जो भारतीय शिल्प कला के गुप्त, पाल, सेन, पल्लव और चोल राजघरानों के साथ-साथ 14वीं शताब्दी की मोन, खमेर और थाई कला का अनुसरण करते हैं।

खमेर और लोपबुरी कला (9वीं-11वीं शताब्दी)—खमेर शिल्पकार ने पत्थर और कांसे दोनों से प्रतिमाएँ बनायीं। अधिकांश मध्य और उत्तर पूर्व थाईलैण्ड में पायी जाती हैं। 11वीं से 13वीं शताब्दी में थाई कलाकारी का एक घराना था जो 'लोपबुरी' कहलाता था।

बुरी पुरी के अर्थ में है। इस घराने ने खमेर शैली का अनुसरण किया।

चियाङ सेन या उत्तरी कला (13वीं-20वीं शताब्दी)—उत्तरी थाईलैण्ड की कला का एक प्रसिद्ध घराना चियाङ माई या लान्ना है। यह सुखोथाई और अयुथ्या की थाई शैलियों से प्रभावित है, जो कला घराना चियाङ सेन के नाम से जाना जाता है। वह भारतीय पाल शैली से प्रभावित है।

सुखोथाई कला (14वीं-15वीं शताब्दी)—सुखोथाई कला अपने सौन्दर्य और कला-प्रतिमान के कारण 'क्लासिकी युग' की मानी जाती है। सुखोथाई काल में शिल्पकारों ने बुद्ध, शिव, विष्णु, ब्रह्मा जैसे हिन्दू देवताओं की मूर्त्तियाँ बनायीं।

अयुथ्या कला (15वीं-18वीं शताब्दी)—कला की यह शैली अपने पूर्व काल में 'ऊ थाङ' कही जाती थी। यह खमेर और मोन कला शैलियों से प्रभावित है। परवर्ती कला शैलियाँ सुखोथाई से प्रभावित हैं और इनमें एक राष्ट्रीय शैली को सिरजा है जो अयुथ्या शैली कही जाती है। परवर्ती अयुथ्या काल की शैली का प्रिय नमूना मुकुटधारी बुद्ध की प्रतिमा है।

बंकाक कला (19वीं शताब्दी)—1782 ई. में बंकाक राजधानी बना। अट्ठारहवीं शताब्दी के परवर्ती और उन्नीसवीं शताब्दी के पूर्ववर्ती काल में बंकाक कला ने अयुथ्या की राष्ट्रीय शैली को जारी रखा। बाद में राजा राम चतुर्थ (1851-1868) के शासनकाल में शिल्पकारों ने अनेक प्राचीन नमूनों के आधार पर अनेक प्रकार की बुद्ध प्रतिमाएँ सिरजीं। इस प्रकार वे किसी भी वांछित शैली की तकनीकी दृष्टि से परिपूरित प्रतिमा बना सके।

थाई विहार का शीर्ष

थाई मूल और अंग्रेजी अनुवाद में दी गयी इन संक्षिप्त टिप्पणियों के बाद कला के नमूने रंगीन कार्ड के आकार में संलग्न हैं।

थाईलैण्ड के शिल्प पर शिल्पकान विश्वविद्यालय के शिल्प संकाय के प्राध्यापक अनुवित चरनकुल से चर्चा से प्रकाश पड़ा। आजकल एक प्रगतिशील स्कूल है जो द्वारावती कला को द्वारावती कहना अपर्याप्त मानता है। वह उसे मोन कला कहना पसन्द करता है। इस विचारपंथ के अनुसार द्वारावती तो देशकाल में सीमित है, जबकि मोन कला का विस्तार मध्य-उत्तर पूर्व, और उत्तरी थाईलैण्ड से कहीं अधिक है। मोन एक प्राचीन संस्कृति है और उसकी कला मोन कला है।

प्राध्यापक अनुवित के अनुसार मोन शब्द एक सीमित शब्द है, क्योंकि द्वारावती शैली के नमूने थाईलैण्ड के उन क्षेत्रों में भी मिलते हैं, जैसे दक्षिण में, जो मोन संस्कृति के क्षेत्र नहीं हैं। इसलिए मोन कहना तो अति संकोच करना है। प्राध्यापक अनुवित के अनुसार द्वारावती शैली कहना ठीक है। इससे एक कलम की पहचान होती है।

मौन और खमेर दोनों का सह-अस्तित्व थाईलैण्ड में है। 'प्रगतिशील' इतिहासकार

यह स्वीकार नहीं करते कि खमेर ने 11वीं शताब्दी में मध्य थाईलैण्ड पर कब्जा किया। उनका मत है कि कोई राजनीतिक कब्जा नहीं हुआ, सांस्कृतिक प्रभाव था। जो हो, थाईलैण्ड के शिल्प पर मोन और खमेर दोनों प्रभाव हैं और द्वारावती शिल्प को एक शिल्प शैली भर माना जा सकता है। उसके पीछे जो राजनीतिक पराभव वग़ैरह हैं वह हो, न हो। सिर्फ संज्ञा के लिए, पहचान के लिए द्वारावती शैली संज्ञा ठीक लगती है।

इस सिलसिले में एक और प्रश्न है। प्रायः थाई शिल्प के इतिहासकार जैसे मोन-खमेर की मध्य थाईलैण्ड की शैली को केन्द्र में रख कर उत्तरी चियाङ माइ या चियाङ सेन शैली को उससे भावित मानते हैं—केन्द्र की एक शाखा या विस्तार। शिल्प कला की दृष्टि से ऐसा केन्द्र और परिधि नहीं, न शिल्प कला में कोई ऊँच-नीच की सीढ़ी है। केन्द्रीय थाई जैसे शिल्प ऊँचा है, चियाङ माइ या उत्तरी शिल्प जैसे कबाइली है, नीचा है, ऐसा ऊँच-नीच नहीं और न ही एक केन्द्र का विस्तार। यह भिन्नता थाई कला की समृद्धि और सौन्दर्य का सूचक है। इसे मेट कर अभिन्नता, एकरुचिता देखना, इसे सीमित करना है, वंचित करना है।

ऐसी मेरी विनम्र व्याख्या है, सो प्राध्यापक अनुवित चरनकुल को स्वीकार है।

वाट महाथात
बंकाक (थाईलैण्ड)

वाट महाथात (महाधातु विहार) बंकाक, 16 सितम्बर

थाई जाति का मूल दक्षिण चीन का युन्नान प्रदेश। ताइ एक महान जाति है। असमिया ताइ अहोम हैं। ताई खाम्ति भी ताइ हैं—ताइ फाके वग़ैरह। थाई का उद्गम स्रोत ताइ जाति है। ताइ का यहाँ अर्थ है : स्वाधीन, सो यह है। ताइ का अर्थ अरुणाचल प्रदेश और असम में सुना वह है : महान्। शायद एक या दूसरा या दोनों अर्थ हों।

नक्शे में चियाङ माइ युन्नान के दक्षिण में है। यहाँ प्रागृ-ऐतिहासिक गुहाचित्र भी मिले हैं, अनेक वाट हैं। वाट प्रासिंह प्रसिद्ध है। चियाङ माइ में अनेक प्रसिद्ध बौद्ध साधक हुए हैं। वहाँ रह कर 'मंगल सुत्त दीपिनी' लिखी गयी है—मंगल सुत्त की टीका।

गत 20-25 वर्षों से एक जर्मन विद्वान डॉ. हांस पेंत वहाँ रह कर कला सम्बन्धी खोज कर रहे हैं। लॉस एंजेलस, काउंटी म्यूज़ियम ऑफ आर्ट के डॉ. राबर्ट ब्राउन ने

उनका परिचय दिया है।

चुला लोंकोन बौद्ध विश्वविद्यालय के डिप्टी सेक्रेटरी जनरल भंते पी.सी. अकरकुसलो ने विश्वविद्यालय के पाँच भिक्षु अध्यापकों का नाम बताया और एक-दो का नोट भी कराया। विश्वविद्यालय के तरुण स्वाध्याय स्थविर भिक्षु पी.टी. फुफमाङ का परिचय लॉस एंजेलस में भिक्षु डॉ. मेदी ने दिया था। सो उन्होंने अपने वाट बेंचम बोदित का पता दिया। आमन्त्रित किया।

महाचुल बौद्ध विश्वविद्यालय में डॉ. संगवान प्रोमसेन से भेंट होती है। अनेक वर्षों तक वे बनारस हिन्दू विश्वविद्यालय में रह चुके हैं—

शायद 1946 से 1975 तक। वहीं से 'प्रतीत्यसमुत्पाद' पर दर्शन में पी-एच.डी. की उपाधि प्राप्त की है। वे थम्मसात यूनिवर्सिटी की लिबरल आर्ट्स फैकल्टी के प्राध्यापक हैं। ये चियाङ माइ के पास के हैं। चियाङ माइ विश्वविद्यालय के प्रोफेसर रुङ रेङ बनारस, फैकल्टी ऑव ह्यूमैनिटीज का नाम-पता देते हैं। साथ थमसात विश्वविद्यालय ले जाते हैं। छात्रसंघ भवन के विद्यार्थी बौद्ध धर्म और राजनीति पर विचार-विमर्श कर रहे हैं, तीन गैर भिक्षु। बौद्ध धर्म और राजनीति में क्या अभिन्न है, क्या भिन्न है, इस पर गम्भीरतापूर्वक विचार हो रहा है। लड़के-लड़कियाँ दूर-दूर बैठ कर सुन रहे हैं, और प्रश्न करने के लिए चिट बाँट रहे हैं। जिस गम्भीरता से यह व्यापार हो रहा है वह उत्तर भारत के विश्वविद्यालयों के छात्रसंघ से नितान्त भिन्न है।

थम्मसात विश्वविद्यालय थाई देश का राष्ट्रीय विश्वविद्यालय है। यह समाज विज्ञान, मानविकी और लिबरल आर्ट्स तक अपने को सीमित रखता है। विश्वविद्यालय के स्नातक देश की राजनीति और प्रशासन में महत्वपूर्ण पदों पर हैं, और अपनी मातृ संस्था की मदद करते हैं।

विश्वविद्यालय चाउ पिया के तट पर है। अहाता बड़ा नहीं है, सुगठित है; शायद ज्यादा फैल जाने से पसर जाता है। केफेटेरिया में चावल की खीर जैसा एक पदार्थ खाते हैं। क्या खायेंगे यह सोचकर डॉ. प्रोमसेन उसको ढूँढ़ निकालते हैं। यह पायस जैसा है, कुछ गरी का भी पुट है। फिर सोयाबीन का दूध है, ठण्डा बर्फ के साथ, पोषक, प्रोटीनयुक्त।

विश्वविद्यालय के अहाते की दुकान में कोई नोटबुक नहीं मिलती मेरी पसन्द की। या तो रंग-बिरंगी या फिर बहुत बड़ी रिपोर्ट लिखने की बही जैसी। एक जापानी

फ्रा अफैमानी

'फाइन प्वाइंट' की क़लम लेता हूँ। कितनी कलमें जमा हो गयी हैं, फिर भी तृष्णा नहीं जाती। यह किसी दिन तंग करेगी। हो सकता है कि भारतीय 'कस्टम' को ही और कुछ न मिले तो रुपये-दो रुपये-तीन रुपये के बराबर की क़लमें ही इतनी क्यों हैं? यही खटके।

महाचुल बौद्ध विश्वविद्यालय में चियाङ माइ की चर्चा करते हुए ध्यान आता है कि वहाँ की डॉ. सुमित्रा सुवन्नामा विस्कांसिन गयी थीं। उन्होंने चियाङ माइ के उत्सव पर कुछ 'स्लाइड' भी दिखायी थीं सो उनसे भी मिला जा सकता है।

चियाङ माइ–चिन्मयी? 10-13 सितम्बर–

तीन दिन। चियाङ माइ में यह क्या हो गया?

चियाङ माइ : 9 सितम्बर, 1981 की रात बंकाक से रवाना हुआ। 10-11 सितम्बर रह कर 12 सितम्बर की रात बंकाक वापस आने का कार्यक्रम बना।

थाई विहार प्रांगण में लेखक (बाएँ) थाई युवा संग

भारतीय दूतावास से राजदूत के आदेश पर टेलीफ़ोन भारत के चियाङ माइ स्थित काउंसल श्री के.एस. शास्त्री को गया। वाट महाथात से दोंग को टेलीफोन। बस स्टेशन पर दोनों के प्रतिनिधि कार लेकर आये। काउंसल की गाड़ी में वाट म्युङ माङ। रास्ते में 'इंडिया स्टोर' के सरदार जगतसिंह के घर नाश्ता किया। रात भर बस में चल कर उतरा था, निबटा-नहाया न था। ऐसे में क्या नाश्ता करता? एक प्याला चाय ली। वाट रामकेन में आवास की व्यवस्था है। यह चियाङ माइ नगर के कलह-कोलाहल से दूर एक बौद्ध विहार है, विपस्सना केन्द्र। यह मेरे मन-लायक़ है।

वाट प्रासिंह में बुद्ध मूर्ति का दर्शन। भेंट। भारतीय काउंसल श्री के. एस. शास्त्री चियाङ माइ विश्वविद्यालय स्वयं अपने साथ ले गये। मानविकी संकाय के डीन और अन्य से भेंट करायी। 'लंच' का समय हो रहा था इसलिए 2.30 पर अन्य विद्वानों से मिलने का तय हुआ। 12.30 से 2.30 तक यूनिवर्सिटी लाइब्रेरी में बीता। ज़्यादातर किताबें थाई भाषा और लिपि में हैं। यूनिवर्सिटी 1966 ई. में बनी। इसलिए पुरानी किताबें, जर्नल वग़ैरह नहीं हैं। लड़के-लड़कियाँ अच्छी संख्या में पढ़ रहे हैं, आ-जा रहे हैं। थाई इतिहारा पर और थाई भाषा पर कुछ देखता हूँ और कुछ के लिए नोट बनाता हूँ—विशेषकर ताइ जाति के नाम, मूल, विस्तार आदि पर।

संकाय में इतिहास विभाग के प्राध्यापक रुजय अभकान से भेंट होती है। अन्य बातों के अलावा थाई जाति के मूल पर चर्चा से पता चलता है कि आजकल थाई विद्वान चीन के युन्नान प्रदेश से उद्गम नहीं मान रहे हैं। वियतनाम के उत्तरी भाग, डियाङ-बियाङ फुं के आस-पास अब मूल स्थान मानते हैं। वहाँ से थाई, पश्चिम-दक्षिण पूर्व वग़ैरह फैले, ऐसा मानते हैं।

ताइ खाम्ती लिपि के बारे में प्राध्यापक रुजय अभकान का सुझाव है कि बंकाक से एक प्रोफेसर पासा (?) लेक्चर देने के लिए आये हुए हैं। 2.30 बजे से लेक्चर है। मैं लेक्चर के बाद उनसे मिलूँ। किन्तु यह लेक्चर के पहले ही आये। व्यवस्थित चित्त के विद्वान हैं। उन्होंने थाई मूल के बारे में इस नये मत की पुष्टि की। उनका मत है कि यह मत उन इतिहासविदों का है जो भाषाशास्त्रीय काम का अनुसरण करते हैं। इतिहासविद के अनुसार जहाँ कोई भाषा मूल रूप से होती है, वहाँ उसकी बोलियाँ विकसित हो जाती हैं, जब वह कहीं और से 'ट्रांसफर' होकर आती है जैसे अंग्रेजी भारत में, तो उसकी बोलियाँ वहाँ नहीं होतीं। युन्नान में ताइ भाषा की कोई बोली

थाई विहार शिल्प

हो इसका पता नहीं चला है। वियतनाम के डियाङ बियाङ फुं के इर्द-गिर्द इसकी अनेक बोलियाँ प्रचलित हैं—1/2 मील उत्तर में बोली बदल जाती है।

ताइ के अर्थ के बारे में : ताइ का अर्थ मैंने ताइ खाम्ति से 'महान्' सुना था। थाईलैण्ड में एक ताइ का अर्थ 'स्वतंत्र' सुना, पढ़ा। एक मत यह भी देखा कि ताइ के अर्थ में विकास हुआ है। इस मत के अनुसार सुखोताइ काल में ताइ का अर्थ महान् है। अयुथ्या (अयुध्या) काल में इसने 'स्वतंत्र' अर्थ ग्रहण किया। कहते हैं सुखोताई राज्य में दासता प्रथा न थी। अयुथ्या काल के प्रारम्भिक राजाओं ने खमेर से इसे अपनाया। जो दास अयुथ्या से भाग कर सुखोताइ आ जाता वह तत्काल स्वतंत्र हो जाता। इस अर्थ में ताइ का अर्थ जाति के रूप में 'महान्' है और व्यक्ति रूप में 'स्वतंत्र' है।

जो हो, जो जाति 'महान्' है या जो 'स्वतंत्र' है या जहाँ पहुँच कर दास भी स्वतंत्र हो जाते हैं वह 'महान्' है, इसमें विवाद नहीं। किन्तु पण्डितों में इस प्रकार का विवाद प्रचलित है। प्रोफेसर पासा को इसमें रुचि नहीं है। शब्द एक या दूसरे या दोनों अर्थ में प्रचलित हो सकते हैं।

प्रोफेसर स्येंग, प्रोफेसर रेंगरोंग और अन्य भारत से आत्मिक रूप से जुड़े हुए हैं। बौद्ध धर्म दर्शन के अध्ययन-अध्यापन के ज़रिये और व्यक्तिगत रूप से भारत और वाराणसी में अध्ययन के अनुभव द्वारा। मेरी उपस्थिति से उनके वह अनुभव दुहरा जाते हैं। प्रोफेसर स्येंग अगले दिन विद्यार्थियों में एक व्याख्यान देने का निमन्त्रण देते हैं, दर्शन के विद्यार्थियों के बीच। किन्तु मेरा लम्फुन जाने का, वाट हरिपुंचाइ के दर्शन का कार्यक्रम है। पता नहीं वहाँ कितनी देर-अबेर हो। वहाँ जाकर इधर का मन रखना दुविधा में पड़ना है। इसलिए इसे खुला छोड़ते हैं। अगर वहाँ से जल्दी आ सका तो 3 बजे अपराह्न चियाङ माइ विश्वविद्यालय आ जाऊँगा, अन्यथा नहीं।

चियाङ माइ विश्वविद्यालय भी हो गया और लम्फुन स्थित वाट हरिपुंचाइ भी और चियाङ माइ संस्कृत के खोजी और पुरस्कर्ता श्री क्राइसी से भेंट भी। बंकाक वापसी का आरक्षण भी हो गया। आचार्य दोंग ने सुझाया कि क्या यह सम्भव है कि 12 सितम्बर को चियाङ माइ से 100 किलोमीटर या अधिक दूर होट में एक पुस्तकालय के उद्घाटन समारोह में भाग लें। वहाँ से कुछ अरण्यवासी विहारों में जायें। वहाँ विपस्सना के शिविर लगे हैं। समापन के क्रम में हैं। उसमें भाग लेकर 12 सितम्बर रात लौटें। चियाङ माइ

में विश्राम कर 13 सितम्बर की रात बंकाक प्रस्थान करें। यह स्वीकार करने में मुझे एक क्षण की भी देर नहीं लगी। बंकाक से चियाङ माइ 800 किलोमीटर के लगभग है, किन्तु अब यह भी एक शहर है—थाईलैण्ड का दूसरे नम्बर का नगर। अब और अन्दर जाया जा सकता है। गाँव और अरण्यवासी भिक्षुओं और उपासक-उपासिकाओं की विपस्सना में भागी हुआ जा सकता है, इससे अच्छा क्या हो सकता है?

बंकाक में 14 सितम्बर को पूर्वाह्न 'वर्ल्ड फेलोशिप ऑफ बुद्धिस्ट' की अध्यक्ष राजकुमारी तिसकुल से भेंट का कार्यक्रम तय है। भारत के राजदूत महामहिम श्री गोखले ने मुझे अपने साथ वहाँ ले जाने का कार्यक्रम बनाया है। उसे मुझे पूरा करना है, सो 13 सितम्बर की रात चल कर 14 सितम्बर प्रातः बंकाक पहुँच कर विश्राम करने की योजना रही है। पर विश्राम कहाँ? जब कुछ न हो तो विश्राम हो। जब कुछ काम है तो विश्राम कहाँ।

जो हो, सो होट में पुस्तकालय का उद्घाटन भी हो गया। मुझे उस अवसर पर बोलने के लिए कहा। मैंने संक्षेप में ज्ञान की महिमा का बखान कर दिया। यथाभूत दर्शन से कैसे चित्त की शुद्धि और शांति होती है, उसका बखान भी। मेरी यात्रा की स्मृति में एक पेड़ लगाने को कहा, सो भी लगा दिया—पहले मैंने, फिर औरों ने भी।

अरण्यवासियों में वाट संकू में एक फ्रांसीसी युवती और वाट चोम थोङ में एक स्विस युवती मिली। फ्रांसीसी 14 सप्ताह से विपस्सना में है, तो स्विस तीन वर्ष से थाईलैण्ड में बौद्ध भिक्षुणी जैसी है। फिर पूरा शिविर है। वाट संकू दो नदियों के संगम पर स्थित है। दो विपस्सी महिलाओं को जिनमें वह फ्रांसीसी युवती भी है, मुझे विहार दिखाने को आचार्य ने कहा। दीर्घकाल की विपस्सना की आभा चेहरे पर है; शान्ति भी, सकुच भी जो फ्रांस में दुर्लभ है। इस विहार में आ कर रहने का निमन्त्रण भी मुझे मिलता है। मेरा वनवासी मन इसके लिए ललचता है। किन्तु नम्रतापूर्वक इसे अस्वीकार करता हूँ।

वाट चोंग थोंग तो धुर वन में है। एक झरना पहाड़ी से गिरता है, धारा है। उसके आर-पार भिक्षुओं, अनागरिकाओं के आवास हैं। विपस्सना शिविर के समापन के लिए सुवण्ण गुहा में उपस्थित हैं। आचार्य दोंग इस शिविर के भी अध्यक्ष हैं। गुहा में पेटी से कुछ प्राचीन पाण्डुलिपियाँ दिखाते हैं। लान्ना लिपि में, पालि त्रिपिटिक के ग्रन्थ इसमें हैं। एक काठ का सन्दूक है। चटाई जैसा वेष्ठन है। उसमें ही वह लिपटी पड़ी

है। इनका मूल्य अभी शायद अज्ञात है, इसलिए यह बची है अन्यथा पश्चिम के किसी म्यूजियम में होती।

* * *

आचार्य दोंग के भाषण के बाद मुझे बोलने को कहा। मैंने विपस्सना के अपने अनुभव का जिक्र किया। वाराणसी के निकट ऋषिपत्तन मृगदाव में हुए धम्मचक्र प्रवर्तन के स्थान से आया हूँ। किन्तु वहाँ पिछले दिनों यह धम्मचक्र चल नहीं रहा था। यहाँ अभी भी चल रहा है, यह देख कर अच्छा लगा। वाराणसी आने का निमन्त्रण दिया—प्रीत हैं, कृतज्ञ हैं, वाराणसी में से किसी के आने मात्र से, उपस्थिति से। मैंने क्या कहा, क्या नहीं कहा, इसका बहुत मतलब नहीं।

स्विस युवती स्वयं निकट आती है। परिचय देती है। जिज्ञासा करती है। जिज्ञासा मुझे भी है। यह सब उसके साथ कैसे हुआ? वह क्या महसूस करती है? उसकी भी कथा है? किन्तु अब जिज्ञासा परिमाण जरूरी है। प्रश्न नहीं करता, कथा-वार्ता नहीं, सिर्फ संकेत।

आते-जाते भिक्षु—थाई भाषा की शिक्षा देते हैं, देह से शुरू करके। हाथ, अंगुली देह का अंग आदि थाई भाषा में क्या है? हाथ म्यें है। अंगुली म्यू, देह का अंग रांग-काइ आदि। थाई भाषा में बौद्ध धर्म के आने से कुछ पालि और हिन्दू धर्म के आने से कुछ संस्कृत शब्द आये हैं किन्तु इसकी मूल प्रकृति भिन्न है—ताइ है। जैसे-जैसे इसमें गहरा उतरता हूँ, यह भिन्नता प्रकृति भिन्नता दीखती है। यह भिन्नता भाषा-संस्कृति का, सृष्टि का नियम है, सौन्दर्य है। इसे पालि या संस्कृत की चक्की के दो पाटों के बीच पीसने से कुछ साबित नहीं बचने वाला। न वह सत्य है और अगर है तो एक अंश तक, जहाँ तक बौद्ध शासन की पालि शब्दावली है या संस्कृत पदावली। किन्तु ध्वनि का सारा संसार ताइ है। उस संसार में परिचित पालि शब्द भी अपरिचित हो जाता है, ऐसा अनेक बार होता है।

जो हो, वह भी हो गया। परिचय-अपरिचय भी।

लौटते समय पहले बूँदा-बाँदी, फिर बारिश आ गयी। वर्षा की लय सुन पड़ने लगी। थाई भाषा में इसे चंगवा फान जैसा बोलते हैं : अंग्रेजी में 'रिदम ऑफ द रेन', वर्षा की ताल। पहले तो वह भली लगी, फिर जैसे सताने लगी, जैसे हर सुन्दर

थाई विहार

चीज। फिर वह भी चुक गयी।

वाट रामपान में आते-आते रात हो गयी। थोड़ी चाय पी। इच्छा हुई कि दिव्य स्नान हो। सो सब वस्त्र साफ करने के लिए भिगो दिये। और शरीर थोड़ा जुड़ाने के लिए छोड़ दिया—पात्र-सिंचन के पूर्व थोड़ा शिथिल और शिथिल होने के लिए। तभी किसी ने दरवाजे पर दस्तक दी। दरवाजा खोला तो देखा कि अनिंद्य सुन्दरी है—न अति-युवती, चेहरे पर दीप्ति, हाथ में एक टॉर्च। उसके लिए भी यह अटपटा है और मेरे लिए भी। इस कक्ष में, ऊपर के खण्ड में मैंने कभी किसी स्त्री को आते-जाते नहीं देखा। सो इस समय? इसका क्या काम? मैंने पूछा।

उसने बताया, आज बौद्ध दिन है। 'विहान' (विहार) में पूजा है। भिक्षु-भिक्षुणी, उपासक-उपासिका उपस्थित हैं। आचार्य मेरी प्रतीक्षा कर रहे हैं।

अभी?

बिल्कुल अभी। आप मेरे साथ चलिए। आचार्य आपकी प्रतीक्षा में हैं।

कभी अपनी नग्नप्रायः काया को, कभी उसे देखता हूँ। उसमें अटक नहीं है। वह सहज है।

अब? कोई रास्ता नहीं। बस लुंगी लपेट लेता हूँ, एक कुर्ता डाल लेता हूँ और वैसे ही चल देता हूँ।

नील निःस्तब्ध रात्रि—चतुर्दशी के चन्द्रमा की आभा—वृक्षों की छाया—प्राचीन स्तूप कब गुज़र जाते हैं, पता नहीं। सिर्फ इतना याद है कि मैंने पूछा कि तुम कौन हो? यहाँ क्यों आयी हो? उसने बताया कि वह थाईलैण्ड के एक प्रान्त की वासी है और यहाँ विपस्सना सीखने आयी है।

विहान में आचार्य दोंग बुद्ध प्रतिमा को धूप, दीप दान कर रहे हैं। विहार भिक्षु-भिक्षुणियों से परिपूरित—किन्तु नीरव, विजन वन सरीखा। आचार्य के आसन के सबसे निकट आसन ग्रहण करता हूँ। एक साधक से परिचय कराती है जो इंग्लैण्ड से आकर विपस्सना कर रहे हैं। और तो सभी अपरिचित-परिचित हैं।

विपस्सना का अनुभव मेरे लिए नया नहीं। किन्तु उसके बाद भी मैं कभी उस तरह उकड़ूँ बैठा नहीं जैसे दास स्वामी के आगे बैठते होंगे या भक्त भगवान के आगे। वह मेरे स्वतंत्र आचार-आकार के विरुद्ध है। भंते सरणगमन कराते हैं और भिक्षुओं को दस शील देते हैं। नम्रतापूर्वक मैं उसको अन्दर उतारता हूँ किन्तु बाह्य रूप से

प्रणाम और दण्डवत नहीं करता। अब वह युवती जो मुझे यहाँ ला कर स्त्री-साधकों में चली गयी थी, पास आकर जम जाती है। कहती है कि आप हाथ जोड़िए, जैसा आचान कहते हैं वैसा बोलिए, दुहराइए, आचान अष्टशील दे रहे हैं, आप दुहराइए और आचरण कीजिए।

पता नहीं क्यों, मैं पहली बार किसी प्रतिमा के आगे हाथ जोड़ता हूँ, जैसा वह कहती है, वैसा। वह जैसे इच्छाशक्ति है—कुमारी, चिन्मयी, आचान सिक्खापद देते हैं—

(1) पाणातिपाता वेरमणि सिक्खापदं समादियापि। (2) अदिन्नादाना वेरमणी सिक्खापदं समादियामि। (3) कामेसु मिच्छाचारा वेरमणी सिक्खापदं समादियामि। (4) मुसावादा वेरमणी सिक्खापदं समादियामि। (5) सुरा-मेरय-मज्जपमादट्ठाना वेरमणी सिक्खापदं समादियामि। (6) विकाल भोजना वेरमणि सिक्खापदं समादियामि। (6) विकाल भोजना वेरणि सिक्खापदं समादियामि। (7) नच्च-गीत-वादित बिसूकदस्सना वेरमणी सिक्खापदं समादियामि। (8) माला गंध विलेपन-घारण-मण्डन विभूसनट्ठाना वेरमणी सिक्खापदं समादियामि।

आचान दोंङ अपनी मीठी तोतली जैसी प्यारी थाई ध्वनि में पालि के यह वेरमणि शील दुहराते हैं। मेरे लिए यह अपरिचित नहीं है। किन्तु यह चिन्मयी मेरे लिए इनका अंग्रेजी अनुवाद करती जाती है। शब्द को दुहरा बल मिलता है। एक जगह वह भी थोड़ा थर्राती है और मैं भी, जब वह तीसरे वेरमणी सिक्खापद का अनुवाद करती है : कामेसु मिच्छाचारा वेरमणी सिक्खापदं समादियामि—काम-मिथ्याचार से विरत रहने का शिक्षापद ग्रहण करता हूँ। यह काम का मिथ्याचार क्या है? 'एब्स्टेन फ्रॉम सेक्स?' एक स्त्री कण्ठ से ऐसा सिक्खापद शायद पुरुष इन्द्रिय ने पहली बार सुना। इसलिए जैसे एक क्षण के लिए क्षोभ हुआ—फिर शान्त, सहज, सुख, अहो महासुख।

आचान के विपस्सना पर अपने प्रवचन के बाद मुझे बोलने के लिए उसी चिन्मयी के ज़रिये संदेश भेजा, अपने अनुभव बताने के लिए। मैंने अपनी यात्रा का, पृथ्वी-परिक्रमा का, विश्व में बौद्ध दर्शन और साधना के प्रति रुझान का जिक्र किया।

उसने ही अनुवाद किया—आधा-अधूरा, भाषा से कम, भाव से ज़्यादा। किन्तु यह जो अन्तर जगत् में घटित हुआ—अघटित घटित उसका जिक्र नहीं किया और आज तक नहीं। अब वह आचार्य भी नहीं, वह चिन्मयी भी नहीं, वह नील निस्तब्ध रात्रि भी नहीं, किन्तु वह क्षण स्मृति में है। एक क्षण में यह क्या हो गया।

वाट महाथात
बंकाक
(प्रत्तेत थाई)

वैरागी पुरुष/स्त्री के लिए : स्त्री/पुरुष के प्रति सात करणीय-अकरणीय

(1) अदर्शन; (2) दर्शन हो ही जाये तो असम्भाषण; (2) सम्भाषण हो ही जाये तो अस्पर्शन; (4) स्पर्श हो ही जाये तो अघर्षण; (5) घर्षण हो ही जाये तो अक्षोभन; (6) क्षोभ हो ही जाये तो अस्खलन; और (7) स्खलन हो ही जाये तो अपुनरागमन।

वाट महाथात
बंकाक
थाईलैण्ड

बंकाक, 17 सितम्बर

भिक्षु फ्रक्रु प्रकास समाधिगुन (54 वर्ष) वाट महाथात के खण्ड 25 के अध्यक्ष हैं। सारनाथ की यात्रा के समय इनके मन में इच्छा हुई कि ऋषिपत्तन मृगदाव में एक विहार की स्थापना करेंगे, सो उसमें प्राणपण से जुट गये। मृगदाव वनविहार फाउंडेशन के ज़रिये यह काम सारनाथ में चल रहा है। विहार की चहारदीवारी खिंच गयी है। एक मूर्ति थाईलैण्ड से लाकर वहाँ स्थापित कर दी गयी है। उस पर सोने के पत्तर चढ़ाने का उत्सव हो चुका है। एक धर्मशाला बन रही है भिक्षु और श्रामणेर के लिए। कुछ विद्यार्थियों के लिए कमरे बन चुके हैं। बच्चों का स्कूल भी चला रहे हैं। भंते शासन रश्मि यह सब काम सारनाथ में देख रहे हैं। किन्तु इसके पीछे मूल में भिक्षु फ्रक्रु प्रकास हैं।

पिछले दिनों विहार के लिए एक उत्सव वाट महाथात में आयोजित किया। उसके लिए बहुत भाग-दौड़ की, यहाँ-वहाँ। काया क्षीण है। उस पर से पिछले 20-25 वर्षों से सतत सिगरेट पीने का अभ्यास है। थाई भिक्षु का सिगरेट पीना और

शिखर, थाई विहार

टेलीविजन देखना कोई छुड़ा सके तो बड़ा काम हो। मैं जिस रात पहुँचा वह रात 12 बजे तक जगे हुए थे। कुशल-समाचार पूछा। चाय और दूध पीने को दिया। मसहरी बँधने से खिड़की का दरवाजा नहीं खुलता था। उसे खुद ठीक किया। नहाने के बाद मुझे प्यास लगी तो फ्रिज से पानी की बोतल लाकर दी। सुबह साथ नाश्ता हुआ। दोपहर में मैं जब बाहर से लौटा तो पता चला कि गुरुजी तो अस्पताल में भरती हो गये हैं। फेफड़े में पानी है, दर्द है। डॉक्टर देख रहे हैं। 'एक्स-रे' करने वाले हैं, चियाङ माइ जाने से पहले अस्पताल देखने गया तो वे एक स्ट्रेचर पर 'एक्स-रे' के लिए ले जा रहे थे। साथ-साथ एक्स-रे कक्ष में गया। दो एक्स-रे लिये गये। शरीर जीर्ण हो गया है। फिर भी उन्हें मेरी चियाङ माइ यात्रा की सुध थी। वहाँ के एक प्रमुख आचार्य और वाट का नाम-पता श्री अरुण शेट्टी को मुझे बताने को कहा। चियाङ माइ टेलीफोन कराया।

चियाङ माइ से लौट कर मैं अस्पताल मिलने गया। इस बीच वह मेरा कुशल समाचार पूछते रहे। बुद्ध शासन के बारे में मैंने कुछ अध्ययन किया है, अमरीका में उसे प्रस्तुत किया है, प्रत्तेत थाइ में भी बुद्ध शासन का अध्ययन कर रहा हूँ, इस कारण उन्हें मेरे काम में रुचि है। मैं प्रायः एक-डेढ़ घण्टा उनके पास बैठा रहा। भाषा का कोई संकट नहीं हुआ। वह मेरी हिन्दी नहीं समझते, मैं थाई नहीं। फिर भी बातचीत होती रही—कभी-कभी एक दुभाषिया की मदद से, कभी बिना मदद के।

जब मैं पहुँचा तो जैसे तन्द्रा में थे, निद्रा नहीं, फिर उठ बैठे। शरीर हल्का है, आलस नहीं। पाँव बटोर कर जैसे ध्यानस्थ हों। कहने लगे कि अभी दो-तीन दिन और हैं, तो पुराना प्रत्तेत थाइ जरूर देखें। देखेंगे? मैने कहा कि देखना तो चाहेंगे। फिर कहने लगे कि मैं बीमार हूँ। कोई देखभाल नहीं कर सका। फिर मैंने आश्वस्त किया कि मैं उनके वाट में सुखपूर्वक विहार कर रहा हूँ। वे चिन्ता न करें। फिर भी वह सोचते रहे। मैंने कहा कि आप लेट जायें, आराम करें। पर फिर भी बैठे रहे। बोले कोई चिन्ता नहीं, लेटा ही रहता हूँ।

नवम्बर में वे सारनाथ की यात्रा करने वाले हैं। इसकी सूचना अखबारों में प्रकाशित हुई है। इस पर से उपासक-उपासिकाओं के फोन, पत्र आ रहे हैं। भंते सिरपण्णो इसके लिए आवश्यक कागज़-पत्र देख रहे हैं। एक 'ट्रैवेल एजेन्सी' के

जरिये यात्रा की व्यवस्था होती है। 'ट्रैवेल एजेन्सी' की मालकिन मृगदाय वन विहार फाउंडेशन की शायद सेक्रेटरी हैं।

भिक्षु फक्रु प्रकास से भारत में राष्ट्रपति और प्रधानमंत्री आदि मिल चुके हैं और इनकी सादगी के क़ायल हैं। मैंने इन्हें वाट थाई के उत्सव में सारनाथ में देखा है। उन्होंने भी। यहाँ के लिए लामा लोबजंग ने पत्र लिखा है। तदनुसार आवास, भोजन, छाजन का व्यवस्था है। भिक्षु का घर है, मेरे लिए खुला है।

* * *

'एयर इंडिया' के तोक्यो दफ्तर में अपनी यात्रा की नयी तारीख, उड़ान वग़ैरह तय की। टेलीफोन पर 'बुकिंग' हुई उसके मुताबिक तोक्यो के बजाय ओसाका-हांगकांग, हांगकांग-बंकाक की उड़ान हुई, बंकाक-दिल्ली के बारे में पुष्टि हुई। 'एयर इंडिया' बंकाक का कहना है कि उसके पास मेरे लिए कोई संदेश नहीं। फिर 16 सितम्बर को 'एयर इंडिया' की फ्लाइट 307 कलकत्ता जाती है, दिल्ली नहीं। कलकत्ता से दिल्ली भेजने का उसका जिम्मा नहीं। फिर तोक्यो से कोई सूचना नहीं। ऐसी दशा में कलकत्ता जाना भी कठिन, और जाकर वहाँ फँस जाना भी। एक बार तो इच्छा हुई कि हे मन! जहाँ कलकत्ता है तू वहाँ चल। वहाँ मित्र हैं। उनका आग्रह रहा है किन्तु उनका पता वग़ैरह नहीं है, टेलीफोन नम्बर नहीं है। पिछले 25 वर्षों में कलकत्ता बदल भी बहुत गया है। सीमेंट, कांक्रीट का जंगल हो गया है। उसमें भटकने से घबराता हूँ। वन-वनस्पति के जंगल में तो कभी जाना चाहता हूँ, तो यहाँ कौन सड़क पर हूँ। सीधे दिल्ली के लिए शनिवार, 19 सितम्बर को उड़ान है। उसके लिए भी सीट पक्की नहीं पर पूरी कोशिश है। नियन्त्रण बम्बई से है। उड़ान बंकाक से। 'एयर इंडिया' तो बड़ा दुख देती है। इस कारण थाई 'एयर इंडिया' से उड़ना पसन्द नहीं करते। विवश हों, तो ही जाते हैं। और 'एयर इंडिया' ही क्यों, सभी हवाई कम्पनियाँ। शायद बड़े घरों के लड़के-लड़कियाँ इसमें काम करते हैं और ये एक अजीब सी ऐंठन में रहते हैं। इनमें से जो थोड़े सयाने हैं, जैसे लंदन में या तोक्यो में, तो वे अद्‌भुत रूप से नेक और सहायक हैं, जैसे कोई संत हों। किन्तु अनेक अभिमान-अकड़ हैं, जैसे उड़न घोड़े पर सवार हैं।

लेकिन रास्ता क्या है? बंकाक से दिल्ली पैदल तो जाने से रहा। सीट भी टेलीफोन पर बुक हुई। कागज पर मेरे पास कुछ भी नहीं है। वैसे व्यवहार में वचन का ही मोल है। बर्कले से जो बुकिंग हुई वह ओकलैंड इंटरनेशनल एयरपोट-लास

एंजेलस-होनुलुलु-तोक्यो तक ठीक चली। तोक्यो में जो टेलीफोन पर बुकिंग हुई वह तोक्यो-ओसाका हांगकांग-बंकाक तक ठीक चली। सिर्फ टेलीफोन करने पर वह कम्प्यूटर में मेरा नाम भर देते हैं। फिर वह सारा चिट्ठा छाप देता है—मेरी उड़ान तिथि, शाकाहारी भोजन वग़ैरह सब ब्यौरा उसमें दर्ज है। उसके मुताबिक 'फ्लाइट' वग़ैरह तय हो जाती है। पता नहीं बंकाक में यह व्यवस्था है या नहीं। और व्यवस्था है भी तो मनुष्य है? यहाँ आकर लगा जैसे एशिया शुरू हो गया है। वैसे तो कुछ-कुछ आभास हांगकांग में ही मिला। वहाँ भी पहली बार 'एयर इंडिया' को फोन करने पर पता चला कि मेरा 'रिकार्ड' नहीं है, होने पर देखा जायेगा। फिर वहाँ तो रिकार्ड प्रगट हो गया। यहाँ अगर संदेश आया भी हो तो कोई उसे लेने वाला हो, न हो और ले ले तो ठीक से रखे, मशीन हो भी तो भी मशीन नहीं, मशीन के पीछे का आदमी या औरत कैसी है, इस पर बहुत कुछ निर्भर करता है। थाई लड़के-लड़कियाँ मन-मौजी हैं। वैसे अमरीकी या जापानी भी किसी से कम मौजी नहीं। लेकिन काम को जैसे पूजा समझते हैं। जो भी काम है उसे ऐसे करते हैं, जैसे कोई योग कर रहे हैं। हांगकांग से वह बात नहीं रह जाती, बंकाक में थोड़ा और कम। कलकत्ता-दिल्ली में तो जैसे काम का पहाड़ ही टूट पड़ा। ऐसे झंखते रहते हैं, ऐसे दूसरों से चिढ़ते हुए कुछ करने कि इच्छा होती है कि इनका मुँह न देखना पड़े तो अच्छा। इसी एशिया में जन्मा, अल्प अन्तराल के बाद फिर इसी एशिया में आ रहा हूँ। तो कोई अवसाद नहीं, किन्तु खलता तो है कि हम क्या थे? बुद्ध क्या थे? कुमारजीव क्या चीज थे। बोधि धर्म? हम क्या हो गये? पुरानी कमाई पर कब तक जी सकते हैं? सारनाथ में जहाँ धर्मचक्र प्रवर्तन हुआ उसके नाम पर कब तक संसार में आदर पा सकते हैं? उसे हुए तो 2,500 वर्ष से अधिक हुए। अब बताइए क्या हाल है?

एक और बात है। दिल्ली से यूरोप-अमरीका 'वीसा' लेने में ही अनेक दिन बीत गये। फिर गेशे ला के वीसा की समस्या थी। तिब्बत अब कोई स्वतंत्र देश नहीं। तिब्बती किसी देश का नागरिक नहीं, राज्य ही व्यक्ति है, राज्यहीन होने का राज्यों की दुनिया में कितना दुख है, इसका कुछ अनुभव इस बार हुआ। सर, 'आपके लिए कोई समस्या नहीं।' 'नो प्राब्लम' लेकिन लामा के लिए, 'सॉरी'। लेकिन हम कहाँ फेंकेंगे? मान लीजिए आप नहीं लौटना चाहते हैं या कुछ गड़बड़ करते हैं तो आपकी 'इम्बेसी' में आपको डाल देंगे। वह आपकी फ़िक्र करेंगे। जैसे यह नितान्त अकारथ

है। क्योंकि इनका राज्य नहीं।

प्रवासी तिब्बती चाहें तो चीन का पासपोर्ट ले सकते हैं और कहीं जा-आ सकते हैं या भारत के नागरिक भी बन सकते हैं, फिर कहीं जा-आ सकते हैं किन्तु फिर तिब्बत का क्या होगा? उसका तो प्रश्न ही लोप हो जायेगा। तिब्बत की स्वाधीनता का प्रश्न, उसकी अस्मिता का प्रश्न, मानव अधिकार और चेतनता और स्वतंत्रता का प्रश्न, सब तो इससे जुड़ा हुआ है।

इसलिए गेशे येशे थबगे के पास पासपोर्ट नहीं, सिर्फ एक 'आइडेंटिटी सर्टिफिकेट है।' उसकी सब दूर मान्यता नहीं। जैसे पश्चिमी जर्मनी तो उस पीले दस्तावेज को मानता नहीं। ब्रिटेन में जैसे उसे देख कर पीला ज्वर चढ़ आता है। हांगकांग में, बैंकाक में भी वह संदिग्ध है। राज्यहीन के इस अनुभव को साथ-साथ भोगते कई दिन बीते। इसमें जापान और थाईलैण्ड का 'वीसा' रह गया। जापान का 'वीसा' न्यूयार्क में एक दिन में मिला। थाईलैण्ड के लिए एक और दिन, न्यूयार्क में नहीं मिला। वांशिगटन न्यू जर्सी जाना था। फिर वहाँ से विस्कांसिन यूनिवर्सिटी, मैडिसन इत्यादि। तोक्यो में पता किया तो मालूम हुआ कि थाईलैण्ड का 'वीसा' तो मिल जायेगा। थोड़ा समय और 15 डॉलर लगेगा। लेकिन 15 दिन के लिए थाईलैण्ड में 'वीसा' की जरूरत नहीं, तो मैंने अपना कार्यक्रम 10 दिन का बना लिया, 6 सितम्बर 1981 को हांगकांग से बंकाक पहुँचना और 16 सितम्बर को बंकाक से दिल्ली रवाना होना। इसके मुताबिक तोक्यो से बुकिंग करायी। अब वह विश्वास यहाँ काम नहीं देता या संदेश नहीं पहुँचता। 19 सितम्बर का भी पक्का नहीं है। नियन्त्रण बम्बई से है, उड़ान बंकाक से।

फिर वह 15 दिन की अवधि भी छीन ले जायेगा। बहादुरशाह जफर की याद आती है : 'उम्रे दराज माँग कर लाये थे चार दिन, दो आरजू में कट गये, दो इन्तजार में।' मेरे पास भी कुल जमा चार दिन जिन्दगी के बंकाक में हैं। अभी तो आरजू है। 'स्टेटस' 'रिक्वेस्ट' का है। पक्का कब होगा? आपकी रज़ा क्या है? सो आप दो दिन बाद बृहस्पतिवार को पूछिए, ऐसा दो टूक उत्तर, 'एयर इंडिया' की काउंटर की कन्या देती है।

दो दिन बाद जवाब--आपके लिए बम्बई संदेश भेज दिया गया है, उत्तर नहीं आया है। आप दो दिन बाद पूछिए। अरे! दो दिन ही तो और जीवन शेष है। फिर

भी वह चुप है। वही उत्तर दुहरा देती है। आप शनिवार को सुबह पूछिए।

नाना विकल्प-संकल्प आता है। वैसे थाई समाज ढीला-ढाला लगता है। किसी ने इसे 'लूज्ली स्ट्रक्चर्ड सोसायटी' कहा है। लेकिन नियम भंग होने पर थाई शासन और बुद्ध शासन और समाज कठोर हो जाता है। दण्ड व्यवस्था है। वह सामान्य तौर पर काम में नहीं आती, फिर भी कहीं चलते-चलते इसका शिकार न होना पड़े।

पृथ्वी-परिक्रमा का यह अन्तिम चरण है। सूरज के साथ पश्चिम-पश्चिम-पश्चिम चलते-चलते-चलते पूरब आ गया। अब तो एक उड़ान और दिल्ली। कभी सुभाष बाबू ने बंकाक से, चियाङ माइ से ये घोष किया था, दिल्ली चलो। पहुँचना न हुआ। मेरा तो उतना बड़ा काम भी नहीं। कहीं यों ही न धर लिया जाऊँ!

वैसे अब तक थाई देश में बड़ा आतिथ्य-सत्कार मिला है। 'इंडिया' का नाम, रूप जैसे यहाँ के हर मंदिर, विहार, विश्वविद्यालय, घर, राजकुमार, राजपुरुष के लिए 'पासपोर्ट' है। फिर किसी और परिचय की जरूरत नहीं। किन्तु उसकी भी सीमा है। भवभूति का काल नहीं, शासन का काल है। काल निरवधि नहीं और धरती विपुला नहीं—राज्यों की सीमा से बँटी हुई है। कहते हैं पहले 'इंडिया' से थाईलैण्ड आने के लिए कोई पूछता नहीं था। फिर पासपोर्ट आया। फिर 200 आदमी साल की पाबन्दी लगी। फिर क्या-क्या? वैसे मुझसे तो अब तक किसी ने कहीं कुछ पूछा नहीं। लगा कि अपने ही खोये हुए धर्म और तीर्थ में भटक रहा हूँ, खो रहा हूँ, पा रहा हूँ, किन्तु सब चीजों की तरह इसकी भी सीमा है, मर्यादा है, अन्त है। सो क्या वह अन्त आ गया है।

फिर मेरे अन्दर का सोया सत्याग्रही मन जागता है। अगर पक्का नहीं होता तो शनिवार को हवाई अड्डा जाकर बैठ जाऊँगा। अब मैं तो आ गया। हवाई जहाज में जगह है तो ठीक, नहीं है, तो यहीं बैठता हूँ। विहार में बैठे-बैठे 15 दिन हो गये। यहाँ तो कोई फिक्र नहीं। भंते ने कहा कि 'नेवर माइंड, स्लीप।' तो निश्चिंत सोया। एक दिन सुबह, दोपहर, रात वाट महाथात की ड्योढ़ी के बाहर पैर नहीं रखा। जैसे ड्योढ़ी विदेस भयी। आखिर कब तक? इसकी भी तो मर्यादा है। हे मन! अब निकल चल।

हवाई अड्डा तो अन्तर्राष्ट्रीय है—बंकाक का है, सबका है, यात्री मात्र का है। मैं चिर-यात्री हूँ। पृथ्वी-परिक्रमा का भाड़ा दिया है। चाहें तो मुझको आगे बढ़ने की जगह दीजिए, नहीं तो बंकाक हवाई अड्डा ही मेरा अड्डा है। इसमें अपना चिमटा

गाड़ दिया, तो गाड़ दिया, डंड-कमंडल रख दिया। यहीं स्नान-ध्यान हो, नहीं समथ-विपस्सना। देखना कभी वृक्ष मूल में, कभी शून्यागार में, कभी हवाई अड्डे में। देखना तो देखना।

संकल्प उपजा। विकल्प जाता रहा तो मन चंगा है। अब जो है, सो है, और जो हो, सो हो।

बंकाक, 18 सितम्बर

थाईलैण्ड की राजधानी का बंकाक विदेशी नाम है। थाई नाम है क्रुङ रतनकोसिन। क्रुङ का अर्थ है महानगर। रतनकोसिन का क्या अर्थ है, सो स्पष्ट नहीं। शायद अमरपुरी, अमरावती। क्रुङ रतनकोसिन 1982 ई. में 200 वर्ष का हो जायेगा। इसे चक्री राजवंश के प्रथम राजा द्वारा स्थापित किया गया। तब से लेकर आज तक यह एशिया के एक अत्यन्त गतिशील और आधुनिक नगर के रूप में विकसित हुआ।

इन दिनों रतनकोसिन द्वि शताब्दी समारोह की तैयारी धूम-धाम से चल रही है। पुराना राजकीय विहार, मंदिर, स्तूप, महल, प्राचीर वग़ैरह की मरम्मत हो रही है। सोने के पत्तर लगाये जा रहे हैं। सब दूर रतनकोसिऩ के दो सौ वर्ष पूरे हो रहे हैं, इसकी धूम मची है।

रतनकोसिन द्वि शताब्दी समारोह सिर्फ़ एक नगर के जन्म दिन की पार्टी नहीं है। यह चक्री राजवंश के 200 वर्ष पूरे होने का उत्सव है। इस राजवंश ने थाई देश को अनेक कठिनाइयों के बीच बुद्धिमत्ता और उपाय कुशलता से निकाला है।

प्रत्तेत थाई सरकार ने इस उत्सव को मनाने के लिए वृहत् आयोजन किया है। यह 1982 में पूरे वर्ष मनाया जायेगा। अप्रैल माह में इसका आखिरी रूप प्रकटेगा।

मुख्य घटनाओं का क्रम, 4 अप्रैल से 5 मई तक, इस प्रकार है :

शाही पितरों के लिए पुण्यदान, प्राचीन विधि से दान, रामकेन (रामायण के थाई रूप) का अभिनय, त्रिरत्न और शाही पूर्वजों की वन्दना का जुलूस, थाई संगीत मेला, शाही-सवारी—राम प्रथम के स्मारक को श्रद्धांजलि अर्पित करने के लिए, लोक नृत्य, लोक गीत, कठपुतली, और छाया और तमाशा विद्यार्थियों द्वारा खुले मंच पर प्रदर्शन, रतनकोसिन काल के इतिहास पर और उसके सिक्कों के विकास की प्रदर्शनी,

धर्मचक्र प्रवर्तन शिल्प गें, थाई विहार

रतनकोसिन के 200 वर्षों के विकास की प्रदर्शनी, तकनीकी प्रदर्शनी और सम्मेलन एवम् क्रुङ रतनकोसिन पर सेमिनार, चक्री राजवंश के राजाओं के जीवनवृत्तों और जिन थाई और विदेशियों ने राष्ट्र की प्रगति में योगदान किया है उनकी रचनाओं की प्रदर्शनी, थाइ हस्तशिल्प और थाइ कला के इतिहास की प्रदर्शनी, रतनकोसिन काल में गृह अर्थशास्त्र पर प्रदर्शनी, शाही श्रद्धांजलि--फा सियाम देवथिरात (राष्ट्र के संरक्षक देवता), फूलों की नौका का जुलूस, सोङक्रन उत्सव, नगर स्तम्भ का पूजन और प्रदर्शन और अलग-अलग जगहों पर रोशनी।

यह एक वृहत् समारोह है। इसमें और भी कुछ जोड़ा-घटाया जा सकता है। क्रूङ रतनकोसिन भी संक्षेप में नाम है। क्रूङ तेव या देवों का नगर पहला पद है। फिर रतनकोसिन तो इन्द्र की अमरपुरी जैसा अर्थ रखता है। ठीक-ठीक अर्थ स्पष्ट नहीं होता। भिक्षु सिरिपण्णो की थाई और अंग्रेजी का उच्चारण मेरे लिए स्पष्ट नहीं है। किन्तु इतना स्पष्ट है कि क्रुङ रतनकोसिन बड़े नाम का संक्षेप है।

बंकाक की एक उत्पत्ति डॉ. प्रोमसेन ने सुझायी थी। बंक जिसका अर्थ है बाहर

का छोटा शहर। अब उससे बढ़ कर यह एक महानगर है।

छोटा-सा शहर भी बसने के पहले कहते हैं यहाँ समुद्र था। धीरे-धीरे नदी ने इसे पाटा। बंकाक एक डेल्टा पर बसा है। अभी भी अपनी नदियों में यह प्रत्तेत थाई के दूर-दूर के भागों से जुड़ा हुआ है।

नदी खाड़ी में मिलती है। इसलिए उसमें भी ज्वार-भाटा के साथ-साथ चढ़ाव-उतार आता है। खाड़ी के पास बंकाक है। दिन में तेज धूप होती है तो शाम होते-होते वर्षा आती है। बिजली की कड़क मैदानों में और तरह की होती है। समुद्र के किनारे इसमें और कड़क और तेज़ी और धमक आती है। शायद इसका कोई ठौर-ठिकाना नहीं, इसलिए और भी उग्र है। पहाड़ों में इसकी गूँज-अनुगूँज कुछ और है। वह मेघ-घोष और गर्जन, और यह।

बंकाक में आजकल 5 लाख कार हैं, बस, पब्लिक कैरियर वग़ैरह इसके अलावा। सुबह 9 बजे, शाम 4-5 बजे और दोपहर में 11-12 बजे सड़कों पर गाड़ी का चलना मुश्किल, ट्राफिक जाम। जल्दी पहुँचने के लिए कार है। वह इतनी है कि जल्दी के बजाय देर होती है और झुँझलाहट घलुवे में मिलती है।

थाई उच्चारण में 'र' को 'ल' बोलते हैं। जैसे 'रेन' को 'लेन'। जब 'हेवी लेन' होती है तो घण्टे-दो घण्टे में सड़कें पानी में डूब-सी जाती हैं। नदी, समुद्र में निकास नहीं है, वृष्टि है।

बंकाक की सड़क पर चलते-चलते कलकत्ता याद आता है—एक साथ ही श्री धम्मानन्द को और मुझको। खाड़ी भी दोनों के पास है, नदी भी, वृष्टि भी, उमस भी।

बंकाक में उमस है। क्रूङ रतनकोसिन के दो सौ साल पूरे होने का जश्न मनाया जाने वाला है। नगरी का सिंगार-पटार हो रहा है। बाहर रंग-रोगन, सोने का पत्तर चढ़ाया जा रहा है—अन्दर-अन्दर उमस है।

बंकाक, 18 सितम्बर

थाईलैण्ड की राजधानी क्रूङ रतनकोसिन (जिसे विदेशी बंकाक के नाम से जानते हैं) के पास मुआङ बोरान स्थापित किया गया है। यह प्राचीन नगर है। इस विस्तृत नगर में थाईलैण्ड के प्रमुख प्राचीन शिल्प, स्थापत्य, विहार, कथा इत्यादि

एकत्र कर दी गयी हैं।

मुआङ बोरान (प्राचीन नगर) 200 एकड़ में फैला एक जिन्दा संग्रहालय है—बंकाक से 33 किलोमीटर दूर। इसमें थाईलैण्ड के प्राचीन वैभव का अनुभव कर सकते हैं। इसके पीछे उद्देश्य यह है कि "मनुष्य जाति को कैसे यह मालूम हो कि यह देश परिवर्तन के कितने दौर से गुजरा है। और कैसे काल का यह प्रभाव कला और शिल्प में व्यक्त हुआ है। जो भी मुआङ बोरान आयेगा, वह थाईलैण्ड के प्राचीन गौरव को देख सकेगा।...सौन्दर्य किसी काल की सीमा में बँधा नहीं है। यह उन सुन्दर कलाकृतियों, चित्रों और शिल्पों के अनमोल खजाने से सिद्ध है जो पुरखों से हमें विरासत में मिला है। हर कलाकृति अनमोल है। कुछ सारे संसार में कला रसिकों को प्रिय हुई हैं। उनकी न तो कोई राष्ट्रीयता है, न धर्म, न काल की सीमा...।"

इसी प्राचीन नगर मुआङ बोरान में अन्य चीजों के साथ-साथ, एक शिल्प, बल्कि शिल्पों का जमाव, ध्यान खींचता है। यह शिल्प-ग्राम थाईलैण्ड के एक लोकप्रिय गीत नाट्य पर से रचा गया है।

'फ्रा अफैमानी' एक गीत नाट्य है। रचयिता द्वितीय एवं तृतीय रतनकोसिन काल के लोकप्रिय कवि सुंठोन फु हैं। सुंठोन फु ने फ्रा अफैमानी में अष्ट पदीय छन्द का प्रयोग किया है। यह एक संश्लिष्ट छन्द है जिसमें अन्तर बाह्य लय और अलंकार है। इसका पाठ रहस्यमय है। औसत थाई की समझ में आने वाला है। मुआङ बोरान (प्राचीन नगर) में यह नाट्य शिल्प में खुले खजाने प्रस्तुत है। इसका नायक फ्रा अफैमानी बंसी बजाता हुआ दीख पड़ता है। मोहक संगीत से तीन ब्राह्मण जैसे सो जाते हैं। सागर सुन्दरी फ्रा अफैमानी को घर ले जाती है, उससे सिन समुत नामक एक सन्तान होती है। वह एक षोड़शी दासी की पीठ पर सवार हो कर सागर पार करता है। उस दासी से फ्रा अफैमानी का पुत्र, सत सखो, घोड़े पर सवार दिखाया गया है। एक नागा साधु भी यहाँ है।

कवि सुंठोन फु पूर्वी तट पर स्थित रियाङ प्रान्त के क्लैङ का निवासी था। वहाँ खाड़ी के मध्य कोसमेत नामक एक द्वीप है। यह मल्लाहों के गाँव के सामने है। ऐसा समझा जाता है कि इस द्वीप से कवि को प्रेरणा मिली।

'फ्रा अफैमानी' एक राजकुमार की कथा है। वह जादुई वंशी बजाता है।

फ्रा अफैमानी

उसका पिता उसे अपने राज्य से निकाल देता है। सागर सुन्दरी उसे दबोच लेती है, अपना पति बनाती है और उनकी सन्तान का पिता। अन्ततः एक दासी उसे छुड़ाती है वह उसकी दूसरी पत्नी बन जाती है। उससे भी एक सन्तान होती है—सत सेखो। इस तरह कथा चलती है। वह अनेक स्त्रियों का भोग करता है। अन्त में अपने पिता के राज्य में लौट आता है। अपना राज-पाट वापस पाता है।

क्रुङ रतनकोसिन (बंकाक), 18-19 सितम्बर

बंकाक से 33 किलोमीटर दूर प्राचीन नगर है। थाई प्रदेश में प्राचीन काल से लगा कर कला, संस्कृति का जो भी अच्छा नमूना है, उसकी यहाँ नकल है। थाई भाषा में इसे मुआङ बोरान कहते हैं। मुआङ का अर्थ है नगर, बोरान का अर्थ है प्राचीन। (लिखते र हैं, बोलते ल। जैसे राजा राम को भी र से लिखते हैं, बोलते 'लामा' हैं रामा नहीं।) थाई देश में जो कुछ प्राचीन कला, स्थापत्य है वह एक जगह रखने का विचार भी आकर्षक है। यह 200 एकड़ में है—प्रशस्त। आकार थाईलैण्ड के नक्शे का है। इसके लिए भूमिशोधन 1963 की शरद ऋतु में हुआ। अब तक की सूचना के अनुसार मुआङ बोरान में 75 स्मारक हैं। यह पुराना नगर है। प्राचीन यहाँ वर्तमान है।

राजा राम प्रथम का यहाँ प्रासाद है—प्रासाद, महल, तुषित लोक, स्वर्ग यहाँ है। चन्द्र और उसके घोड़े जैसे अन्तरिक्ष में उड़ रहे हैं। फिर सुखोताइ, अयुथ्या आदि क़ाल के महाथात, स्तूप, चैत्य वग़ैरह हैं। रामायण का भी एक बग़ीचा है। ब्राह्मण देव परिवार भी यहाँ उपस्थित हैं। एक 'फ्रा अफैमानी' उद्यान है। इसमें एक लोक कथा शिल्प में उकेरी गयी है। एक राजकुमार है जो जादुई वंशी बजाता है। वह समुद्री परी के फंदे में पड़ता है जो उसे अपना पति बना लेती है। कैसे-कैसे वह छूटता है और कई स्त्रियों से प्रेम और विवाह करता है। फिर अपने घर लौटता है और अपना खोया हुआ राज-पाट पाता है।

सारा संयोजन मोहक है। थाई युवक-युवतियों से शोभित यह जैसे चित्र लिखित तुषित लोक है। स्वर्ग है, पृथ्वी पर उतारा जा रहा है।

* * *

रास्ते में जाते हुए मेरे साथी मेरे लिए बंकाक से प्रकाशित दैनिक 'नेशन' की ताज़ा

प्रति खरीदते हैं। बहुत दिनों बाद कोई अखबार देखता हूँ। कोई तलब नहीं, बल्कि राहत है। मुखपृष्ठ पर नक्शे के साथ थाई देश के स्थल सेनाध्यक्ष की रोटरी-क्लब में वार्ता का समाचार है। इसमें जनरल सयुत ने दो क्षेत्रों की सुरक्षा के बारे में विशेष रूप से आशंका प्रगट की है और उनकी समग्र प्रतिरक्षा के लिए कहा। ये उत्तरी और पूर्वी विप्लवी क्षेत्र हैं। इनमें से एक कम्पूचिया की सीमा से लगा हुआ है, दूसरा लाओस की सीमा से। आन्तरिक विप्लव और बाह्य आक्रमण के कारण थाईलैण्ड की सुरक्षा और अखण्डता के लिए यह खतरा है। इसके लिए आर्थिक-सामाजिक सहित समग्र प्रतिरक्षा की आवश्यकता है।

फिर वियतनाम निकट है, युद्ध के लिए सन्नद्ध। उसकी पलटन ने अमरीका और चीन को भी लोहे के चने चबवाये हैं। उसे सोवियत रूस की तीस लाख डालर प्रतिदिन की सहायता है। वियतनाम की 25 डिवीजन अर्थात् लगभग 2,00,00,000 पलटन कम्पूचिया में है। वियतनामी बिना कोई कारण या चेतावनी दिये भी आक्रमण कर सकते हैं।

राजनीतिक परिभाषा में, यह कम्युनिस्ट चुनौती है। किन्तु इसका मार्क्सवाद-लेनिनवाद से कोई प्रत्यक्ष सम्बन्ध नहीं दीख पड़ता, अप्रत्यक्ष तो ग्रह-नक्षत्रों का भी होता है। वैसा अप्रत्यक्ष सम्बन्ध कम्युनिज्म के खतरे का भी है। वैसे अब तक कहा जाता है कि राजा और बौद्ध धर्म इतने लोकप्रिय हैं कि थाईलैण्ड में कम्युनिज्म सफल नहीं हो सका। भविष्य में भी थाईलैण्ड अपने देश की प्रतिरक्षा के लिए अवश्य ही सजग होगा। मैंने थाईलैण्ड और अन्य प्रदेशों की तुलनात्मक सामरिक शक्ति, प्रतिरक्षा के लिए चुनौती, साधन, समस्या, सम्भावना इत्यादि का अध्ययन नहीं किया है। मेरी यात्रा का यह प्रयोजन भी नहीं है। मेरी तो सांस्कृतिक खोज है। किन्तु संस्कृति शून्य में नहीं है। उसका राजनीतिक-सामरिक पक्ष भी है। इस दृष्टि से यह पक्ष भी अस्पृश्य नहीं।

ऐसा लगता है कि हिन्द चीन के इस प्रायद्वीप में थाईलैण्ड सुख का द्वीप है। आस-पास बर्मा, लाओस, कम्पूचिया, वियतनाम, युद्ध और आन्तरिक कलह से जर्जर हैं। वहाँ भूख है, अभाव है, कलह है। इस अभाव के सागर में थाईलैण्ड सुख का द्वीप है। कम्युनिज्म नहीं, इस सुख, लोभ और ईर्ष्या से कोई बर्बर आ सकता है। फिर यह सब तर्क नहीं काम देगा कि यहाँ राजा-रानी बड़े लोकप्रिय

हैं, प्रजा सुखी है, बौद्ध धर्म और ब्राह्मण धर्म दोनों को मानती है। परम्परा और आधुनिकता को साथ-साथ चलाती है। यह सब अपनी जगह पर है, किन्तु जब चारों ओर अभाव और भूख और अशान्ति है तो थाईलैण्ड भी बहुत दिन तक इससे कैसे बचा रह सकता है? अभी तक बचा हुआ है, द्वीप बना कर रखा है, यह सुखद आश्चर्य है। किन्तु उमस है, तूफान के पहले जैसा कुछ उमड़-घुमड़ रहा है, ऐसा प्रतीत होता है।

आशंका है कि क्रुङ रतनकोसिन के द्वि-शती समारोह के आस-पास ही कहीं कुछ अशुभ न घटे। कहीं यह चक्री राजवंश और बंकाक की दो शती का समारोह, इसके 200वीं वर्षगाँठ का उत्सव न रह कर कुछ और न हो जाये!

कोई यह न सोचे कि मेरी यह इच्छा है। यह अशुभ है, घोर अशुभ और यह न हो तो शुभ है। किन्तु अशुभ विहारी होना अच्छा है। इसलिए यह लग रहा। अच्छा तो यह है कि क्रुङ रतनकोसिन का द्वि-शती समारोह सादगी से मनाया जाये, बहुत धूमधाम से नहीं। धार्मिक अनुष्ठान, पूजा-पाठ और कुछ पितरों का पूजन-वन्दन हो, बड़ा मेला न हो। जब चारों ओर भूख है, अभाव है, तो क्रुङ रतनकोसिन रतन जड़ाए, यह खटकने वाला है। आखिर को हिन्द-चीन प्रायद्वीप है, प्रायः द्वीप जैसा है, तीन ओर से तो द्वीप है ही और सिर्फ एक ओर से भूमि से जुड़ा है। ऐसे में सीमा पर जो भूखे हैं, वहशी हैं, उन्हें बहुत ललचाना ठीक नहीं। वहशी से छेड़छाड़ अच्छी नहीं। थाई क्या करेंगे जब यह मचल जायेगा?

पलटन की क्या तैयारी है? पता नहीं। किन्तु थाईलैण्ड में मौज-मस्ती है। कम-से-कम खाने की ग़रीबी नहीं है। बंकाक में तो जीवन विलासी हैं। शासक वर्ग तरह-तरह के आमोद-प्रमोद में, राग-रंग में डूबा हुआ है। सद्धर्म और विपस्सना भी उसी उपभोग की संस्कृति का एक अंग बन रहा है। किस्म-किस्म का माल, विशेषकर अमरीकी किस्म का, साज-सज्जा, वेश-भूषा, तौर-तरीका, नंगा नाच, रेसकोर्स, मुक्केबाजी, सेक्स की दुकानें, यौन रोग के अस्पताल, मानसिक विक्षेप और सबसे बढ़ कर रोग–रंग-बिरंगा टेलीविजन यहाँ है। प्रत्तेत थाई इसमें डूबा हुआ है। यह आन्तरिक-बाह्य आक्रमण का सामना कर सकता है, इसमें भारी संशय है। यह संशय थाई जीवन-पद्धति के लिए, संस्कृति विशेषकर बौद्ध संस्कृति के भविष्य के लिए भयावह है।

प्रत्तेत थाई में यह मेरी अन्तिम रात है। पृथ्वी-परिक्रमा का यह अन्तिम पड़ाव

है। कल बंकाक-दिल्ली उड़ान है। फिर भी आशंका है। मंगल कामना है कि ऐसा कुछ दुर्विपाक न हो। थाई सहित पूरे हिन्द-चीन प्रायद्वीप का, सब भला हो, शान्ति हो, किन्तु उमस है बाहर और मन में भी। उसका क्या किया जाये?